U0524167

商务印书馆语言学出版基金
《中国语言学文库》第三辑

吴方言比较韵母研究

郑 伟 著

商务印书馆
2013年·北京

图书在版编目(CIP)数据

吴方言比较韵母研究/郑伟著. —北京:商务印书馆,2013
(中国语言学文库. 第三辑)
ISBN 978-7-100-09836-6

I. ①吴… II. ①郑… III. ①吴语—韵母—方言研究 IV. ①H173

中国版本图书馆 CIP 数据核字(2013)第 037354 号

所有权利保留。
未经许可,不得以任何方式使用。

吴方言比较韵母研究

郑 伟 著

商 务 印 书 馆 出 版
(北京王府井大街36号 邮政编码 100710)
商 务 印 书 馆 发 行
北京瑞古冠中印刷厂印刷
ISBN 978-7-100-09836-6

2013 年 8 月第 1 版　　开本 880×1230　1/32
2013 年 8 月北京第 1 次印刷　印张 9⅜
定价:26.00 元

目　　录

序 ·· 1

第一章　绪论 ·· 1
　1.1 研究背景 ·· 1
　1.2 研究方法 ·· 8
　1.3 资料来源 ·· 13
　1.4 体例说明 ·· 17
　1.5 各章简介 ·· 18

第二章　果摄韵母字的读音及其演变 ······························ 24
　2.1 果摄韵母字的演变类型 ··· 24
　2.2 果摄韵母字的其他读音层 ······································ 31
　2.3 小结 ·· 38

第三章　麻佳韵字的读音及其演变 ··································· 40
　3.1 麻佳韵字的主要读音层 ··· 41
　3.2 麻佳韵字的特字读音 ·· 55
　3.3 麻佳韵字的文白异读 ·· 60
　3.4 从麻佳韵字论吴语与其他东南方言的关系 ·············· 67
　3.5 小结 ·· 71

第四章 鱼虞韵字的白读音及其语音史背景 …… 73
4.1 汉语方言的鱼和虞 …… 74
4.2 南朝吴语的虞尤相混层[*iu] …… 81
4.3 南宋吴语的鱼韵白读[*i] …… 89
4.4 早期吴语的鱼韵庄组字 …… 97
4.5 小结 …… 99

第五章 支微入虞：共时类型与历时蕴涵 …… 102
5.1 支微入虞在现代方言中的表现 …… 103
5.2 支微入虞形成的阶段性 …… 125
5.3 支微入虞的性质及相关问题 …… 132
5.4 小结 …… 144

第六章 流摄韵母字的读音及其演变 …… 146
6.1 侯韵字的读音及其演变类型 …… 146
6.2 对侯尤韵字演变问题的讨论 …… 154
6.3 从汉语史看侯尤韵唇音字的读音 …… 158
6.4 小结 …… 162

第七章 寒韵字演变特征的时代性与地域性 …… 164
7.1 引言 …… 164
7.2 寒韵字在吴语中的南朝与晚唐层次 …… 167
7.3 寒韵字在闽语中的南朝与晚唐层次 …… 179
7.4 小结 …… 182

第八章　曾梗摄韵母字的读音及其演变 ………………… 184
8.1 曾梗摄字的文白异读 ……………………………… 184
8.2 从方言和文献看曾梗摄韵母字的圆唇读音 ……… 192
8.3 梗臻深摄韵母字的圆唇化 ………………………… 196
8.4 小结 ………………………………………………… 200

第九章　从比较音韵论杭州音系的性质 ………………… 202
9.1 杭州方言与《切韵》………………………………… 204
9.2 杭州方言与近代官话 ……………………………… 206
9.3 杭州方言与其他吴语的共享创新 ………………… 215
9.4 小结 ………………………………………………… 219

第十章　从比较音韵论北部吴语与闽语的历史联系 …… 220
10.1 引言 ………………………………………………… 220
10.2 齐韵字的今读韵母 ………………………………… 221
10.3 咸山摄三四等有别 ………………………………… 225
10.4 虞尤相混 …………………………………………… 227
10.5 寒韵字的南朝与晚唐层次 ………………………… 230
10.6 通摄字的非圆唇读音 ……………………………… 236
10.7 小结 ………………………………………………… 238

第十一章　研究理论与方法的回顾 ……………………… 240
11.1 语言层次理论 ……………………………………… 243
11.2 词汇扩散理论 ……………………………………… 255
11.3 比较方法 …………………………………………… 257
11.4 结构分析 …………………………………………… 259

11.5 类型学方法 …………………………………………… 264
11.6 文献的价值与局限 ……………………………………… 265
11.7 结语 ……………………………………………………… 269

参考文献 ……………………………………………………… 271
后记 …………………………………………………………… 289
索引 …………………………………………………………… 293
专家评审意见 ………………………………………… 石汝杰 297
专家评审意见 ………………………………………… 王福堂 300

表格目录

表 2-1　部分南部吴语中歌、麻、模、侯、豪韵的今读韵母 …………　30
表 2-2　南部吴语歌韵读[ai a]的部分例字 ……………………………　33
表 2-3　部分通泰方言中"大"字的读音 …………………………………　38
表 2-4　现代吴语果摄读音的类型与层次 ………………………………　39
表 3-1　北部吴语麻二开口字的读音 ……………………………………　41
表 3-2　南部吴语麻二开口字的读音 ……………………………………　42
表 3-3　北部吴语麻三开口字的读音 ……………………………………　46
表 3-4　南部吴语麻三开口字的读音 ……………………………………　48
表 3-5　北部吴语佳、哈、泰韵开口字的读音 …………………………　51
表 3-6　毗陵小片吴语与江淮通泰方言哈、泰、佳韵字的读音 ………　51
表 3-7　皖南吴语与安徽江淮官话哈、泰、佳韵字的读音 ……………　52
表 3-8　南部吴语佳、哈、泰韵开口字的读音 …………………………　53
表 3-9　南部吴语"沙"字读入佳韵的方言 ………………………………　56
表 3-10　江山、广丰等南部吴语佳、麻韵字的读音 ……………………　58
表 3-11　通泰方言、北部吴语麻二见系字的文白异读 …………………　61
表 3-12　江苏、安徽江淮官话麻三字读[i]的例字 ………………………　66
表 3-13　汉语东南各代表方言麻、佳韵字的读音 ………………………　67
表 3-14　共同闽语的麻三[*ia]在现代方言中的例字与读音 ……………　70
表 4-1　南京、扬州方言的"去"字的读音 ………………………………　75
表 4-2　安徽江淮官话"去"字的读音 ……………………………………　75
表 4-3　安徽江淮官话鱼、虞韵的读音 …………………………………　75

表 4-4	赣语里属鱼虞有别层的鱼韵读音	77
表 4-5	客家方言读[i]的鱼虞韵字	77
表 4-6	泉州、福州方言鱼韵白读层和虞韵字	78
表 4-7	平话方言鱼、虞韵字的读音	79
表 4-8	官话方言鱼虞韵字的读音	80
表 4-9	梅祖麟(2001)所拟虞韵的早期读音	82
表 4-10	郭必之(2004)归纳的虞韵在南方方言的演变类型	82
表 4-11	吴方言虞、尤、模韵的读音比较	83
表 4-12	北部吴语部分方言"胡子"的叫法及读音	83
表 4-13	笔者提出的虞韵特字层次在南方方言的演变类型	86
表 4-14	吴方言"修"(尤韵)、"苏"(模韵)字读音比较	88
表 4-15	常州方言鱼韵字的读音比较	91
表 4-16	北部吴语鱼虞韵庄组字的读音	98
表 5-1	北部吴语支韵合口读[y]的辖字和代表方言	104
表 5-2	北部吴语脂韵合口读[y]的辖字和代表方言	106
表 5-3	北部吴语微韵合口读[y]的辖字和代表方言	107
表 5-4	北部吴语祭韵合口读[y]的辖字和代表方言	107
表 5-5	通泰方言蟹止摄合口舌齿音声母字的读音	112
表 5-6	闽西客家方言鱼虞韵和蟹止摄合口字的读音	118
表 5-7	部分晋方言蟹止摄合口字的读音	122
表 5-8	陕西方言支微入虞层的例字和读音	125
表 5-9	汉语方言与支微入虞相关的韵类分合	127
表 5-10	汉语方言支微入虞层的具体声母类型	130
表 5-11	汉语方言支微入虞形成的阶段性	132
表 5-12	通泰方言蟹止摄合口唇牙喉声母字的读音	133
表 5-13	建瓯方言蟹止摄合口字的读音	135

表 5-14	几种汉语方言蟹止摄合口字的读音比较	140
表 6-1	嘉兴型吴语侯韵字的读音	147
表 6-2	萧山型吴语侯韵字的读音	148
表 6-3	上海型吴语侯韵字的读音	148
表 6-4	温州型吴语侯韵字的读音	149
表 6-5	江山型吴语侯韵字的读音	150
表 6-6	北部吴语代表方言尤韵字的读音	152
表 6-7	南部吴语代表方言尤韵字的读音	153
表 6-8	汉语各大方言侯韵字的今读韵母	154
表 6-9	嘉定方言寒桓、侯尤韵的读音比较	162
表 7-1	吴语七个方言寒韵的层次Ⅰ及山删韵、桓韵字的读音	168
表 7-2	海门型吴语寒韵层次Ⅰ与山删韵、桓韵字的音类分合格局	172
表 7-3	吴语的寒韵层次Ⅱ及山删韵、桓韵字的读音	174
表 7-4	吴语寒韵的层次Ⅱ及山删韵、桓韵字的音类分合格局	176
表 7-5	闽语寒韵字的层次Ⅰ及桓韵、山删韵字的读音	180
表 7-6	闽语寒韵字的层次Ⅱ及桓韵、山删韵字的读音	181
表 8-1	北部吴语代表方言梗二舒声字的文白异读	186
表 8-2	北部吴语代表方言梗三舒声字的文白异读	187
表 8-3	北部吴语代表方言梗四舒声字的读音	188
表 8-4	北部吴语代表方言梗摄入声字的文白异读	189
表 8-5	北部吴语代表方言曾摄字的文白异读	191
表 8-6	江淮官话部分方言梗二帮组字的读音	193
表 8-7	吴语、江淮官话部分方言曾摄帮组字的读音	193

表 9-1	北部吴语佳韵字的读音	205
表 9-2	安徽江淮官话麻韵三等字的读音	207
表 9-3	共同吴语蟹摄开口各等的读音拟音	209
表 9-4	杭州方言蟹摄开口各等字的读音	209
表 9-5	北部吴语通合三入声字的读音	210
表 9-6	部分吴语、江淮官话曾梗合并层的读音	212
表 9-7	杭州与周边吴语鱼虞韵舌齿音声母字的读音	216
表 10-1	齐韵字的层次 II[*e]在闽方言中的今读音	222
表 10-2	齐韵字在吴语衢州片方言中的读音	223
表 10-3	毗陵小片吴语疑问代词"底"的读音	224
表 10-4	赵元任(1928)报道的咸开三、四等有别的吴语今读韵母	226
表 10-5	闽语中虞、尤韵字(虞尤相混层)的读音	228
表 10-6	部分南方方言中"浮""扶"二字的读音	229
表 10-7	代表南朝层次的吴语寒韵的读音及其与山删韵字的比较	232
表 10-8	代表南朝层次的闽语寒韵的读音及其与山删韵字的比较	233
表 10-9	代表晚唐层次的吴语寒韵的读音及其与山删韵字的比较	233
表 10-10	代表晚唐层次的闽语寒韵的读音及其与山删韵字的比较	234
表 10-11	部分闽方言中登、东、冬诸韵字的读音	236
表 11-1	吴、闽语寒韵字的两类读音比较	246
表 11-2	《切韵》一等韵在现代方言中的主元音格局	258
表 11-3	魏晋时期的9个阴声韵部	261

序

高本汉把历史比较法运用于汉语史研究的时候，以假定《切韵》为各地汉语方言的母语为前提，而这个假设显然与史实不符，所以属于"普林斯顿学派"的一批美国学者，有意撇开《切韵》，直接通过各地汉语方言的历史比较构拟各地方言的原始语，于是就有了罗杰瑞的"原始闽语"、Ballard 的"原始吴语"、余霭芹的"原始粤语"，等等。但是，其成果并不理想。记得 1986 年我在加州大学伯克莱分校访学，有一天张琨先生送给我罗杰瑞先生的《原始闽语》一书，要我谈谈看法。显然，他似乎不太同意罗先生的构拟。我看了以后，也觉得构拟不妥，但是当时想不透罗先生构拟错误的原因到底出在什么地方。回国以后，终于把问题想通了。

当通过现代亲属语的历史比较构拟原始语的时候，我们是假设每一个演变的节点只有一个来源的入口：

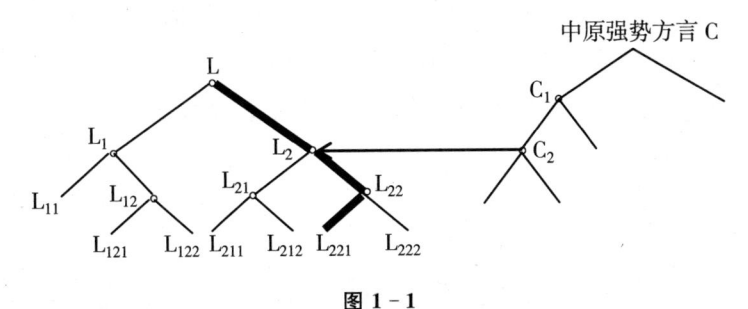

图 1-1

图 1-1 中，语言 L 分化出了许多现代方言，每一个节点通常只有一个来源，如节点 L_{12} 只有 L_1 一个来源，L_{21} 只有 L_2 一个来源。但是 L_2

却有两个来源,它可能来源于节点 L,也有可能来自中原方言的借词 C_2。如果通过方言 L_{211}、L_{212}、L_{221}、L_{222} 来构拟原始语,到了节点 L_2 就会出现不确定性。所以,历史比较的前提是,需要构拟的节点的下位节点都必须是单源性的。如果要构拟 L,L 的下位节点 L_2、L_{21}、L_{22} 都必须单源。闽语中包含有好几个历史层次的材料,不做历史层次的分析工作,而简单地对所有的材料一视同仁地进行历史比较,自然会得出错误的结果。

当然,罗杰瑞先生后来发现了这个问题,而且最早提出了历史层次分析法。1979 年我在复旦大学与游汝杰、朱晓农、杨剑桥等几位学友读了他的论文《闽语词汇的时代层次》(刊于《方言》1979 年第 4 期)后,都非常激动。后来细细思考罗先生的《原始闽语》,才悟到历史层次分析是对历史比较的重要补充。在做历史比较以前必须先做历史层次分析,把每个节点的外借层切断。

目前,对汉语方言做历史层次研究的文章不少,但是很多文章只停留在词汇读音的分类上,没有意识到历史层次的根本作用是对历史比较法的重要补充。郑伟的这本书,把历史层次分析跟历史比较结合起来,对吴语音韵史研究做出了有意义的贡献,这正是历史层次分析的精髓所在。郑伟是近年来语言学界出现的年轻才俊,他既熟悉历史音系学理论,又对吴语等现代方言做过许多田野调查的工作,而且善于对音变做实验语音学的解释,研精覃思,实获我心。谨写此序,算是对郑君的更多期待。

潘悟云

2012 年 10 月

于上海师范大学

第一章 绪论

1.1 研究背景

《汉语方言概要》(袁家骅等 2001:22)将汉语分成北方、吴、湘、客、赣、粤、闽七个大方言区。《中国语言地图集》(1987)提出了汉语十大方言区的说法,除北方方言改官话外,另外分出了晋语、徽语和平话。无论哪种分区方案,吴语都是汉语各大方言中重要的一支。从地理范围上说,吴语主要分布于江苏省南部、上海市和浙江省全境,以及江西省、福建省和安徽省的一小部分地区。根据《中国语言地图集》(1987)提供的统计数字,吴语的分布面积近 14 万平方公里,使用人口约 7 千万。

作为一种汉语方言,吴语从最初形成,直到发展为目前的面貌,已经经历了2000多年的历史。从先秦直到六朝以前,长江中下游的广大地区都是古代百越民族,即侗台语族先民居住的地区。对不同区域的越民族,在称呼上也会有所差异,浙江会稽一带的叫做於越,温州一带的叫做瓯越或东瓯,安徽境内的称为扬越,福建地区的叫做闽越,广东一带的称为南越,广西一带的称为西瓯或者骆越,散居在江汉一带的越人叫做山越。有的学者认为,吴语的最初来源应是古楚语(郑张尚芳 1998:288)。

虽然在中古前后,南方汉族地区可能还有越人活动的痕迹,但吴语的地位至少在东晋以后已经很明确。从一些历史文献,比如江东地区文人的诗赋押韵、反映南方方言的注疏材料、南朝民歌以及《世说新语》

等,都能看到早期吴语的若干成分,同时在现代吴语也有着不同程度的保留。从魏晋时期的诗文押韵资料中也能看出不少早期吴音的特征,如支脂不分、虞尤相混等(Ting 1975:65、94)。从词汇上看,《庄子·让王》成玄英疏:"农,人也,今江南唤人作农。"南朝乐府将其写作"侬"字,这个词直到今天仍见于南部吴语、闽语等(潘悟云、陈忠敏 1995),在受官话影响相对较深的北部吴语里也有"侬"字的痕迹,只是其语法功能有所扩展(郑伟 2010:76)。《世说新语》写成于南朝江东地区,也记载了不少当时的吴语词汇,如"尔馨、如馨"等。南朝江东方言被称为吴语,但它和现代吴语在性质上有所不同,它是吴语、江淮方言、闽语、徽语的共同祖语(郑张尚芳 1998:293)。

从地理分布上说,吴语首先在江苏南部地区(苏州、无锡、常州、南京一带)形成,继而扩展至浙江北部的杭嘉湖平原,再到浙江中部、南部和西南部。吴语的不同分布地区,接受历代南下的北方移民的情况也会有所不同。苏南、浙北比浙中、浙南接受了更多的北方移民,如西晋末年,王室南渡,定都金陵,中原大族均居于帝都及其近畿。移居浙江的北方大族则多集中于会稽郡,近代以来的大量苏北移民渡江南下,也只是居于钱塘江以北(游汝杰 2000:77、102)。因此这些地区的吴语更容易受到北方话的影响。

据《中国语言地图集》(1987)的分区方案,吴语内部可以分为六片:北区太湖片,南区台州片、瓯江片、婺州片、处衢片,西区宣州片。其中面积最大的一片是太湖片吴语,习惯上也称作北部吴语。近年来有些学者提议对吴语内部做新的分区、分片。北部吴语方面,如汪平(2005)提出对北部吴语内部新的分片方案:毗陵小片、苏嘉湖小片、上海小片、杭州小片、临绍小片、甬江小片。其中上海小片是从旧的苏沪嘉小片中新独立出来的,原有的苕溪小片被取消,并入苏嘉湖小片,其他都是沿袭《中国语言地图集》(1987)的分片方案。南部吴语方面,曹志耘

(2002:171—173)提出将原来的处衢、婺州两片内部方言的关系重新做出调整,建议将南部吴语重新做出如下分区:金衢片、上丽片(包括上山、丽水两个小片)、瓯江片。本书在引用南部吴语的语料时,将按照上述的分区方案展开论述。至于台州片方言,不少学者认为它更接近于吴语太湖片,如非特别说明,本书也会将其与后者一并论述。宣州片吴语主要分布于安徽南部,受江淮官话的影响非常大,根据前贤以及我们的调查,即便是在较偏僻的农村,目前也难以完整地保留土著吴语的面貌了,可以说是处于濒危的方言,亟待做全面而深入的调查。

接下来简单回顾一下国内外学界对吴语共时、历史音韵的研究。

众所周知,赵元任《现代吴语的研究》(1928,以下简称《研究》)是用结构主义的描写方法综合研究吴语的奠基之作,这本书"标志着传统方言学的终结和现代方言学的开始,因而对当时和以后的吴语乃至整个汉语方言的研究都有划时代的重要意义"(许宝华 2002:83)。《研究》记录了赵先生实际调查的 33 个吴方言,其中 28 个点属于北部吴语,南部则有黄岩、温州、衢州、金华、永康等 5 处方言。该书的"吴音"部分详细排列了《切韵》的某个音类在各地吴语的具体形式,对吴语的声、韵、调都做了记录,选用的例字恰当,准确地显示出各种分合关系,代表性强,并且以图表的格式展现出吴语内部众多方言的分歧。因此可以说,《研究》的意义还在于最早用比较音韵的眼光来观察吴语的整体特征及其内部差异。

中华人民共和国成立后,全国各地开始了方言普查的工作,调查报告多以"方言与普通话集刊"或各地学习普通话手册等形式发表。就吴语而言,当时最重要的成果是《江苏省和上海市方言概况》(1960,以下简称《概况》),作为一本调查报告,《概况》的资料丰富翔实,包括了三个方面的内容:(1)江苏省和上海市方言的分区;(2)字音对照表;(3)常用词对照表。《概况》将江苏省、上海市的方言划为四个大区,其中第二区是吴语区,第一区是下江官话区,第三区在地理介于第一二区之间,方言的性质也介乎二区之间,也就是后来方言学界所说江淮官话通泰片(或者直接称之为通泰方言),第四区是北方方言区。该书列有二省区方言的字音、词汇对照表,对于我们研究北部吴语各个次方言音韵演变的同与异,具有重要的参考价值。这个时期的几篇重要论文,包括王福堂《绍兴话记音》(YYXLC[①]1959 年第三辑)和郑张尚芳《温州音系》(ZGYW 1964.1)、《温州方言的连读变调》(ZGYW 1964.2)。

上世纪 80 年代前后,吴语研究又开始引起学界的广泛关注,研究的热点包括:连读变调、特殊语音、方言分区、新老派语言差异、声韵变化等。关于连读变调的讨论,有李荣所讨论的温岭方言(FY 1979.1),许宝华、汤珍珠、钱乃荣、沈同等对上海方言新、老派的连读变调的分析(FY 1981.2、1982.2)等。对苏州方言的连读变调的讨论,包括叶祥苓(FY 1979.1、1979.4)、张家茂(FY 1979.4)、谢自立(FY 1982.4)、汪平(FY 1983.4)、钱乃荣和石汝杰(FY 1983.4)等。

郑张尚芳曾对温州话儿尾词做过详细的研究(FY 1979.3、1980.4、1981.1),也发表过分析温州方言歌韵字的历史层次的论文(YYYJ 1983.2),傅佐之、黄敬旺曾探讨过温州方言端组声母的腭化(FY 1980.4),胡明扬对一百多年来上海方言的变化做了分析(ZGYW 1978.3)。这一时期对上海方言的共时分析成果较多,如许宝华等对苏南、上海吴语内部差异(FY 1984.1)和上海方音共时差异(ZGYW 1982.6)的分析,钱乃荣对上海方言的时空变异和微观音变的考察(YYYJ 1987.2、《现代语言学》[延边大学出版社 1987 年])。语音学方

[①] 本章所介绍的国内外吴语研究方面的成果,下面各章不再引用,则将直接列出文献出处,以备读者查检。几种常见的杂志,本节(1.1)用拼音字母来代称,如:ZGYW(《中国语文》)、YYYJ(《语言研究》)、YYXLC(《语言学论丛》)、FY(《方言》)、YWYJ(《语文研究》),年份后的数字表示期数。

面,游汝杰(ZGYW 1984.4)、陈忠敏(YYYJ 1987.1)分别报道了老派金山、南汇方言中的内爆音(传统的叫法是"先喉塞音")。综合性的调查报告有《苏州方言志》(叶祥苓 1988a)、《上海市区方言志》(许宝华、汤珍珠 1988)和钱乃荣《当代吴语研究》(1992)。钱著对赵元任(1928)的33个方言点重新做了调查,内容更加丰富,包括各地音系、字音对照、常用词汇及语法例句等内容。该书资料翔实、记录可靠,具有很高的参考价值。汪平(1996)是苏州语音研究的专著,其中有不少精辟的见解。

从赵元任(1928)开始,吴语研究较偏重于苏南、浙北、上海地区的北部吴语,而浙江中部、南部的吴语则少人问津。上世纪50年代起,浙江省方言调查组出版了《浙江方音集》(1959年油印本)、《浙江吴语分区》(1985)、《浙江方言词》(1992)等研究成果,可惜公布的材料不是很多。后来陆续刊布的吴语材料中,这些地区的方言也只占很小的一部分,而且比较零星。近年来该片吴语调查日趋深入,有不少重要的研究成果问世,以研究专著为例,包括曹志耘(1996a、1996b、2002)、曹志耘等(2000)、颜逸明(2000)、方松熹(2000)、秋谷裕幸(2001)、秋谷裕幸等(2002)、郑张尚芳(2008)等,这些调查报告提供的材料丰富、准确,有很高的学术价值。与吴语密切相关的徽语、通泰方言等,也已经有了详尽可靠的调查报告问世(如平田昌司1998、顾黔2001等),为开展吴方言的比较研究提供了很大的便利。

除了对吴语语音的共时描写与分析,吴语的历史音韵研究也有不少重要的成果。陈寅恪《东晋南朝之吴语》(1936)最早从史料勾稽的角度探讨了南朝吴语的特征。周祖谟《切韵和吴音》(1966)考察了《切韵》和文献所载吴音的关系问题。胡明扬(YWYJ 1981.2)统计了《山歌》、《挂枝儿》的韵脚,并比照现代方音,用系联法构拟了明末的苏州方言。李新魁《吴语的形成与发展》(《学术研究》1987年第5期)从历史、语言的角度探讨了吴语的源与流。另外,有些学者则从史料勾稽、押韵分析等角度研究了不同时代的吴语,如鲍明炜《六朝金陵吴语辨》(《吴语论丛》,上海教育出版社 1988 年)、鲁国尧《〈南村辍耕录〉与元代吴方言》(《中国语言学报》1988 年第三期)、石汝杰《〈笑府〉中所见的明末吴语》(日本《中文研究集刊》1991 年第 3 号)、马重奇《清代吴人南曲分部考》(《语言研究》1991 年增刊)等。

国内学界利用西方早期传教士材料来探讨早期吴语的有胡明扬《三百年前苏州一带吴语一斑》(YWYJ 1978.3)、周同春《十九世纪的上海语音》(《吴语论丛》1988 年)、石汝杰《19 世纪上海音系和相关的问题》(YYYJ 1994 增刊)、高云峰《150 年来中古咸山摄舒声字在上海话中的语音变迁》(YYYJ 1996.2)、游汝杰《西洋传教士著作所见上海话的塞音韵尾》(ZGYW 1998.2)等。

西方学者(尤其是传教士)从 19 世纪中后期开始关注吴语语音的共时研究,其成果有不少以方言课本的形式出现。MacGowan J. (1858)所撰"*A collection of phrases in the Shanghai dialect*"是欧美学者最早发表的吴语专著之一,而 Edikins J. 的"*A grammar of colloquial Chinese, as exhibited in the Shanghai dialect*"(1868)和"*A vocabulary of the Shanghai dialect*"(1869)、Rabouin R. P. 的"*Dictionnaire français-chinois dialecte de Chang-hai, Song-Kiang, etc.*"(1896)也是研究早期上海话的重要著作。苏州话的研究论著包括 Lyon D. N. (1890)"*Lessons for beginners in the Soochow dialect*"和 Soochow Literary Society 所编的"*A syllabary of the Soochow dialect*"(1892),后者是目前能见到的唯一的用罗马字转写苏州话的早期资料。Montgomery P. H. S. (1893)"*Introduction to the Wenchow dialect*"、Morrison W. T. (1876)"*An Anglo-Chinese vocabulary of the Ningpo dialect*"分别是关于温州、宁波两处吴语的重要专著。研究论

文则有 Parker E. H. 的"The Wenchow dialect"(1884)和"The Ningpo dialect"(1885)等。

20世纪上半期，西方学者在吴语领域较重要的成果，包括 Davis D. H. 和 Silsby J. A. (1900)"*Shanghai vernacular Chinese-English dictionary*"、Möllendorff P. G. (1910)"*Ningpo colloquial handbook*"、Petillon C. (1905)"*Petit dictionnarie français-chinois（dialecte de Chang-hai）*"、Pott F. L. Hawks(1907)"*Lessons in the Shanghai dialect*"、Parker R. A. (1923)"*Lessons in the Shanghai dialect*"以及 Bourgeois A. M. "*Leçons sur le dialecte de shanghai*"(1934)、"*Leçons sur le dialecte Changhai, Cours Moyen*"(1939)、"*Grammaire du dialecte de Changhai*"(1941)等专著。1950年代以后，也有不少论著值得一提，比如 Ballard W. L. 的"*Phonological history of Wu*"(1969)是一篇专门探讨吴语历史音韵的博士论文。Kennedy G. A.（金守拙）的两篇论文"Voiced gutturals in Tangsic"(1952)、"Two tonepatterns in Tangsic"(1953)以浙江德清塘栖话为例，分别探讨了吴语里读浊塞音[g]的群母字，以及"高山型"和"烧汤型"两种重要的变调类型，他的研究具有开拓性的价值。张琨"Wenchow historical phonology"(《民族学研究所集刊》1972年第32本)对温州话的历史音韵做了探讨。

1960年代以后，一些美国学者尝试用历史语言学的比较方法，撇开《切韵》，直接构拟汉语各大方言的原始面貌，如罗杰瑞（Jerry Norman）的"原始闽语"、Ballard W. L. 的"原始吴语"、余霭芹的"原始粤语"、桥本万太郎的"原始客家话"等。这批学者被称作"普林斯顿学派"，其直接构拟的研究法被称为"普林斯顿假说"(the Princeton Hypothesis)。丁邦新《吴语声调之研究》(《历史语言研究所集刊》1984年第55本)拟测早期吴语的声调，其研究方法也近于此。游汝杰(2000：111—123)有对相关问题的介绍与评价，可参看。

日本学者以收集文献的能力见长，他们对吴语研究也有不少重要的贡献。吴语研究班①编《吴语研究书目解说》（神户外大论丛1953年第3卷第4号）既包括明朝以来的吴语文献资料目录及简介，也列出了20世纪50年代以前中国境内及境外的吴语研究论著的目录，具有很高的参考价值。1950年代以后，坂本一郎、伊东良吉、赖惟勤、藤堂明保、平山久雄、中野美代子、宫田一郎、末延保雄、大岛正二、河野六郎、古屋昭弘、木津祐子、平田昌司、秋谷裕幸等学者都相继发表过吴语研究的论文或专著。这里就不再一一介绍了。

以上对吴语研究的重要成果做了简要的回顾，难免会有所遗漏。诸如吴语与周边方言的关系、方言地理及其演变、实验语音学等领域的问题，也都有不少的论著发表，此处不再赘引。更详细的文献介绍，可参阅许宝华(1995、2002)。

1.2 研究方法

本书主要运用比较方法，结合层次分析法，辅之以文献考证，在汉语语音史的背景下，探讨吴方言的历史音韵。

历史比较法被认为是19世纪语言学最重要的研究方法。众所周知，印欧系语言的历史基本上是靠比较法来建立和完善的。新语法学派"语音演变无例外"的口号无疑推动了历史比较语言学的发展，"格林定律"(Grimm's law)、"格拉斯曼定律"(Grassman's law)、"维尔纳定律"(Verner's law)、"腭化定律"(the law of the palatals)等著名的音变定律，就是很好的证明。②

---

① 该研究班包括了坂本一郎、小川环树、仓田淳之助、太田辰夫、长田夏树等学者。
② 可参看 Collinge(1985)中的相关内容。

从上世纪 60 年代开始,"普林斯顿学派"用严格的历史比较法进行汉语各大方言的原始面貌的构拟,似乎都不太成功。其原因并不在比较方法本身,而是这些研究都未能充分考虑到汉语方言形成、发展过程的具体情形。首先是忽略了中原移民和权威方言对各地方言语音变化的影响。比如说,闽语的各个次方言不太可能是形成于一时一地的所谓"原始闽语"分化而来的;现代汉语各大方言,每一种都是产生于不同历史层次的语言成分的堆积(游汝杰 2000:118)。何大安(1993)曾经提出六朝吴语的层次问题。何先生认为,当时的吴语有非汉语层、江东庶民层、江东文读层和北方士庶层四个层次。从来源上讲,第一层指百越民族语言的底层,第四层指南来的北方移民所操的"洛阳旧音"。①可见,层次的观念对于吴语音韵史的研究非常重要。

1.2.1 比较方法

认识到汉语方言的层次性问题,接着便可以具体地看一看比较法对于吴语音韵史研究的效用。

运用比较法探讨语言演变,前提性的认识是,语言的空间差异反映了时间的发展序列。通过对同一个历史层次上的各方言的语音形式进行比较之后,我们可以尝试构拟该音类在共同吴语(Common Wu Dialect)阶段时的面貌。比如麻韵二等、麻韵三等、佳韵在共同吴语中的读音分别是[*o][*ia][*ai],这是综合比较了整个吴语方言后得到的结果(参看第三章)。

有时因为方言资料的缺失,运用比较法重建的早期形式可能会出

---

① 对于江东庶民(第二层)、江东文读(第三层)之间的差别,何大安先生提出的证据不多,我们也不太容易把握。比如说,鱼虞之别、呼"剪"为"剂"都是江东吴地方言的特色,如何判明前者必然只为江东文读层,后者只为江东口语层?士人、庶民的方言有不同,并非不可理解,但目前似乎很难说明区别到底如何。但不管怎样,早期吴语包含了不同的历史层次这点是必须承认的。

现偏差。比如梅祖麟(2001)在考察了北部吴语、南部吴语和闽语三类方言中虞韵和尤韵合并层的读音后,分别构拟了[*iu][*iɯ][*iu]的早期读音,但当我们加入北部吴语的新资料(常熟"鬏"字白读 siɤu¹),并比较了南部吴语和闽语的层次对应后发现,前者的[*iɯ]应当来自更早的[*iu](参看第四章)。本书从单点吴语的内部比较,扩大到整个吴语,再加上汉语各大方言的相互比较,一方面能发现单个方言的语音细节,比如苏州方言并非像王洪君(2006)所说的只有止合三支脂微有白读[y],蟹合三祭(鳜)字也有;另一方面,如果对整个汉语方言做综合性的比较,我们能够发现"支微入虞"音变在辖字韵类、声母类型两个层面的蕴涵关系,同时也能提出若干前贤未曾留意的问题,比如该音变的文白性质、音变过程、该音变对判定方言早期关系的价值等(参看第五章)。

比较法的使用要建立在层次分析的前提下;反过来,某个音韵层次的性质有时也可以借助比较法来判定。比如嘉定方言的尤韵基本读[ø],但其明母尤韵字另读[iɪ]。如果简单地根据其他方言的尤韵明母字多半会有外源层次的事实,就会将其视作周边方言渗透的结果。但是,如果比较了该方言寒桓韵字有[ø][iɪ]两个基于语音条件的分化读音层之后,就能知道嘉定的尤韵明母字读[iɪ]是方言自身演变的结果。也就是说,侯尤、寒桓之间经历了平行的语音分化。

1.2.2 层次分析法

该方法(有的学者称之为"历史层次分析法")和田野调查法、比较法一样,是汉语方言共时、历时研究的基本方法。近年来已经有较多的论著涉及层次分析法,兹不赘引。下面主要对本书所使用的与层次相关的概念做些简单的说明。

对于层次的概念,各家的定义不尽相同。罗杰瑞(Norman 1979)、梅祖麟(Mei 1994、2001)等所说的层次,是参照汉语语音史不同发展阶段对共时音韵特征给出的命名,比如罗杰瑞(1979)认为现代闽语有秦汉、南朝、晚唐三个层次。也就是说,某些特征和秦汉时代的汉语一致,有些晚些,和南朝《切韵》的格局相吻合,有些则更晚,只能追溯至晚唐五代以后的北方官话。必须指出,这种所谓的"层次"和大多数学者所用的层次概念是有区别的。不过,因为它前面都会同时出现"秦汉""南朝""晚唐"之类的名词,因此也可以和一般的层次并行不悖,而且在联系汉语史判定某个特征的年代时,用这样的名称叙述更方便。本书在讨论过程中,有时也使用这类层次的名称。

按王福堂(2003)的界定,语音层次指的是"同一古音来源的字(一个字或一组字)在方言共时语音系统中有不同形式的若干音类"。不同的读音形式,也就是文白异读。

徐通锵(1991)较早提出区分汉语方言的三类音变:连续式音变、离散式音变、叠置式音变。

连续式音变形成的是某个历史音类(往往以《切韵》为参照系)在某个方言的共时语音系统中绝大多数成员(或者叫辖字)所具有的读音。本书在论述过程中一般称其为基本读音层、主要读音层(或者主体层)。

离散式音变是以词汇扩散的方式进行的音变,该层次的辖字一般只有零星的几个,从汉语语音史的眼光来看,这些辖字的语音面貌比基本读音层存古。举个简单的例子,北京话的中古歌韵字读[ɤ](歌可个河阿~胶),或者读[uo](多拖挪左),亦即见系字读[ɤ],端系字读[uo],两者间是同一语音形式的条件变体,因此[ɤ][uo]是连续式音变的结果。另外,还有读[a]的少数字,如"大他"。这两个字与[ɤ][uo]不属于同一性质,[a]更近于《切韵》歌韵的读法[*ɑ],所以说[a]是离散式音变的结果,也可叫做词汇扩散层(可参看第二章对吴语歌韵的讨论)。

汉语方言中通常会有因为文读、白读不同历史来源的层次叠置于共时语音系统的问题。也就是说,来自高层或权威方言的某些字音进入某个方言,与本地的白读形成竞争关系。竞争过程中,如果外来文读取代了本地白读(口语音),可视为音类的演变,也就是叠置式音变。比如上海方言日母字的白读声母是[ȵ]、文读是[z],如"人"ȵiŋ²/zən²。如果[ȵ]一读完全消失,[z]成为日母唯一的音值,以后便会随着方言的声母系统一起演变。

也有学者提出应严格区分"层次"与"音变阶段"(王福堂 2005,陈忠敏 2005,王洪君 2006),也就是不主张把连续式音变产生的主体层用"层次"来命名,而只把以叠置方式存在的不同来源的读音称为层次。这样的话,主体层可叫做"音变阶段"。本书在论述过程中一般不使用"音变阶段"来称呼基本读音层或主体层,但会使用"自源层"的说法。因为自源层(内源层)指的就是本方言内部演变形成的读音层(白读层),而"外源层"(异源层)就是来自其他方言的影响(文读层)。因此,本书以"自源""外源"的定语性成分,而不是以"音变阶段""层次"的概念来区别不同性质的层次。

在讨论层次问题时,必须仔细辩明由不同语音条件造成的读音分化属于何种性质。比如宜兴方言(叶祥苓等 1991)的歌韵基本读音(主体层)是[ɵ],但帮系字读[au],因为该方言的歌韵字在帮系声母后经历了 *o>u>ou>au 的变化,[au]应该看作是[ɵ]的分化层,两者不构成叠置式的层次关系(参看第二章)。有些韵类的唇音字读音与其他声母有异,倒未必就是条件音变的结果,很可能是因语言接触(比如北方方言的影响)造成的真正意义上的"层次"。比如侯尤韵帮系字在各地吴语都有读入模、歌、麻、豪等韵的现象,因为唐代以后的北方汉语有个流摄唇音声母字和遇摄相混的情形,它从北方的权威方言传入吴语。作为异源层次,后来在各个方言的演变速度不同,于是出现了和不同韵类合并的情形(参看第六章)。

1.2.3 文献考证法

汉字是表意的方块文字,而语言是变动不居的,因此字音演变的信息无法通过字形直接表现出来。想要了解古代到现代的语音演变,有一定的困难。当然,通假、假借、谐声字、押韵等资料都能用来研究早期汉语的音韵,但这些材料记录的多为历代标准语,故而对研究早期方言帮助不大①。

域外汉字音,如公元5—6世纪的日译吴音,反映了南朝江东吴地的方音,公元8—9世纪的日译汉音,反映了唐代的长安方音,其他如朝鲜译音、汉越音等都是有用的参考资料,但对音本身是折中两种语言系统的结果,有些细微的音韵特征未必能够反映出来,因此也只能作为辅证。本书在讨论中古寒韵字在吴、闽方言中的演变与层次时,注意到了寒韵字有两个不同的历史层次,分别对应于南朝《切韵》和晚唐以后的北方官话,论述中也以域外汉字音为参考(参看第七章)。

历代文人的笔记小说,经常会提到当时吴语的特点,虽然非常零星,但有时可以用来给某些音变判定一个大致年代。如明代叶盛(1420—1474)《水东日记·卷四》说:"吾昆山,吴淞江南,以'归'呼入虞字韵。"说明支微入虞在吴语里差不多已有了六百年的历史(参看第五章)。

1.3 资料来源

本书讨论吴语的比较音韵和历史音韵,所据的语料主要是前人的

---

① 有些反映地域语言特征的资料,比如战国楚地的出土文献,可以用来探讨先秦时期的南方方言,但时代过早,也与本书的论题无关。

调查研究,其中太湖片的大多数方言曾经过我们的调查核实。由于有的方言点调查材料丰富,有的则相对较少,利用时需要做些选择。下文在论述具体的音韵现象时,引用某个吴语方言点的材料,若不注明,出处如下。

1.3.1 宣州片

本书所涉宣州片的材料均引自蒋冰冰《吴语宣州片方言音韵研究》(华东师范大学出版社,2003年)。

1.3.2 北部吴语(太湖片)

启东吕四:卢今元《吕四方言研究》,上海辞书出版社,2007年;

启东四甲、海门:鲍明炜、王均主编《南通地区方言研究》,江苏教育出版社,2002年;

常州:个人调查;

无锡:曹晓燕《无锡方言研究》,苏州大学硕士论文,2003年;

丹阳、丹阳(童家桥)、溧阳、金坛、江阴、靖江、吴江(黎里、盛泽)、宝山(周浦、罗店):钱乃荣《当代吴语研究》,上海教育出版社,2002年;

宜兴:叶祥苓、郭宗俊《宜兴方言同音字表》,《方言》1991年第2期;

苏州:叶祥苓《苏州方言志》,江苏教育出版社,1988年;

常熟:袁丹《江苏常熟梅李方言同音字汇》,《方言》2010年第4期;

上海:许宝华、汤珍珠《上海市区方言志》,上海教育出版社,1988年;

川沙:石汝杰《川沙音系》,复旦大学硕士论文,1985年;

南汇:陈忠敏《南汇音系》,复旦大学硕士论文,1987年;

嘉定:汤珍珠、陈忠敏《嘉定方言研究》,社科文献出版社,1993年;

松江：张源潜《松江方言志》，上海辞书出版社，2003 年；

崇明：张惠英《崇明方言研究》，中华书局，2009 年；

嘉兴：俞光中《嘉兴方言同音字汇》，《方言》1988 年第 3 期；

嘉善：徐越《嘉善方言音系》，《吴语研究——第三届国际吴方言学术研讨会论文集》，上海教育出版社，2005 年；

湖州、德清、长兴、安吉、余杭、桐乡、平湖、海宁、富阳、嵊县、新昌、奉化、象山、镇海、宁海：傅国通等 1985 及 1960 年代未刊之调查字表（部分方言点同时也参考徐越《吴语杭嘉湖方言语音研究》，中国社会科学出版社，2007 年）；

临安、昌化：徐越《吴语杭嘉湖方言语音研究》，中国社会科学出版社，2007 年；

海盐：胡明扬《海盐方言志》，浙江人民出版社，1992 年；

绍兴：王福堂《绍兴方言同音字汇》，《方言》2008 年第 1 期；

萧山：张洁《萧山方言同音字汇》，《方言》1997 年第 2 期；

嵊县长乐：钱曾怡《长乐话音系》，《方言》2003 年第 4 期；

桐庐：浙江省桐庐县县志编纂委员会、北京师范学院中文系方言调查组《桐庐方言志》，语文出版社，1992 年；

宁波：徐通锵 1980 年未刊之调查字表；

定海：方松熹《舟山方言研究》，社科文献出版社，1993 年；

鄞县：陈忠敏《鄞县方言同音字汇》，《方言》1990 年第 1 期。

1.3.3　台州片

温岭：李荣《温岭方言语音分析》，《中国语文》1966 年第 1 期；

天台：戴昭铭《天台方言研究》，中华书局，2006 年；

黄岩：钱乃荣《当代吴语研究》，上海教育出版社，1992 年；

临海：黄晓东《浙江临海方言音系》，《方言》2007 年第 1 期。

1.3.4 南部吴语(金衢片、上丽片、瓯江片)

金华:曹志耘《金华方言词典》,江苏教育出版社,1996年;

兰溪、东阳:秋谷裕幸、赵日新、太田斋、王正刚《吴语兰溪东阳方言调查报告》,神户市外国语大学外国语学部,2002年;

衢州:钱乃荣《当代吴语研究》,上海教育出版社,1992年;

磐安、汤溪、文成:曹志耘《南部吴语语音研究》,商务印书馆,2002年;

缙云:太田斋《缙云方言音系》,《外国学研究》(东京)2004年第58期;

丽水:谢云飞《丽水西乡方言的音位》,《中华学苑》(台北)1989年第38期;

松阳:谢云飞《松阳方言的音位》,《政治大学学报》(台北)1994年第67期;

武义:傅国通《方言丛稿》,中华书局,2010年;

永康:钱乃荣《当代吴语研究》,上海教育出版社,1992年;

义乌:方松熹《义乌方言研究》,浙江省新闻出版局,2000年;

江山、广丰:秋谷裕幸《吴语江山广丰方言研究》,爱媛大学法文学部综合政策学科,2001年;

开化、常山、遂昌、庆元、云和、玉山:曹志耘、秋谷裕幸、太田斋、赵日新《吴语处衢方言研究》,好文出版,2000年;

瑞安(陶山)、苍南:颜逸明《浙南瓯语》,华东师范大学出版社,2000年;

平阳:陈承融《平阳方言记略》,《方言》1979年第1期;

温州:郑张尚芳《温州方言志》,中华书局,2008年;

乐清:蔡嵘《浙江乐清方言音系》,《方言》1999年第4期;

浦城:樋口靖《福建浦城方言の概略》,《筑波中國文化論叢》(日本) 1992 年第 11 期；

浦江、景宁、泰顺、龙泉:傅国通等 1985 及 20 世纪 60 年代未刊之调查字表(其中泰顺方言有时也引用秋谷裕幸(2005a))。

如果需要直接引用上面提到的那些吴语语料或作者的看法时,书中将会注明具体的出处;书中若引用其他学者的研究成果或其他汉语方言的语料,也会随文注明。另外,笔者近年来为了编著《吴语太湖片语料集·字音卷》,和其他几位年轻学者合作调查了该片吴语 50 多个方言点,目前调查计划已基本完成,不久将会正式出版。此次调查的材料,也为本书的研究提供了第一手的材料。

文中所用的中古音拟音,若非注明,均引自李新魁(1991:118—119)。

1.4 体例说明

简单交代一下本书正文中涉及的一些行文体例。

1. 声调以标写中古调类为主,必要时或者引用其他学者的文献原文,也可能标写出调值。调类标在音节的右上角:"1"为阴平、"2"为阳平、"3"为阴上、"4"为阳上、"5"为阴去、"6"为阳去、"7"为阴入、"8"为阳入。

2. 送气符号的标写法是直接以"h"来表示(非上标)。

3. 自成音节的 m n ŋ l 等,在音标下端加短竖线(ŋ 加在音标上端)。

4. 文白异读一般用斜线隔开,先后的顺序一般是白读在前,文读在后。有时也会在汉字或字音的右下角标出"文(读)""白(读)"字。如苏州方言"龟"tɕy^1_白、kuɛ^1_文。若缺少读音材料,则在相应位置用短横标出。

5. 写不出本字的音节用方框"□"来表示。

6. ">"表示"演变为",比如 o>u 表示[o]演变为[u],"→"也用来表示类似的意思;"<"表示"来自",比如 e<i 表示[e]由[i]演变而来,"←"也用来表示类似的意思。

7. 星号"*"表示某个读音是通过某种方法重建的假定形式,比如共同吴语阶段的麻二字读[*o]。

8. 方括号"[ ]"用来表示国际音标,双斜线"/ /"用来表示音位。

9. 为了行文简洁,本书在引用学界师长、同辈的相关论著时,一般不在人名后加"先生""师"之类的称呼。

10. 本书正文沿用方言学界的一些传统说法,比如"闽语""北部吴语""赣语""徽语"等,有时也称"某方言",基本做到局部一致,不做全文统一。

1.5 各章简介

本书对吴方言区近百个点的音韵特征做了综合性的比较研究,基本方法是比较方法、层次分析法、文献考证法。概括言之,本书的关注焦点可以归结为两点:演变、层次。

探究汉语方言的语音演变,基本资料是共时的语音材料,基本原则是历史比较法所强调的"语言的空间差异反映语言的时间发展"。汉语方言(包括北方方言)是不同时代、不同地域的语音层次叠置的产物,因此进行方言比较(单个方言内部的比较、不同方言之间的比较)之前,必须先运用层次分析的方法,分清文白异读;即便只有一种读音,也需要进行层次匹配,然后才能在同个层次上做进一步的比较工作。判定层次的先后年代,汉语语音史是重要的参照对象,此外还可以用语音的逻辑发展、音变的普遍规律来帮助判断。文献信息对于方言历史音韵的研究,有时可以提供变化的时间讯息,但其终究只能作为参考,演变关系的确立,主要还得仰赖于比较方法。

本书可分为四个部分。

1.5.1 第一部分为绪论

介绍了本书所涉论题的研究背景、研究方法和资料来源,简单分析了比较方法、层次分析法、文献考证法在本书中的运用,另外也对接下来的各章内容做一简单的介绍。

1.5.2 第二部分为第二章至第八章

本部分是本书的主体,涉及对吴方言七类韵母的比较研究,考察对象包括:果摄韵母、麻佳韵、鱼虞韵、支微入虞、侯尤韵、寒韵、曾梗摄韵母。总的来说,其中涉及四方面内容:

1. 单个韵类在北部、南部吴语及闽语等其他相关方言的演变与层次(如第七章对寒韵字的分析);

2. 同一个摄中不同等次的几个韵的演变及其关系(如第二章对果摄一等歌戈韵、第六章对流摄一等侯韵和三等尤韵的分析);

3. 汉语史、现代方言中读音相近的几个韵在吴语中的演变,以及它们之间的分合类型(如第三章对麻佳韵字和第四章对鱼虞韵字的讨论);

4. 在汉语史、现代方言中容易看到的某种音变在吴语和周边方言中的不同表现及其语音史背景(如第五章对"支微入虞"音变的共时、历时考察)。

其中第二至第六章讨论阴声韵,第七、八章讨论阳声韵。

1.5.2.1 第二章果摄韵母部分,主要说明果摄一等歌(戈)韵在共

同吴语阶段读[o]或[əu]类后高元音。从汉语语音史和移民史来看,作为基本读音层,它来自南宋-金元以来的北方官话。共时层面上,歌韵字具有各种不同的演化模式,具体表现在与假、遇、流、效诸摄的不同分合类型。除了主体层次以外,扩散层次、条件音变也值得注意。北吴、南吴、客赣、闽语等在果摄的演变与层次问题上有颇多一致之处,既有《切韵》前的保守层,也有元代以后受不同时期官话影响的层次。

1.5.2.2 第三章花了较多的篇幅讨论了麻韵和佳韵在吴语中的演变与分合。裴务齐正字本《刊谬补缺切韵》是按"歌·佳·麻"排列的。陆德明《经典释文》麻、佳韵也有混同的迹象。本章提出,共同吴语阶段的麻二、麻三、佳韵分别读作[*o][*ia][*ai],这种音韵格局和徽、(老)湘语一致,是三类方言区际联系的体现。南宋以后吴语的麻二字已经读后高化元音,有别于中原汉语的[*a]。北宋以后麻三字从《切韵》的[*ia]变作[*iɛ],而共同吴语的麻三则可以追溯至《切韵》[*ia];佳韵和蟹开一泰韵白读同韵是吴语的基本特征。金坛型、上海型、苏州型吴语里麻二见组(如"家"字)的所谓白读 ka^1,其实是来自北方官话的老文读,它取代了这些方言固有白读[o]而成为新白读,该层次广泛分布于江淮、西南、赣、客、(新)湘等方言,同时也见于闽方言的文读层。吴语中麻、佳韵的特字读音,可以追溯至南朝《切韵》的麻佳合韵,也是吴、闽同源的证据之一。对于闽语而言,麻佳同韵是大多数麻、佳韵字的音类分合特征;对于吴语而言,这只是部分麻、佳韵字的特点,属于特字层次。具体音值背后的音类分合能够反映历史演变的先后,孰先孰后,判断时应充分重视汉语语音史的研究成果。

1.5.2.3 第四章讨论了吴语中鱼虞韵的几项白读音。本章指出,汉语方言的白读音多呈保守态势,这是学界的共识。但是,白读音的后续创新也是一个颇值得关注的议题。就虞韵字来说,南朝层次的虞韵白读[*iu](虞尤相混层)在北部吴语(常熟)、南部吴语、闽语在音类关系上表现一致,而苏州型吴语则在此基础上经历了创新变化。虞韵白读音在北部吴语中的音类分合差异,是由音韵结构的变迁造成的。就鱼韵字来说,南宋层次的鱼韵白读[ˇi](鱼虞有别层)在部分北部吴语的表现不止一种,源自其不同类型的后起创新,不同的演变形式还可能分化成不同的词。目前的方言历史层次理论和词汇扩散理论似乎需要考虑这一语言事实。

1.5.2.4 第五章以整个汉语方言为考察对象,全面分析了音韵学和方言学界都很熟悉的"支微入虞"问题。本章讨论的问题包括:一、支微入虞是汉语史上中古以后的创新演变,目前在吴、老湘、徽、通泰、赣、客、闽、晋方言及中原官话、西南官话等均能见到。二、支微入虞在辖字韵类(涉及止摄合口三等支脂微韵、蟹摄合口三四等祭废齐韵和蟹摄合口一等灰泰韵)和声母类型(涉及喉音、舌尖前/舌面前/舌面中/翘舌/舌叶音、舌尖中音、舌根音、唇音)上呈现出蕴涵关系。三、支微入虞的文白性质、音变过程的解释以及该音变对认识方言早期关系的价值及其局限等。

1.5.2.5 第六章主要分析了中古流摄韵母字在吴语中的今读音,重点分析一等侯韵字在吴语方言中的今读韵母,及其反映出的不同类型:嘉兴型、萧山型、上海型、温州型、江山型。总的演变方向有主元音高化、低化两种。其中侯韵字读细音韵不仅见于吴语,还见于通泰、徽、客、赣、老湘语等南方方言,而且也是闽语流摄字的文读音。本章提出,《切韵》侯韵在中古以后曾经出现过[*əu]～[*eu]两个读音变体,[*eu]对南方方言有较深较广的影响,包括厦门、福州等闽方言的文读音。另外,侯尤韵唇音字在吴语中的今读音与主体层的表现不一样,吴语各个次方言也不完全一样,它表现为和歌、麻、模等韵字的不同的音类分合关系。我们指出,这和汉语史文献显示的唐代北方汉语(秦音)有关系,当时的侯尤韵曾读入模韵,后来它作为文读势力,对吴语产生了影响。

1.5.2.6 第七、八章讨论两类阳声韵的演变。第七章联系汉语语音史,着重探讨了《切韵》寒韵字演变的时代和地域特征。《切韵》的寒韵字有两项重要特征:(1)钝/锐声母字均读圆唇的[*ɒn];(2)和二等山删韵[*an]有别。本章从吴、闽方言的文白异读分析入手,考察音类分合关系,结合汉语语音史,说明北部吴语、南部吴语和闽语的寒韵字都分别有两个层次,层次Ⅰ大体相当于南朝《切韵》的分类格局,层次Ⅱ则符合晚唐-北宋以后北方官话的特点。此外,在探讨吴、闽语关系时,不仅是浙南吴语,北部吴语的情形有时也颇值得重视。

1.5.2.7 第八章讨论曾梗摄韵母。中古梗摄字在北部、南部吴语都可见低元音白读。就等次、韵尾而言,北部吴语二等舒声的白读保留最完整,三等舒声仅有零星几字有白读音,四等舒声的白读层已无踪迹可寻;梗二三等入声白读层的辖字及分布地域都还很广泛,梗四入声的白读在个别方言还有所体现。"朋鹏剩塍"等字和梗摄白读同韵,这种一三等韵读入二等韵的特字层次,在现代吴、闽方言有较多的例子。吴语及邻近江淮官话的曾梗摄唇音字有读圆唇韵母的层次,该层次可追溯至宋元以来的中原官话,而后成为南系官话的音韵特征之一,并在其后裔方言得以保留。吴语的梗摄开口三等字有读合口(及撮口)的例外音变层次,该层次同样还见于臻、深等韵摄字。形成这类层次的原因,需要从双线演变、语音机制、官话影响多方面去理解。

1.5.3 第三部分包括第九、十章

本部分属于专题讨论。第九章主要从比较音韵的角度,具体探讨了杭州音系的性质,说明杭州方言既有属于早期吴语固有的音韵特征,也有大量来自唐宋以后中原官话的成分,同时还有和其他吴语一致的创新成分。第十章专门比较了北部吴语、南部吴语与闽语的数条音韵特征,包括齐韵字的今读韵母、咸山摄三四等有别、虞尤相混、寒韵字的

南朝和晚唐两个层次、通摄字的非圆唇读法，从而说明从共同保留、共同创新两个层面，都可以建立三类方言间的历史联系。

1.5.4　第十一章为总结

本章全面回顾了本书所涉及的研究方法和理论。

第二章　果摄韵母字的读音及其演变*

最早利用层次分析法探讨吴语果摄演变问题的,当属郑张尚芳(1983)对温州方言歌韵读音的研究。温州方言歌韵一等开合共有[øy]磨、[ɤu]多、[u]波歌、[o]朵、[uɔ]之、[a]那、[ai]个、[e]授、[oŋ]糯、[ɛ]破,以及读零声母的形式,可谓复杂。与温州方言等南部吴语相比,即便是受官话影响较深的北部吴语,其果摄的历史层次也不那么简单。如吴语太湖片北端的江苏启东四甲,其果摄共有[ɤ]波我、[ɑ]那茄、[iɑ]瘸茄、[yo]靴、[yɛ]靴、[ɔ]萝;~卜、[ɯ]卧、[i]左;~手、[ō]薄;~荷、[oʔ]螺;泥~、[ɑʔ]阿十一韵(鲍明炜等 2002:224—242)。浙江奉化的果摄也有[ʌɯ]多我、[ɶ]朵、[œy]鹅、[ʌ]拖那、[iʌ]茄、[ie]茄、[u]唾、[y]靴、[oʔ]波;宁~、[ʌʔ]阿十种读音(据傅国通等 20 世纪 60 年代未刊之调查字表)。其他方言的果摄读音,形式较少的如鄞县方言(陈忠敏 1990),较多的如嘉兴方言(钱乃荣 1992a,徐越 2007)。读法如此复杂,主要是由于语音演变中所导致的各个历史层次的叠置,同时也涉及方言借用等其他因素。

2.1　果摄韵母字的演变类型

考察方言历史演变的主要途径是进行层次分析和方言比较,并辅之以历史文献的考证。方言内部的扩散式音变和方言间的接触会分别

---

*　本章的部分内容曾以《吴语太湖片果摄的演化模式与历史层次》为题发表于《语言科学》2009 年第 4 期。

产生同源层次和异源层次。这两类层次所辖的例字都不会很多,属于非主体层次;至于主体层次,是指由本方言某个历史音类的大部分辖字都具有的读音,亦即主要层次。方言比较应包括方言内部、跨方言比较两个部分:(1)通过比较本方言某个历史音类所表现出的不同读音,以及某个音值所包含的不同历史音类,了解本方言的音韵格局。(2)按照历史语言学"语言的空间差异反映时间的发展序列"的原则,通过跨方言比较,观察各方言主体层次的不同表现,再参照汉语语音史,可以了解该区域各方言语音演变的先后次序。

正如徐通锵(1991:385)所指出的,音类的分合可以反映语言演变的时间层次。通过吴语近百个方言点的观察,可知果摄歌韵的主体层的读音表现体现了以下七种演化类型[①]:

2.1.1 苏州型

该类型的吴语反映了果摄一等歌韵和模韵合流的模式。属此类型的吴语最多,如:海门、上海、松江、崇明、嘉定、南汇、周浦、海盐、桐乡、德清、长兴、安吉、平湖、余杭、桐庐、丽水、云和、瑞安(陶山)、永嘉、苍南、文成、温州[u]、江阴[ɤ]、苏州、昆山、罗店、嘉兴、嘉善、湖州、富阳、宁波[②]、鄞县[əu]、盛泽、双林[ue]、丹阳(童家桥)[ʌɤ]、黎里[ɨu]、嵊县长乐[o]、诸暨[ɯ]、海宁[ɵu]。有两点需要指出:(1)北部吴语(毗陵小片除外)的鱼韵庄组声母字"锄梳"等除了有[ɿ]韵的零星白读,其主体层大多和模韵合流,读作后高圆唇元音。该音类字韵母读圆唇是由于庄组声母中古为舌叶音[*tʃ](有的学者拟作舌尖后声母[*tʂ]),带有

---

① 若非注明,本章所谓歌韵包括果摄一等开口歌韵和合口戈韵,不包括三等开口歌韵和合口戈韵。
② 据马礼逊(Morrison 1876:487、432、523)的记录,1860年前后宁波话的歌韵还是读[o](波多坐),而赵元任(1928:45)已全记作[əu]。看来,宁波话歌韵的元音高顶出位似只有近百年的历史。

圆唇音势,于是和读合口的模韵同变(参看本书第四章的讨论)。(2)尤韵非组、侯韵帮组字在北部吴语各方言有[e ei][io][əu]三类主体层,同时也有和模韵合流的层次,该层次应来自唐代以来的北方汉语。(参看第六章的讨论)因此,该类层次中也会包括鱼韵庄组和侯尤韵的帮系字。

上文说的歌、模同韵所指都是各自的主体层,有些方言的果摄只跟本方言模韵的条件音变层合流。比如宜兴[ɷ]、金坛[o]、常州[ɤu]、新昌[ɤ]、余姚[ou]、崇仁、太平[ɯ]、镇海[aɷ]、奉化[ʌɷ]、定海[au]的果摄韵母一般只和模韵帮组字(主要是明母字)相同。四甲读[ɤ]、靖江读[ʌɤ]的除了果摄,还有模韵的明母和泥母字。丹阳[ʌɤ],溧阳[ʌɯ]包括模韵明母和鱼韵庄组字。定海[au]除了模韵明母,还包括端组字(都 tau¹ | 堵 tau³ | 兔 thau⁵)。

2.1.2 绍兴型

该类型吴语的果摄一等歌韵和假摄二等麻韵合流。属此类型的有绍兴、象山、临安、萧山、嵊县崇仁、启东吕四、临海、黄岩、缙云、庆元、乐清等。绍兴的歌韵主体层和麻韵同为[o],该层次除了零星的几个模、鱼韵字(做 tso⁵ | 错 tsho⁵ | 所 so³),歌麻同韵的层次不再和其他的韵类相混。象山也属于果、假不分的方言,例如:歌家 ko¹ | 个架 ko⁵ | 我牙 ŋo² | 遮 tso¹ | 蛇 zo²。临安的果摄主体层为[o],同时麻二字大多也读[o],少数麻二字和麻三合流读[uo],如:拖 tho¹ | 螺 lo² | 坐 zo⁶ | 破₂ pho⁵ | 爬 bo² | 茶 dzo² | 牙 ŋo² | 虾 ho¹ | 马 muo⁶ | 怕₂ phuo⁵ | 车 tshuo¹ | 蛇 zuo² | 蔗 tsuo⁵。萧山读[o]韵的除了歌韵字,还有麻韵字(加 ko¹ | 假 ko³ | 牙衙~前;地名 ŋo² | 下 ɦo⁴ | 丫抴 o¹ | 巴 po¹ | 怕 pho⁵ | 妈麻 mo² | 拿 no² | 渣遮 tso¹ | 沙 so¹ | 舍 so³ | 蛇射 zo²),以及来自唐代北方官话层的模韵、侯韵明母字("模摹墓慕暮募母拇某"都读 mo)。嵊县崇仁的

果、假两摄也已全面合流读[o]，且模、侯韵明母字也读入该层次，情形和萧山方言完全一致。临海、缙云的歌、麻二、模韵明母字合流（前者的麻三字也属该层次），例如：

临海：波巴 po¹ | 磨麻模 mo² | 蓑沙奢 so¹ | 哥家 ko¹ | 果假 ko³

缙云：波巴 pʊ¹ | 磨麻摹 mʊ² | 牙鹅 ŋʊ² | 蓑沙 sʊ¹ | 哥家 kʊ¹

江山的果摄开、合口一等字主要读音的韵母不同，分别为[o][yə]，麻韵二等的帮、影组字也读[o]，与歌韵合流。庆元的歌、麻二都读作[o]，例如：波巴 po¹ | 婆爬 po² | 磨_名骂 mo⁶ | 梭纱 so¹ | 哥家 ko¹ | 果假 ko³ | 鹅牙 ŋo² | 阿桠 o¹。

启东吕四的情形与绍兴有所不同，该方言和歌韵同韵的麻二字只见于帮组，亦即歌、麻韵部分相混，同时模韵明母、侯韵帮组字也读[ɤ]。如：波巴 pɤ¹ | 簸霸 pɤ⁵ | 婆爬 bɤ² | 马母 mɤ³ | 磨_{~刀}麻模 mɤ² | 磨_{~面}骂幕墓 mɤ⁶。浙江文成、温州方言部分歌韵字读[o]，如文成：磨 mo⁶ | 坐 zo⁴。乐清的歌韵帮组字读[u]，与模韵相同，而端、见系则与麻二同韵，例如：蒲婆 bu² | 蓑沙 sou¹ | 左组 tsou³ | 哥家 kou¹ | 鹅牙 ŋou² | 河霞 ɦou²。张琨（1986：2—3）曾经指出，汉语方言里不分《切韵》的前*a（假摄）和后*ɑ（果摄）的很少，除了绍兴方言，至少还有湖南泸溪方言和徽语绩溪方言。现在看来，*ɑ、*a 不分的吴语方言至少还有上述几种[①]。

2.1.3 无锡型

即歌韵和模韵、麻韵合流，此类型还包括兰溪。无锡方言麻韵二等

[①] 根据我们的实地调查，浙江安吉（天荒坪）方言的果摄一等、假摄二等和遇摄一等也已经合流为[u]韵，如：婆爬蒲 bu² | 河华湖 ɦu²。

的演变在北部吴语独树一帜:泥母、知系字读[əɯ],其他声母字读[u]。无锡方言的模韵在见系声母后读[u],在帮、端系声母后读[əɯ]。例字如下:

果摄:波 pəɯ¹ | 磨 məɯ² | 大 dəɯ⁶ | 拖 thəɯ¹ | 哥 kəɯ¹ | 坐 zəɯ⁶ | 锁 səɯ³

遇摄:补 pəɯ³ | 模 məɯ² | 度 dəɯ⁶ | 土 thəɯ³ | 锄 zəɯ² | 梳 səɯ¹ | 孤 ku¹ | 虎 hu³

假摄:拿 nəɯ² | 查 zəɯ² | 沙 səɯ¹ | 家 ku¹ | 下 ɦu⁶ | 遮 tsa¹ | 蛇 za² | 舍 sa³

兰溪方言的歌、麻、模韵的主要今读韵母都是[u],如:歌加牯 ku¹ | 鹅牙吴 ŋu² | 祸下户 u⁶。

2.1.4 宁海型

即歌韵和侯、豪韵合流。宁海方言读[ɐɯ]的除了歌韵,还包括豪韵的帮组字(保宝报)和侯韵的帮组(剖 phɐɯ³ | 某母拇亩 mɐɯ⁴ | 贸 mɐɯ⁶)、精组(走 tsɐɯ³ | 凑 tshɐɯ⁵ | 叟 sɐɯ³)、影组(猴 ɦɐɯ² | 后厚 ɦɐɯ⁴ | 欧 ɐɯ¹),以及尤韵的非组(否 fɐɯ³ | 浮 vɐɯ² | 负阜 vɐɯ⁴)、明母(谋矛 mɐɯ²)、来母(搂 lɐɯ⁴)、庄组(邹 tsɐɯ¹ | 愁 dzɐɯ² | 骤 dzɐɯ⁶/sɐɯ¹ | 瘦 sɐɯ⁵)、章组(周州舟 tɕiɐɯ¹ | 帚 tɕiɐɯ³ | 咒 tɕiɐɯ⁵ | 丑 tɕhiɐɯ³ | 臭 tɕhiɐɯ⁵ | 收 ɕiɐɯ¹ | 手首守 ɕiɐɯ³ | 兽 ɕiɐɯ⁵ | 受 ʑiɐɯ⁴ | 授寿 ʑiɐɯ⁶ | 售 dʑiɐɯ⁶ | 柔揉 dʑiɐɯ²)、见组(九韭 tɕiɐɯ³ | 丘 tɕhiɐɯ¹ | 求 dʑiɐɯ² | 舅 dʑiɐɯ⁴ | 旧 dʑiɐɯ⁶ | 牛 ɲiɐɯ²)、晓母(休 ɕiɐɯ¹ | 嗅 ɕiɐɯ⁵)。其中"剖"字在[ɐɯ]之外还读 phæi³,[æi]对应于常州的[ei]、苏州的[ʏ]、萧山的[io]。

2.1.5 常熟型

即歌韵和模、尤韵合流,同时有别于一等侯韵,此类型大概只有常熟方言。常熟的侯韵主体层是[e](某 me⁴｜斗 te⁵｜楼 le²｜狗 ke³｜侯 ɦe²｜欧 e¹），而三等尤韵的韵母根据声母不同，则有不止一种的表现：非组、个别庄组字读[e]（浮 ve²｜瘦 se⁵），知系声母字读[ɯ]（抽 tʂhɯ¹｜愁 dzɯ²｜周 tʂɯ¹｜柔 dzɯ²），泥组、精系、见系声母字读[iɤɯ]（流 liɤɯ²｜秋 tshiɤɯ¹｜丘 tɕhiɤɯ¹｜休 ɕiɤɯ¹｜右 ɦiɤɯ²）。该方言尤韵非组和侯韵帮组有一致的演变，但大多数尤韵字和侯韵的主体层表现不同。

2.1.6 遂昌型

即歌韵和侯韵、部分模韵字合并，此类型的吴语很少。遂昌的例字如：多筅 tu¹｜拖偷 thu¹｜磨麻模 mu²｜头驼徒 du²｜大度豆 du⁶。

2.1.7 金华型

还包括昌化、东阳、磐安、汤溪、永康、衢州、浦江、常山、广丰、江山、开化、玉山、武义、松阳、平阳、龙泉等。金华型方言的歌韵主要今读和其他韵类没有系统的合并关系。如据徐越（2007：254—259），昌化的果摄读[əɯ]，假摄读[u]（茶 dzu²｜蛇 zu²）、[ou]（马 mou⁶）、[ia]（斜 ɦia²）、[iɛ]（野 ɦiɛ⁶）、[ua]（华 ɦua²）、[əɯ]（瓦 ŋəɯ³），遇摄读[u]（姑 ku¹｜布 pu⁴｜斧 fu³｜数 ɕu⁵）、[y]（猪 tɕy¹｜梳书 ɕy¹｜女 ny³｜雨 y³）、[i]（吕 li³｜鱼ₓ ɦi²）、[ou]（所 sou³）、声化韵（午₍ₐ₎⁶）。不少南部吴语属于此类，下面表 2-1 列出这些方言歌、麻二、模、侯、豪韵的今读韵母，以见一斑（由声、韵类不同产生的读音分化，则注出条件，不同读音用逗号隔开；各种读音根据辖字的多少来排序；由滞后音变或例外音变等原因造成的个别读音，下表不再一一列出）。

表 2-1　部分南部吴语中歌、麻、模、侯、豪韵的今读韵母

	歌一	麻二	模	侯	豪
金华	uɤ, ɤ 帮	uɑ, ɤa 帮	u	iu, eu	ɑu
磐安	uɤ, o 帮	eu, ɤə 帮	u	ɐɯ	o
汤溪	ɤ, uɤ 见	ɤ, o, uo	u	ɯe	ə
东阳	ʊ	uo	u	əɯ	ɑu
永康	oə	ʌʌ	u	əe	uʌ
衢州	u, ᵘu	ɑ	u	əɪ, ie	ɔ
				ᵘɯ 见	
浦江	ə	ia	u	ə	o, ɑ
常山	o, ye 戈, ie 帮	ɑ	uə	mi, ᵘu	ɤɯ, eu
广丰	o, ye 戈, ie 帮	ɑ	uɤ	eɯ, iɯ, u	ɔu, ɤɯ, eu
江山	o, ye 戈, iə 帮	ɒ	uə	u, ɯ	eɯ, ɯɑ
开化	o, ye 戈, ie 帮	ɔ	uo	u, ɯ	me
玉山	o, uɑ 戈	ɑ	uə	u, əɯ	ɐɯ
武义	uo	uɑ	u	ɑu	ɯ
松阳	u, uo 来	uo	uo	ɛi	ɑu
龙泉	o	ɔ	əɯ, uəɯ 见	iu, eu 晓影	ɑu
泰顺	ɵ, uɔ 戈见	ɔ	Y	ʌu	ɑɔ
平阳	u	o, uo 帮	u, y 端	au, eu	œ

上文讨论了现代吴语果摄韵母的今读类型，其分合演变可能涉及中古假、遇、流、效诸摄，包括歌、麻（二三等）、模（鱼）、侯（尤）、豪等韵类。它们在汉语语音史、吴语语音史上的变化可大致描述如下：

歌韵 *a＞ɔ＞o＞u＞ou＞əu＞au

麻韵 *a＞ɔ＞o＞u＞ou＞əu

模韵 *o＞ɔ＞u＞ou＞əu

侯韵 *u＞ou＞əu

豪韵 *au＞au

比较歌韵和麻模侯豪各韵的演变，就不难想象为何吴语歌韵会和上述韵类有不同程度的合并。元音后高化是汉语（包括吴语）语音史上

一项重要音变,也就是 Labov(1994:116)提出的三大音变原则之一:长元音高化。元末明初刘基《郁离子》说"东瓯之人谓火为虎",可见当时的南部吴语中歌、模合流已成事实。

[u]阶段以后元音便出现破裂化音变,朱晓农(2004)称之为"高顶出位",其动力可能来自某种推链作用(王福堂 2005:18)。目前看来,佳韵的元音还未见有高化至[u]的①,更无裂化的迹象。麻韵在北部吴语大多读[o]及其变体,如介音增生(四甲[ʮo]、余杭[uo]),展唇化[ɤ](嵊县崇仁),高化(无锡[u])或裂化(宝山罗店[ʌɤ])等。从表 2-1 所列韵母来看,南部吴语的歌、麻、模等韵读[uo][ou][ɤɯ][eə][ɒɑ]之类的裂化元音都很普遍。模韵从[u]到[ue]颇为常见,但再低化为[au]的方言就不多了(宜兴、定海[au],镇海[aɒ])。侯韵在《切韵》前后就有 *u>əu 的裂化音变,宋元以来在北方官话也一直保持类似于[əu]的读音。宁海方言的侯韵 *ue>ɯa 是裂化后主元音继续低化的结果,演变速度领先于其他北部吴语,由此正好赶上豪韵的演变进程。

综上,吴语各方言的果摄一等歌韵字与本方言麻佳模侯豪诸韵不同的分合模式,反映了各自不同的演化速度,但不论为何种类型,大致总不出 ɑ→ɔ→o→u(后高化)、u→əu→au(破裂化、低化)、u→uo→uɤ→uɑ(破裂化、低化)的逻辑序列②。

2.2 果摄韵母字的其他读音层

上文主要从音类分合的角度探讨了北部吴语各方言果摄主体层的演化类型,各个次方言的音值表现也颇一致,都读作[u]类元音或裂化

---

① 有些方言经常出现的读入麻韵的"钗晒罢"等佳韵字另有来源,理应除外。
② 至于果摄三等戈韵,常用字只有"茄靴瘸"几字,"伽迦"等属佛经音译用字,不再置论。

的[əu]类。中古的歌韵读[*ɑ],王力(1985:264)将宋代汉语的歌韵拟作[*ɔ],《中原音韵》歌戈韵读作[*o]。从汉语语音史来看,唐五代西北方音、北宋邵雍《声音唱和图》等材料还没能见到歌韵读后高元音的迹象,因此吴语果摄的主体层反映了宋元以后的北方官话,同时在各次方言又有各种后续演变。南朝、晚唐、北宋末有几次大规模的北方移民潮南下,集中分布于长江南岸的太湖流域周围,所带来北方官话的深远影响不言而喻;南宋以后,南渡至临安的汴洛官话作为权威方言,对吴语的影响也不容忽视。在这之后,北方官话对吴语的渗透也清晰可见,而且从地域上说是从北到南,由深变浅。如见系二等字的声母在北部吴语多有舌面文读,南部吴语则大多只有舌根白读[①]。

2.2.1 词汇扩散层

语言演变的过程中经常出现某个音类的大部分词已经发生变化,而小部分词还保持旧的形式未变,或者变得较慢的情形,而且没有明显的语音条件可循,这就是所谓的"词汇扩散"现象。(Wang 1969)不同历史时期的扩散式音变会产生各种音变滞后的形式,有的学者称之为"离散式音变中断后保留下来的古老读音"。(王福堂 2005:50)北部吴语中果摄一等韵有以下两种白读音。

2.2.1.1 "多破拖个我簸跛哥"诸字读低元音[a]或高元音[e]/[i]。"多"字读[a]的有:上海、苏州、崇明等;"拖"字读[a]的有:无锡、苏州、上海、常熟、海门、富阳、平湖、德清、桐乡、宁波、新昌("跛"读 pe⁵)、定海、镇海、象山、奉化、宁海(宁海"跛"读 pa³,也与"拖_白_"字同韵[②])、嵊县等。

[①] 可参看傅国通等(1985:33—34)的"家"字读音。

[②] 需要注意,"跛"字《广韵》有布火、彼义二切,吴语的大多数方言是前一读音,但也有些方言的读音来自后者,如:南汇 phi¹,桐乡、海宁 phi³。根据我们的调查,安吉(天荒坪)方言"跛~脚"读 phiʔ,这种舒声字促化的例字在吴语方言中并不少见。

2.2 果摄韵母字的其他读音层

"破"字读[a]的有:嵊县、绍兴、余姚、余杭、萧山、富阳、桐庐、诸暨、新昌等。"我"字读[a]的有:太平 va⁴(<*ŋɑ)|新昌 ŋa²(与"蛾"同音)等。"哥"读作 ka¹ 的北部吴语,除了徐越(2007:248)所举的湖州、安吉、长兴,还有苏州(西山)等。"个"字做指示词时读[a]的如:新昌 ka⁵|嵊县(太平)kɑ⁵ 等,读[e]或[i]的如:常州 ke⁵|苏州 kuɛ¹/kɛ¹/uɛ¹|安吉、平湖、嘉兴 ke⁵|溧阳、长兴 kei⁵|丹阳 kɪ⁵|湖州双林 kɪʔ⁷|江阴 tɕij⁵|杭州 tɕiɪʔ⁷。

南部吴语的这些字同样也音变滞后,属于[ai a]类读音:(曹志耘 2002:220)

表 2-2 南部吴语歌韵读[ai a]的部分例字

多	广丰 tɐi¹ | 庆元 ʔdai¹
拖	磐安、广丰、温州 thɑ¹ | 金华、汤溪、龙游、云和 thɑ¹ | 常山 the¹
破	磐安、广丰、遂昌、温州 phɑ⁵ | 金华 phɑ⁵ | 常山 phe⁵
个~~	磐安 kɑ⁵ | 汤溪 kɑ⁵ | 遂昌 kei⁵ | 云和 ki⁵ | 庆元、文成、温州 kai⁵ | 常山 ke⁵
我	龙游、常山、遂昌 ŋɑ⁴ | 金华 a³ | 广丰 ɑ⁴ | 江山 ŋɒ⁴

很明显,表 2-2 所列方言果摄字的读音代表的时间层次在中古以前。秋谷裕幸(2002a)详细讨论了吴语处衢片果摄一等歌戈韵字的白读音,兼及吴语婺州、瓯江片和闽语等其他汉语方言。秋谷先生运用历史比较法,结合层次分析,为处衢方言中果摄一等字构拟了两个层次,分别为:

  层次Ⅰ:*ɑi(拖箩破)、*uɑi(歌饿);
    *oi(戈韵端精组、来母);*uɑi(夥)
  层次Ⅱ:*əi(多)、*uəi(簸磨);
    *oi(戈韵端精组、来母);*oi(裹火)

据郑张尚芳(1983:114—115),温州方言"拖破"等字城区读[a]韵,郊区永强读[ε]韵,音变方向是 ε>a。理由是温州歌韵读[a][ε]的字总是跟蟹摄的佳皆夬泰等韵字一起变,如"破＝派",乐清都读 phe⁵,永强都读 phe⁵,城区都读 pha⁵。歌韵字也应和上述蟹摄诸韵同样带过[i]尾,其演变过程为:ai＞乐清 e＞永强 ɛ＞温州城区 a。可见南部吴语的果摄韵母的白读比北部吴语层次复杂,比如后者的"多拖破"的白读音都是读[a],无须再区分其不同层次。

另外,"左手"在吴语里常说成"tɕi⁵ 手",如:宜兴、常州 tɕi³,苏州、松江 tsi⁵,四甲、海门、上海、海盐、海宁 tɕi⁵。到底是不是"左"字不好确定,不排除为"借手"的可能性(右手常说成"顺手"),麻韵三等在现代吴语就有一个[i]的读音层次(参看第三章对麻佳韵的讨论)①。从 tɕi⁵ 的语义引申来看,其本字为"左"的可能性也很大,比如在处于苏沪浙交界地带的吴江方言里,除了表示左手用 tsi⁵ 外,表进行得不顺利、逆向义时还可以说"有点 tsi⁵"②。常熟话左面说"tsi⁵ 面",左转说"tsi⁵ 转弯",也表明该字很可能还是"左"。王福堂(2005:21—22)曾提到山西晋中方言"左~手"的读音和苏州方言 tsi⁵ 颇为类似,如平遥、介休、孝义 tɕiɛ⁵、太谷、灵石 tɕie⁵、娄烦 tɕii⁵、文水 tɕi⁵。温州方言歌韵读[i]的有"大~家;婆母 裸出身~体 个这"三字,郑张尚芳(1983:117、120)比照侗台语"左"泰文作 zāi⁴,毛难语 ze⁴、侗语 ɕe³,水语则变成 si⁴,以及"爱"温州早期音[e],现在城区、永强已作[i]的事实,提出"个"的[i]是 ai＞e＞i 的结果,[e]和[i]([ei])都是从[ai]韵分化出的,同属[ai]层次。我们认为用郑张先生的看法也可以解释"多破拖个我左~手簸跛"在北部吴语中的扩散式音变:

音变Ⅰ:ai→e(个 嘉兴)→ɛ(跛 新昌 个 常州)→a(多破 上海 我 太平);

音变Ⅱ:ai→e→i(个 丹阳)

---

① 明末冯梦龙所辑《山歌》卷九"鞋子"篇自注:"吴语再醮日左嫁人。左,俗音济。"温州话"左手"还能说成"tɕio⁵ 手",音同于"借手",湖州也有类似的说法。

② 这则材料承蒙刘丹青先生赐告,谨此致谢。

即[ai]变[e]以后会有低化、高化两种后续演变方向。吴语"簸~箕"字读[e]类韵的有：象山 pei⁵｜嵊县 pE⁵｜诸暨 pE¹ 簸~。梅县客家方言"破簸~箕"白读为[ai]，可以和宁海方言"拖簸"同韵的情形类比；据北京大学中文系语言学教研室（2003：29），温州方言"簸"字有 pu⁵、pai⁵ 两个白读音，后者应和梅县、象山、新昌方言等属于同一历史层次。同时，吴语的歌韵[*ai]层次又和闽语一致（张光宇 1996：175、177）：

  福州：拖 thai¹/thuai¹｜舵 tuai²｜箩 lai²｜我 ŋuai³｜河 xai²

  厦门：拖 thua¹｜我 gua³｜破 phua⁵｜磨 bua²｜过 kue⁵｜果 kue³

  建阳：拖 hue¹｜鹅 ŋue²｜破 phoi⁵｜磨 moi²

  建瓯：拖 thuɛ¹｜我 uɛ³｜簸 puɛ⁵｜破 phuɛ⁵｜磨 muɛ²

这充分表明吴语上述诸字读[ai][e][a]等韵并非来自晚近的演变，而是反映了歌韵在《切韵》以前的层次。作为本方言的自身演变层，只作为白读音保留在口语中。

  2.2.1.2 "朵我可"等的[o]韵。"朵"字盛泽、嘉兴、海盐、桐乡、海宁、平湖、余姚、宁波、定海、鄞县等读[o]，余杭读[uo]，长兴读[ɤ]，都与各自方言的主体层读音有别。"我"字在很多吴语也有特殊读音，如赵元任（1928：45）记录的杭州方言歌韵有[⁽ᵒ⁾u]（婆摩火）、[u]（祸阿）两类，而"我"字读 ŋo⁴。桐庐方言的"我"读 ŋuo⁴，有别于果摄主体层[u]，[uo]是从早期[o]滋生[u]介音的[ᵘo]变来的，这种音变在官话也能见到（如北京话：多 tuo¹｜罗 luo²｜左 tsuo³｜我 uo³）。甬江小片吴语中宁海、宁波、定海、鄞县的"我"都读[o]（声调稍异）。因此，吴语的上述歌韵字音变滞后，还停留在宋元时期的[*o]的阶段①。另据艾约瑟（Ed-

---

  ① 浙江金华话果摄白读[uɤ]，文读[o]，金华的文读系统主要来自南宋以后北方汉语、北部吴语及杭州方言的影响（曹志耘 2002：197），由此也可看出北部吴语果摄[o]代表了宋代官话层次。

kins 1868:52、59),当时上海方言歌韵大多数读[u],但"可"字尚读kho³,和麻韵同韵(怕 pho⁵｜遮 tso¹｜赦 so⁵),扩散音变所产生的"剩余形式"清晰可见。"朵我可"和上述"多拖个"诸字相比,虽然都是音变的残存形式,但两者的时间层次不同,前者处于中古以后,后者处于中古以前。

2.2.2 三种条件音变

语言演变过程中,某个历史音类由于内部音变条件的不同,会产生音值的分化。这类音变会产生条件音变层,它和本方言的主体层具有同源关系,因此从层次理论的角度来看,其本身并不构成一种历史层次。条件音变层与词汇扩散层都有别于主体层,也都是自身演变的结果。区别在于,前者的产生有明确的语音条件,后者则无;前者是主体层的条件变体,与主体层处于同一历史层次,后者则可能是不同历史层次的叠置。

(一)唇音声母后的元音低化

宜兴、江阴、靖江、苏州、吴江盛泽、吴江黎里、上海、湖州、嘉兴等都有此类现象。如宜兴方言果摄字主体层为[ɤ],但帮组字都读作[au](波玻菠播 pau¹｜颇 phau¹｜跛 pau³｜破 phau⁵｜婆 bau²｜磨魔 mau²)。(叶祥苓、郭宗俊 1991:93)湖州方言果摄主体层为[əu],在帮组声母后读[u](波玻菠 pu¹｜簸 pu⁵｜颇坡 phu¹｜婆 bu²)。有些方言的果摄明母字会表现特别,如上海方言除了主体层[u],明母字读[o](摩磨魔 mo⁶)。赵元任(1928:45)所记苏州方言歌韵读音分[ɜu](主体层)、[ʉ](帮组)及[o](明母)三类,与现代苏州方言一致。嘉兴方言除了主体层[əu],帮滂并母字读[u](波播 pu¹｜簸 pu⁵｜破 phu⁵｜薄 bu²),明母字读[o](磨摩 mo²)。(钱乃荣 1992a:304—310)

(二)元音[u]的自成音节

松江、嘉兴、绍兴等的果摄字在影晓组后音值近于声化韵[ʋ̩]，如松江:"窝"ʔʋ̩¹｜"火"fʋ̩³｜"和"vʋ̩²｜"贺"vʋ̩⁶；嘉兴:"阿"ʔʋ̩¹｜"河"vʋ̩²｜"火"fʋ̩³｜"祸"vʋ̩⁶｜"和"vʋ̩²，该韵母是[u]韵的条件变体。海门方言的果摄在舌根鼻音声母后面也有音节化的现象，如"鹅蛾娥俄我饿"都读作[ŋ̍]。（嘉定、湖州的"我"也可读[ŋ̍]）可比较温州方言歌韵疑母也读[ŋ̍]，如:"哦₀ₐ"ʔŋ̍¹｜"俄蛾ₓ娥"ŋ̍²｜"我"ŋ̍⁴｜"饿ₓ卧"ŋ̍⁶。[ŋ̍]可能由[ŋu]变来。温州郊区永强方言"磨魔摩"等字读[mu]的字都可自由变读为[m̩]，也表明[m̩]是从[mu]变来的（郑张尚芳 1983:109）。

（三）高元音后的鼻尾增生

众多吴语的果摄[o]韵在有些声母后会滋生鼻音色彩，例如：启东四甲"薄～荷"bõ⁶｜新昌"蓑"sõŋ¹｜桐乡、湖州"磨"mõŋ²｜长兴"糯"nõŋ⁶（鲍明炜等 2002:238；徐越 2007:233—235）。常熟方言也有类似的演变，如模韵明母字"募～捐 幕～布 墓～坟"读 mõŋ⁶，个别麻韵三等字如"赦饶～"读 sõŋ⁵。这种后高圆唇元音后的鼻尾增生在其他汉语方言也能见到（丁邦新 1998:234）。

2.2.3 官话的渗透层

现代北京方言的歌韵字一般读[o]或[uo]，舌根音声母后读[ɤ]，均属《切韵》时代的*ɑ后来的规则演变。几个常用词"他大那"却读入麻韵[a]。这些词由于使用频率高，会成为音变过程中的顽固派，于是保留了中古的[ɑ]类读音。"他大那"在吴语中读[a]韵都属于读书音，借自北方官话。值得注意的是，部分毗陵小片吴语"大"字有三种读音，如靖江方言 dʌɤ⁶/thæ⁶/dɑ⁶，溧阳方言 dʌɯ⁶/do⁶/dʌ⁶（钱乃荣 1992a:307）。dʌɤ⁶ 为歌韵的规则读音，dɑ⁶ 是权威北方官话的反映。thæ³ 是邻近泰兴等江淮官话的渗透层（靖江的[æ]还是和蟹摄的哈泰皆佳韵

同韵的层次,也和江淮官话的表现一致)。可比较:(顾黔 2001:75;括号内标明了该方言的歌韵主体层)

表 2-3 部分通泰方言中"大"字的读音

东台(-o)	tɑ¹白/tɑ⁵文/thɛ³文	大丰(-o)	tɑ¹白/tɑ⁵文/thɛ³文
兴化(-o)	thε⁶~弃/tɑ⁶	泰兴(-ɯ)	tɑ¹白/tɑ⁵文/thɯ¹/thɛ¹/thɛ³文
姜堰(-o)	tɑ¹白/tɑ⁵文	泰州(-u)	thɛ¹/tɛ⁵~夫/tɑ¹白/tɑ⁵文/thu¹~小

靖江与泰兴、姜堰毗邻,其歌韵[æ]对应于江淮方言的[ɛ],和金坛[o]、常州[ɯ]等同一小片的吴语来源不同,并非吴语自身演变的产物。

2.3 小结

音韵演变有连续式音变、扩散式音变等方式。系统内的演变、强势方言的渗透会分别形成不同性质的层次,有的学者主张将前者叫"音变阶段",后者才视为历史层次。在汉语语音史的背景下,结合层次分析和方言比较的方法,让我们能够辨明各类层次的来源及其年代。以下是本章的四点结论:

(一)现代吴语中果摄韵母的主体层为[o]或[ue]类的后高元音,从汉语语音史和移民史来看,它来自南宋-元代以后的北方官话。

(二)果摄韵母呈现出各种不同的音韵演化模式,表现在与假、遇、流、效诸摄的不同分合类型,这反映了各地吴语在演变速度上有别。

(三)果摄在主体层之外,还具有丰富的扩散式、条件式音变。前者缺乏系统的音变条件,以词汇条件存在,属扩散(离散)式音变;后者基于不同的声母条件而生,属规则性音变。综观整个北部吴语,出现扩散音变的语词相对集中,这既说明该片吴语的内部一致性较强,也表明了从共同北部吴语到各个方言的分化时间并不久远。

(四)就果摄韵母的演变与层次而言,北吴、南吴、客赣、闽语等东南方言有颇多一致之处,既有《切韵》以前的早期层,也有晚唐以后直到晚近的层次。

表 2-4 现代吴语果摄读音的类型与层次

《切韵》以前		《切韵》以后			
最早层	次早层	渐新层		次新层	官话层
个 绍兴　　左 松江	个 常州　　破 上海	朵 盛泽　　我 桐庐		歌 海盐　　多 鄞县	大
e → i	ɛ → a	o →	uo	u ——→ əu	a
↓	↓	↓	↓	⊢→ ŋ̍ 我 潮州	
ei 簸 象山	E 苏州	oŋ 磨 桐乡	uA 可 南汇	⊢→ v 河 罗店	

第三章 麻佳韵字的读音及其演变

不少学者已指出,《切韵》的韵目顺序并不是随意的,而是以其实际读音为标准,把语音相关的韵排在一起[①]。麻、佳二韵在北宋《广韵》(1008)中出现在不同的位置,佳韵为上平声第十三,麻韵为下平声第九,而裴务齐正字本《刊谬补缺切韵》则是按"歌·佳·麻"排列的。另外,陆德明《经典释文》对麻、佳韵也不加区别(水谷真成 1960/2005:142)。《切韵》时代的麻韵二等[*a]、三等[*ia]和佳韵二等[*æi]主元音接近。《中原音韵》的"家麻"韵包括了《广韵》麻(开口二等)、佳(部分)韵,透露出二者合流的痕迹。

现代吴语中麻、佳二韵的音韵变化,远比中原官话复杂,其中既包括了自身演变的不同阶段,还有受不同时期的北方官话的影响而产生的层次叠置。以地处"淮南江北海四头"的江苏启东吕四镇为例(该方言属吴语太湖片毗陵小片),其"家"字就有5个读音:ka^1(人~、自~)/$kuɛ^1$(我~、娘~)/ko^1(当~人)/$tɕyo^1$(~私)/$tɕia^1$(专~)[②]。本章拟在汉语语音史的背景下,运用层次分析和比较方法,依次讨论:1. 现代吴语中麻二、麻三、佳韵字由连续式音变产生的基本读音层;2. 从共时的音类分合和文献材料来看麻二、麻三和佳韵字由离散式音变产生的特字读音层;3. 叠置式音变形成的文白异读层,并透过文读层,观察汉语史不同阶段的北方官话对吴语的影响;4. 从麻、佳韵韵字的读音看

[①] 魏建功、李思敬、尾崎雄二郎、黄耀堃等学者均发表了类似的看法,可参看黄耀堃(2004:252)。

[②] 参看卢今元(2007:55—122)的"同音字表"部分。

东南方言之间的关系。

3.1 麻佳韵字的主要读音层

3.1.1 麻韵开口二等字[*o]

麻韵二等字在北方方言的表现大体一致,几乎都沿袭了《切韵》时代的音值[*a]①。麻二字的元音在现代吴语中则沿着 a>ɑ>ɔ>o>u 后高化的方向发展。以北部吴语(太湖片、台州片、宣州片)和南部吴语(金衢片、上丽片、瓯江片)的若干方言为例:

表 3-1 北部吴语麻二开口字的读音

	太平	吕四	无锡	苏州	南汇	德清	绍兴	桐庐	宁波	天台
爬	fiva²	bɤ²ᵖᵃ	bu²	bo²	bo²	bɔ²	bo²	buo²	bo²	bo²
马	ma³	mɤ³	mu⁴	mo⁶	mo⁴	mɔ⁴	mo⁴	muo⁴	mo⁴	mo⁴
茶	fiza²	dʑyo²	zɯ²	zo²	zo²	zɔ²	dzo²	dʑyo²	dzo²	dzo²
沙	sa¹	ɕyo¹	sɯ¹	so¹	so¹	sɔ¹	so¹	ɕyo¹	so¹	so¹
家	ka¹	ko¹	ka¹	ko¹	kʌ¹	ka¹	ko¹	kuo¹	ko¹	ko¹
牙	ŋa²	ŋo²	ŋa²	ŋo²	ŋʌ²	ŋa²	ŋo²	ŋuo²	ŋo²	ŋo²
下	ɣa⁵	ɣo⁴	ɦu⁶	ɦo⁶	ɦo⁶	ɦɔ⁶	ɦo⁶~饭	ɦuo⁶	ɦo⁶~降	ɦo⁴
哑	ŋa³	ŋo³	u³	o³	ʌ³	ɔ³	o³	uo³	o³	o³

麻二字读[o]的北部吴语最多,除了表 3-1 所列的方言,还有:宁国庄村、黄山永丰、泾县(茂林、厚岸)、青阳(陵阳、童埠)、靖江、江阴、溧阳、宜兴、丹阳、常州、海门、上海、嘉定、南汇周浦、嘉善、吴江盛泽、昆

---

① 张琨(1985a:248—249)曾经讨论过麻韵二等字在 15 个吴语方言(其中 6 个点为南部吴语)里的演变,但因当时吴语的调查还不充分,材料不够丰富,故而只能做出大致的观察。

山、松江、海盐、桐乡、平湖、绍兴、余姚、新昌、诸暨、临安、富阳、萧山、湖州、长兴、安吉、舟山、鄞县、镇海、宁海、奉化、临海、温岭等。读[ɒ]的有：湖州双林、嘉兴、奉化；读[u]的如常熟、昌化。其他如：宁国南极[ua]、宝山罗店[ʌɣ]、余杭[uo]，启东四甲[ɯo]，都是各自方言的韵母在高元音[o]或[u]阶段以后裂化的结果。

有些方言的麻二字在不同声类后的音值有分化现象，如启东吕四的唇音声母字读[ɣ]，其余都读[o]。桐庐方言在塞擦音声母后读[yo]，其他声母后都读[uo]。四甲方言的情形稍微复杂些，塞擦音声母字读[yo]，唇音声母字读[o]，舌根音、喉音声母字读[ɯo]。

麻二见系字在多数南方方言有舌面[tɕ]、舌根[k]声母的文、白异读，吴语也不例外。除了声母所表现出的层次叠置，不少吴语的麻二字在韵母元音上也有文、白层次的不同。比如麻二读[o]的不少方言，其见组字和佳韵见组字（街解矮）一样读[a]，这类"麻佳同韵"的形成就是麻二字的韵母受到了官话[a]的影响所致，从层次来源上说属于文读层。如无锡方言的唇音读[u]，舌齿音声母字（拿茶渣叉沙）读[əɯ]，舌根音声母字读[a]（家架牙）。具体问题下文再谈。受江淮官话影响更甚的吴语宣州片，如铜陵太平、繁昌城关、宣州裘公、贵池（灌口、茅坦）、黄山广阳、当涂（年陡、湖阳）等，这些方言中的麻二字已不具有读[o]的典型特征，在所有声组后一律读作[a]，完全为官话型。

表3-2 南部吴语麻二开口字的读音

	金华	义乌	衢州	广丰	常山	龙游	遂昌	云和	文成	温州
爬	bɣa²	ba²	ba²	ba²	bie²	bu²	ba²	bo²	bo²	bo²
马	mɣa³	ma⁶	ʔma⁵	ma⁴	mie⁴	m̥⁴	ma⁴	mo³	mo⁴	mo⁴
茶	dzua²	dza²	dza²	dza²	dza²	dzua²	dza²	dzo²	dzio²	dzo²
沙	sua¹	sa¹	sa¹	sa¹	sɛ¹	sa¹	sa¹	so¹	so¹	so¹
嫁	kua⁵	ko⁵	ka⁵	ka⁵	ka⁵	kua⁵	ia⁵	io⁵	ko⁵	ko⁵

续表

牙	uɑ²	ɦɔ²	ŋɑ²	ŋɑ²	ŋɑ²	ŋuɑ²	ŋɑ²	ŋo²	ŋo²	ŋo²
下 方位	uɑ³	ɦɔ⁶	ʑiɑ⁶	xo⁴	ɦɔ²²	uɑ⁴	ɑ⁴	io⁴	ɦo⁴	ɦo⁴
哑 ~巴	uɑ³	ɔ³	ʔɑ³	o³	ɔ³	u³	ɑ³	o⁵	o³	o³

从表 3-2 所列方言来看,南部吴语的麻二字同样经历了元音后高化演变:*a>ɑ>ɔ>o>u,继而低化、裂化为[uo][uə][uɑ]等。其中衢州、遂昌、常山、玉山读[ɑ],义乌、开化、泰顺、龙泉读[ɔ],黄岩、汤溪、云和、庆元、文成、温州、苍南、平阳①、瑞安(陶山)读[o],缙云读[ʊ],兰溪读[u];读裂化后的复韵母的,如乐清[ou],东阳、松阳、丽水读[uo],龙游、武义、金华读[uɑ],永康读[uʌ],磐安读[uə](唇音字变[ɤɯ])②。

据秋谷裕幸等(2002:7)的调查,兰溪方言的麻二字共有[u yu ɑ ɔ ɤɯ]五种韵母,[u]韵:耙四齿~bu⁰|茶搽 dzu²|渣 tsu¹|查检~dzu²|家嘉 ku¹|嫁价 ku⁵|牙芽 ŋu²|砑 ŋu⁴|虾 xu¹|哑 u³;[yu]韵:茶搽 dʑyu²|渣 tɕyu¹|查 dʑyu²;[ɑ]韵:芭 pɑ¹|沙纱 sɑ¹|家 kɑ¹;[ɔ]韵:巴尾~pɔ¹|把 pɔ³|耙犁~bɔ⁴|麻 mɔ²|牙 ŋɔ²|砑 ŋɔ⁴;[ɤɯ]韵:把 pɤɯ³|爬 bɤɯ²。通过和该方言麻三字的今读比较,可知[u][yu]韵是麻二知庄组、麻三章组的合韵层,有无[y]介音由声母性质决定;[ɑ]韵是受晚期官话影响的文读音;读[ɔ][ɤɯ]韵的多为唇音声母字。

常山、广丰、开化、玉山的麻二唇音字有文白层次的区别,白读为[ie](表 3-2 将此类读音用斜体标出),文读为后高化的[ɔ](开化)、[ɑ](常山、玉山、广丰)。以开化为例,两个层次的例字如下:(曹志耘等 2000:56—58)

---

① 平阳的麻二唇音声母字读[uo],塞擦音声母字读[io],牙喉音声母字读[o](颜逸明 2000:67—68)。

② 金华的唇音字变[ɤa],龙游的唇音、喉音声母字仍为单元音韵母[u],其中明母字已自成音节化,来自 *mu>m̩。

[ie]韵(白读层)：p-把₁(一～) | b-爬耙₁ | m-麻₁(油～：芝麻)马₁(单说)码骂

[ɔ]韵(文读层)：p-巴芭疤把₂(～握)霸钯 | b-琶杷耙₂ | m-麻₂(～子)马(～上)

从音类分合来看，这几处吴语的[ie]都属于麻二、麻三合并的体现，自然和上文所说的麻二字读后高元音性质不同。

浦江方言麻二字的今读也颇有特点，其中唇音字读[ia]，如：巴 pia¹ | 霸 pia⁵ | 爬 bia² | 骂 mia⁶；知、庄组字读[ɣɑ]，如：茶 dzɣɑ² | 沙 ɕɣɑ¹；见系字读[iɑ]：家 tɕiɑ¹ | 牙 ɲiɑ² | 虾 ɕiɑ¹ | 鸦 iɑ¹。注意唇音字读[ia]属白读，该类字的文读音为[ɑ]韵，文读显然和官话的影响有关。同属金华地区的金华、磐安方言的麻二唇音字也带[ɣ]介音(曹志耘 2002：221—222)，但这两个方言其他声母的麻二字今读韵母一致，分别为[uɑ]和[uə]，而且从层次来源上说，可以断定是吴语自身演变的结果，而浦江麻二字的[ɣɑ](知系)、[iɑ](见系)的主元音与其唇音字的文读音相同，说明它很可能是官话的渗透层次。

从以上对麻二字在北部、南部吴语中白读音的考察可见，其韵母后高化为[o](或继续高化、裂化)是麻二字在现代吴语中的基本演变特征，也是有别于自《中原音韵》以来的北方官话的创新变化。徽、(老)湘语的麻二字也经历了类似的元音后高化。从文献材料来看，麻二字在吴语里发生元音后高化的年代下限是南宋。南宋费衮(无锡人)为绍熙年间(1190—1194)国子监免解进士，所著《梁溪漫志》卷七说："方言可以入诗。吴中以八月露下而雨，谓之怵露；九月霜降而云，谓之护霜。"记载了当时的吴中一带把"下霜"的"下"(匣母麻韵去声)读成"护"(匣母模韵去声)，模韵在现代吴语中仍普遍读为[u][əu]之类的后高元音，说明麻二的后高化至少可溯至南宋。有两点需要说明：(1)吴语区表示下霜的说法至少有三种：上海、宁波、杭州、金华等吴语叫"落霜"，温州叫"降霜",丹阳、常州、无锡、苏州等吴语叫"下霜"。吴中即指苏州一带,因此《梁溪漫志》的记载与现代吴语完全相合。(2)虽然无法推知南宋时期吴语模韵的音值,但模韵字从《切韵》时代始便读后高元音,麻二与之相合流的话,也只可能在[u][əu]之类的阶段。

上则材料说的是早期吴语的歌模合流,至于歌麻合流,更早一些唐宋时期的诗文押韵资料中已有所体现,能够反映宋元吴语的南戏用韵(如《张协状元》《琵琶记》)也是如此。冯蒸(1989/1997:278—280)将唐宋以后汉语史资料所见的果假二摄合流分作两种类型:其一,《四声等子》《切韵指掌图》《切韵指南》三种韵图将假摄附于果摄,此类型的音变是假摄的前[a]部位后移变[ɑ],再继续高化为现代的[ɔ]/[o],南戏押韵资料也属此类;其二,果摄变入假摄,朝鲜汉字音、汉越音、日译汉音和北宋邵雍《皇极经世·声音唱和图》中的果假合流属于此类,其合并时的音值应是[a]。另外,从南戏押韵来看,宋元吴语元音高化后与歌韵合流的麻韵字,基本都是二等字,很少有麻三字(如《张协状元·太子游四门》的"奢"字、《琵琶记·红衫儿》的"遮"字),看来当时的麻二、麻三不同韵。从现代吴语来看,麻三字在北部吴语多数方言会和麻二一样发生元音后高化,而且几乎都是章组字,精组字后高化的方言较少,南部吴语则只有少数方言有如此的变化。南戏押韵和南部吴语关系更密,由此,历史文献提供的讯息和现代方言保持一致。

3.1.2 麻韵三等开口字[*ia]

《切韵》的麻韵三等*ia 只在精组、章组、日母、以母后出现[①]。麻三字读[a]韵是北部吴语里最常见的情形,麻三精组字牵涉到有无[i]介音,即尖团音的问题,保留尖音的方言则可能读作[ia],如江苏常熟:借

---

① "爹"字的今读与其中古音韵地位不符,此不置论。

tsia⁵｜且 tshia³｜笡~对过;对面 tshia⁵｜写 sia³｜卸泻 sia⁵｜斜邪 zia²｜谢 zia⁶。中古以后的章组字的三等介音[i]在南、北方言里多数都被声母吞没了,大多数吴语也是如此。当然,如果某个方言的章组字读[tɕ][tʃ]之类的塞擦音,那么[i]介音自然也能有所体现,如江苏靖江:扯 tɕhia³｜舍 ɕia³｜射 ʑia⁶｜赦 ɕia⁵｜畬 ʑzia²｜奢 ɕia¹,日母字"惹"的音韵表现通常跟章组字一致。以母字的[i]介音一般都能保留。先举若干北部吴语麻三字的读音为例:(上、下栏用来区别白读、文读,下同)

表 3-3 北部吴语麻三开口字的读音

	太平	吕四	无锡	苏州	南汇	德清	绍兴	桐庐	宁波	天台
借	tɕiɛ⁵	tɕiɑ⁵	tsia⁵	tsia⁵	tsiA⁵	tɕia⁵	tɕia⁵	tɕiɛ⁵	tɕia⁵	tɕia⁵
写	ɕiɛ³	ɕia³	sia³	sia³	siA³	ɕia³	ɕia³	ɕiɛ⁵	ɕia³	ɕia³
斜	ɦzie²邪	zia²	zia²	ziɑ²	zia²	zia²	zia²	ziɛ²	zia²	zia²
遮	tsɛ³者	tsa¹	tsa¹	tsɔ¹	tsɔ¹	tsɔ¹	tsɔ¹	tɕyo¹	sɔ¹	tsɔ¹
车	tshei¹	tsha¹	tshəɯ¹	tshɔ¹	tshɔ¹	tshɔ¹	tshɔ¹	tɕhyo¹ / tsha¹	tshɔ¹	tshɔ¹
舍宿~	sei⁵ / ɕiɛ⁵宿~	sa⁵田头~ / sa³~得	sa³~得	sɔ³~得 / sY⁵	SE⁵	SE⁵	sɔ⁵ / SE⁵	sɔ³~得 / sɛ⁵鸡~	sɔ⁵	sɔ⁵
射	ɦzei⁵	za⁶ / zɛ⁶	za⁶	zɔ⁶		zɔ⁶ / zɛ⁶	zo⁶ / ziɛ⁶	ʑyo⁶	zo⁶	zo⁶
蛇	ɦzei²	za²	za²	zɔ²	zɔ²	zɔ²	zɔ²	ʑyo² / za²	dzo²	dzo²
惹	—	za⁴	za⁴	zɑ⁶	zA⁴	za⁴	nia⁴ / za⁴	niɛ³	zo⁵	—
爷	iɛ⁵夜	ia²	ɦia²	ɦia²	ɦiA²	ɦia²	ɦia²	iɛ¹	ɦia²	ɦia²

暂且先撇开文白异读(麻三的文读音问题详见本章3.3.3小节),只考虑白读音,可根据麻三在精组(含以母)、章组(含日母)声母字后的今读分合,将北部吴语划为以下三种类型。

3.1 麻佳韵字的主要读音层

1. 苏州型,即麻三精组字读[a](保留尖音声母的精组字读[ia])类韵母、章组字读[ɒ]类韵母(读舌面音声母的章组字则为[io]/[yo]韵)。这类方言包括:常熟、海门、吴江黎里、南汇、上海、松江、嘉定、平湖、桐乡、富阳、海盐、嘉善、余姚、萧山、诸暨、新昌、嵊县太平、宁波、镇海、鄞县、象山、宁海、定海、黄岩、天台、临海、温岭(以上方言章组读[o]),余杭、嘉兴、德清、长兴、安吉、湖州、奉化(以上方言章组读[ɒ]),嵊县长乐(章组读[ɔ]),海宁、临安、余杭、昌化(以上方言章组读[uo]),桐庐(章组读[yo]),嵊县崇仁(章组读[ɤ])。昌化、桐庐的麻三精组字读[iɛ],从其辖字范围看,相当于其他吴语的[ia]韵,因此[iɛ]应来自更早[ia]的主元音高化,是系统内部的连续式音变,为自源层次,和不少吴语中麻三字来自官话影响的文读层[e][ie]情形不同。

2. 无锡型,即麻三精、章组字均读[a][ia]类韵母。这类几乎都是与江淮官话相邻的太湖片毗陵小片吴语,如:启东吕四、启东四甲、丹阳、常州、金坛、江阴、靖江。不过这类方言中麻三章组字多少还有今读为[o]的,如靖江"遮车"、江阴"遮车赊捨舍"、丹阳"赊"等字。

3. 溧阳型,即麻三精组读[io]、章组字读[o]韵母。麻三精组、章组字及其麻二字的韵母主元音同为[o]的北部吴语,几乎只有溧阳一种(钱乃荣 1992a:91—103)。例字如:借 tɕio⁵ | 姐 tɕio³ | 筐 tɕhio⁵ | 写 ɕio³ | 泻卸 ɕio⁵ | 斜邪 zio² | 谢 zio⁶;遮 tso¹ | 蔗 tso⁵ | 车 tsho¹ | 蛇佘 szo² | 射麝社 szo⁶ | 赊奢 so¹ | 捨 so³ | 舍 so⁵。另外,作为毗陵小片的吴语,溧阳方言也有部分麻三章组字读[ᴀ]("捨舍者也")。另据耿振生(1993:208)的考察,早期宜兴话也有精组、以母读[io]韵的麻三字,如:爷 ɦio² | 夜 ɦio⁶ | 斜 zio²。①

---

① 耿振生(1993:220)通过《荆音韵汇》研究 18 世纪宜兴方言的音韵,提出早期宜兴方言麻三字有些字的白读音为[o io],读书音为[ᴀ ia](该文写作[ᴀ iᴀ]);有些字的白读音为[a ia],读书音为[ɪ];有些字不分文白,只有一种读书音。

总之,大多数北部吴语麻三字的今读按精组、章组字声母的不同,其主元音形成[a]类和[o]类的韵母对比。平田直子(2003:77)认为,北部吴语麻三章组字读[o],是因为受到声母舌叶音卷舌色彩的影响,再加上[i]介音的失落,而读作圆唇韵母[o]。上文看到,溧阳、宜兴的麻三精组字也有读[io]的,所以大概不能只考虑章组声母的语音性质对主元音演变的影响,不妨假设 *ia>ia>io<io 这样的后高化演变(下文所论南部吴语便有明显的例子),而且后高化音变的发生与否,不但声母性质(是否为卷舌音)不是唯一条件,介音[i]有无也不是必要条件,中古以后知、庄、章组的三等韵字失去[i]介音是汉语语音史的演变规律之一,苏州型吴语的麻三章组字也不例外,但韵母却变作[o]了。

接下来看麻三字在南部吴语里的今读表现:

表3-4 南部吴语麻三开口字的读音

	金华	义乌	衢州	广丰	常山	龙游	遂昌	云和	文成	温州
借	tsia^5	tsiɛ^5	tɕia^5	tɕie^5	tɕie^5	tɕia^5	tɕia^5	tʃio^5	tɕi^5	tsei^5
写	sia^3	siɛ^3	ɕia^3	ɕie^3	ɕie^3	ɕia^3	ɕia^3	ʃio^3	sei^5	sei^3
斜	zia^2	ziɛ^2	zia^2	ɕia^2	zie^2	zia^2	zia^2	ʒio^2	zei^2	zei^2
遮	tɕia^1	tsiɛ^1	tʃɥa^1	tɕie^1	tɕie^1	tsa^1	tɕia^1	tʃio^1	tɕi^1	tsei^1
车扯~	tɕhia^1	tshiɛ^1	tʃhɥa^1	tɕhie^1	tɕhie^1	tsha^1	tɕhia^1	tʃhio^1	tɕhio^1	tshei^1
射	dzia^6	ziɛ^6	ʒua^6	ɕie^6	zie^6	zua^6	zia^6	ʒio^6	zei^6	zei^6
蛇	zia^2	ziɛ^2	ʒua^6	ɕie^6	dzue^2	za^2	zia^2	ʒio^2	zei^2	zei^2
爷	ia^2	ɦiɛ^2	ɦia^2	ye^2	ye^2	ia^2	iu^2	io^2	ɦi^2	ji^2

从表3-4所列及其他方言的材料来看,麻三韵的精组、章组两类字在南部吴语里基本上没有类似于北部吴语苏州型的韵母分化(兰溪除外)。就麻三字的声母今读而言,精组字读[ts]或[tɕ]组声母,章组

字则读[tʃ]（如衢州）、[tɕ]（如常山）、[ts]（如温州）的都有。按照麻三字韵母主元音的今读特点，将南部吴语分为以下三个类型。

1. 金华型，即麻三字读主元音为[ia]或[ie]类前元音的韵母。如义乌[iɛ]，金华、磐安、浦江、兰溪、武义、缙云[ia]、永康[iʌ]；开化、玉山、广丰、常山[ie]（北部吴语桐庐、昌化方言有类似的变化）。据秋谷裕幸等（2002:7），兰溪方言麻三字有[i u yu ia ya]五种韵母，即[i]韵（都是精组字）：借 tsi⁵｜写 si³｜斜 zi²｜谢 zi⁶；[u]韵：遮₂tsu¹｜蔗₂tsu⁵｜车₂tshu¹｜捨₂su³｜蛇₂zu²；[yu]韵：遮₁tɕyu¹｜蔗₁tɕyu⁵｜车₁tɕhyu¹｜捨₁ɕyu³｜蛇₁ʑyu²；[ia]韵：惹 ȵia⁴｜爷₍父亲₎ia²｜夜 ia⁶；[ya]韵：射₍解大小便₎dʑya⁶。上文提到[yu][u]也是麻二的基本读音层，麻三章组字读[o][u]等后高元音是大多数北部吴语（苏州型）的特点，从这一点来说，兰溪麻二、麻三的读音格局更近于北部吴语。

2. 云和型，即麻三字读主元音为[iɑ]或[io]类的后圆唇韵母。如衢州、东阳、龙游、遂昌、庆元[iɑ]，云和、松阳、丽水[io]，泰顺、龙泉[iɔ]。

3. 文成型，即麻三字读[i]韵或其裂化形式[ei]，这类方言均为瓯江片吴语，其他如平阳、乐清、温州、瑞安。文成方言只有个别字读[i]韵，温州更少，其他都变成了[ei]。之所以说[ei]来自[i]的破裂化，主要有两点理由：(1) 瓯江片的方言，除了作为中心地区的温州，其他周边更保守的方言的麻三字仍然都读[i]。如乐清（蔡嵘 1999:268）：遮 tɕi¹｜姐 tɕi³｜借蔗 tɕi⁵｜箕 tɕhi⁵｜且 tɕhi³｜爷₍老~₎i²｜夜 i⁶｜爷₍祖父₎i²｜野 i³｜奢 si¹｜写舍 si³｜泻 si⁵｜斜蛇 zi²｜社 zi⁴｜射谢麝 zi⁶。(2) 从早期传教士 Montgomery 所记方言资料来看，温州话百年来经历了 i>ei 的音变，所涉及的韵类除了止摄三等，也包括假摄麻韵三等，如（声调略去）：借枝 tsi｜车 tshi｜且 tshi｜舍使 si。

比较以上三种类型，我们认为南部吴语的麻三字主要今读层的特点如下:(1) 除了个别方言(如兰溪),精组字、章组字的麻三读音一般不分化;(2) 麻三字韵母可以追溯到早期的 *ia 阶段。具体演变的情形是:金华型方言(大多属金华地区和上山小片)的麻三字往前高化的方向演变: *ia(金华)＞iɛ(义乌)＞ie(开化)。至于瓯江片方言的麻三字普遍高化为[i],相信是将金华型的前高化演变继续推高为 ia＞iɛ＞ie＞i。高元音 i 已无法再继续高化,于是发生裂化,因此温州、文成会出现数量不等的读[ei]的麻三字。云和型方言(多属丽水小片,个别属衢州、金华地区)的麻三字则是往后高化的方言演变: *ia(金华)＞iɑ(衢州)＞iɔ(龙泉)＞io(云和)。

有些方言的个别麻三字的表现特别,与各自麻三的今读不同,如庆元、遂昌的麻三都读[iɑ],而"爷"字继续高化,已分别读作[io][iu]。磐安、龙游的"射"字分别读 dzuɑ⁶、zuɑ⁶,常山"蛇"字读 dzue²,这些合口读法与各自的开口韵今读不同。比较一下杭州方言麻三章组字的读法,可知其实这是受到邻近权威方言影响的结果①。文成"车"字读 tɕhio¹,与该方言的麻二庄组字同韵,与麻三字的[i]韵有别。

3.1.3 佳韵开口字[*ai]

从声母来看,《切韵》佳韵字主要有帮组、庄组和见系三类。见系二等佳韵字有舌根[k]、舌面[tɕ]的文白异读,暂不置论。泥母"奶"字和生母"晒"等字在不少吴语里的读音与其他佳韵字不同韵,表现特别。佳韵开口字在北部吴语里的基本读音几乎都是[a]类韵,南部吴语却不尽然。从音类分合来看,蟹摄一等哈、泰的白读有别,并且泰、佳的白读同韵是现代吴语的基本音韵特征②。

---

① 感谢郑张尚芳先生提醒笔者注意这一点。
② 现代吴语的哈、泰有别只有部分保留,比如"菜≠蔡""戴姓≠带"等,不少泰韵字已经读入哈韵了。

3.1 麻佳韵字的主要读音层

表3-5 北部吴语佳、咍、泰韵开口字的读音

	太平	吕四	无锡	苏州	南汇	德清	绍兴	桐庐	宁波	天台
摆佳	—	pa³	pa³	pɑ³	ʔbᴀ³	pa³	pa³	pa³	pa³	pa³
牌佳	ɦivɛ²	ba²	ba²	bɑ²	bᴀ²	ba²	ba²	ba²	ba²	ba²
买佳	mɛ³	ma³	ma⁴	mɑ⁶	mᴀ⁴	ma³	ma⁴	ma³	ma⁴	ma⁴
债佳	tsɛ⁵	tsa⁵	tsa⁵	tsɑ⁵	tsᴀ⁵	tsa⁵	tsa⁵	tsa⁵	tsa⁵	tsa⁵
柴佳	ɦizɛ²	za²	za²	zɑ²	zᴀ²	za²	za²	za²	za²	za²
街佳	kɛ¹	ka¹	ka¹	kɑ¹	ʔʝiᴀ¹	ka¹	ka¹	ka¹	ka¹	ka¹
解佳	kɛ³	ka³	ka³	kɑ³	ʔʝiᴀ³	ka³	ka³	ka³	ka³	ka³
鞋佳	ɣɛ²	ɣa²	ɦia²	ɦiɑ²	ɦiᴀ²	da²	ɦia²	ɦia²	ɦia²	ɦia²
矮佳	ŋɛ³	ŋa³	a³	ɑ³	ᴀ³	a³	a³	a³	a³	a³
台咍	ɦirɛ²	dɛ²	dᴇ²	dᴇ²	dᴇ²	dɛ²	dᴇ²	dɛ²	de²	dei²
菜咍	tshɛ⁵	tshɛ⁵	tshᴇ⁵	tshᴇ⁵	tshᴇ⁵	tshɛ⁵	tshᴇ⁵	tshɛ⁵	tshɛ⁵	tshei⁵
蔡泰	tshɛ⁵	tsha⁵	tsha⁵	tshɑ⁵	tshᴀ⁵	tsha⁵	tsha⁵	tsha⁵	tsha⁵	tsha⁵

需要说明的有两点:

1. 毗陵小片吴语,该片方言如丹阳(童家桥)的佳韵读[aɪ],江阴、靖江读[æ],金坛读作[ɛe](钱乃荣 1992a:98—105)。该片吴语与江苏境内的江淮官话通泰片因地域的关系,接触甚密(顾黔 2001:181—195):

表3-6 毗陵小片吴语与江淮通泰方言咍、泰、佳韵字的读音

	童家桥	江阴	金坛	常州	南通	泰州	如皋	海安
摆佳	paɪ³	pæ³	pɛe³	pa³	pa³	pɛ³	pɛ³	pɛ³
奶佳	naɪ³	næ³	lɛe³	na⁴	na³	nɛ³	nɛ³	nɛ³
债佳	tsaɪ⁵	tsæ⁵	tsɛe⁵	tsa⁵	tsa⁵	tsɛ⁵	tsɛ⁵	tsɛ⁵
街佳	kaɪ¹	kɑ¹	kɛe³	ka¹	ka¹	kɛ¹	kɛ¹	kɛ¹
矮佳	ŋaɪ³	æ³	ɛe³	a³	ŋa³	ŋɛ³	ŋɛ³	ɛ³
台咍	daɪ²	dæ²	thɛe³	dɐi²	tha⁶代	tha⁶代	the¹代	the¹代
菜咍	tshaɪ⁵	tshæ⁵	tshɛe⁵	tshɐi⁵	tsha⁵	tshɛ⁵	tshɛ⁵	tshɛ⁵
蔡泰	tshaɪ⁵	tshæ⁵	tshɛe⁵	tsha⁵	tsha⁵	tshɛ⁵	tshɛ⁵	tshɛ⁵

音类分合关系的比较,揭示出了毗陵小片吴语和其他吴语、江淮官话间重要的历史关系,同时也能充分说明,表面上音值相同,其历史来源未必相同。表3-6所列童家桥、江阴、金坛与南通、泰州、如皋、海安方言的哈、泰、佳三韵都已合流,亦即童家桥型的吴语在邻近江淮方言的影响下,其佳韵字的音韵格局已经不具有吴语的典型特征;而常州方言佳韵字的音类分合与表3-5所列苏州、桐庐、天台等吴语的情形还是相同的。南通方言的佳韵字虽然读[a],但从其音类关系看,实际上只是官话型特征,跟如皋等的[ɛ]相比,主元音更低些而已。

2. 宣州片吴语(学界也称之为"皖南吴语"),该片方言与安徽境内的江淮官话也有深度的接触。根据前人的研究和我们的实际调查,江淮官话多分布于城镇,说吴语的人口几乎都在农村,而且老派也已经不同程度地丢失了吴语而改用官话,中派以下很少有人会说地道的吴语。比较表3-7所列吴语与江淮官话(材料分别引自蒋冰冰2003、孙宜志2006):

表3-7 皖南吴语与安徽江淮官话哈、泰、佳韵字的读音

	宁国庄村	泾县厚岸	当涂湖阳	青阳陵阳	六安孙岗	当涂城关	青阳城东	桐城金城
摆佳	pa³	pa³	pɛ³	pɛ³	pɛ³	pæ³	pɛ³	pɛ³
奶佳	nɛ³	la⁶	nɛ³	nɛ⁵	lɛ³	læ³	lɛ³	nɛ³
债佳	tsa⁵	tsa⁵	tsɛ⁵	tsɛ⁵	tʂɛ⁵	tsæ⁵	tsɛ⁵	tʂɛ⁵
街佳	ka¹	ka¹	kɛ¹	ka¹	tɕiɛ¹	kæ¹	kɛ¹	kɛ¹
矮佳	ŋa³	a³	ɛ³	ŋɛ³	ɣɛ³	æ³	ŋɛ³	ŋɛ³
台哈	dɛ²	thɛ²	fiɛ²	thɛ²	tɛ⁶代	tæ⁶代	tɛ¹代	tɛ¹代
菜哈	tshɛ⁵	tshɛ⁵	tshɛ⁵	tshɛ⁵	tshɛ⁵	tshæ⁵	tshɛ⁵	tshɛ⁵
蔡泰	tshɛ⁵	tshɛ⁵	tshɛ⁵	tshɛ⁵	tshɛ⁵	tshæ⁵	tshɛ⁵	tshɛ⁵

以蒋冰冰(2003:96—97)所列20个皖南吴语的材料为例,除了泾

3.1 麻佳韵字的主要读音层 53

县(茂林)"菜_{哈韵}""蔡_{泰韵}"读音不同,分别读 tshe⁵、tsha⁵,其他都是和安徽江淮官话一致的佳、哈、泰同韵的方言。

表 3-8 南部吴语佳、哈、泰韵开口字的读音

	金华	义乌	衢州	广丰	常山	龙游	遂昌	云和	文成	温州
摆_佳	pɑ³	pa³	pɛ³	pa³	pɛ³	*pɑ³*	pɑ³	pɑ³	ʔbɑ³	pɑ³
牌_佳	ba²	ba²	bɛ²	ba²	pɛ²	*ba²*	ba²	bɑ²	bɑ²	bɑ²
买_佳	mɑ³	ma⁴	mɛ⁶	ma⁴	*mɑ⁴*	ma⁴	mɑ⁴	mɑ⁴	mɑ⁴	mɑ⁴
街_佳	kɑ¹	ka¹	kɛ¹	ka¹	kɛ¹	*ka¹*	kɑ¹	kɑ¹	kɑ¹	kɑ¹
解_佳	kɑ³	ka³	kɛ³	ka³	*kɑ³*	ka³	kɑ³	kɑ³	kɑ³	
鞋_佳	ɦɑ²	ɦia²	ɦɛ²	xa²	ɦɛ²	*ɑ²*	ɑ²	ɦɑ²	ɦia²	
矮_佳	ɑ³	a³	ʔɛ³	a³	ɛ³	*ɑ³*	ɑ³	ɑ³	ɑ³	
台_哈	de²	de²	dɛ²	dɐi²	de²	dei²	dei²	da²	dɛe²	de²
菜_哈	tshɛ⁵	tshe⁵	tshɛ⁵	tshɐi⁵	tɕhi⁵	tshei⁵	tshei⁵	tshɑ⁵	tɕhiɛ⁵	tshe⁵
蔡_泰	tshɑ⁵	tsha⁵	tshɛ⁵	tsha⁵	tshɛ³	tshei⁵	tsha⁵	tshɑ⁵	tɕhia⁵	tsha⁵

首先,必须指出,处衢片方言佳韵字有两个层次,据曹志耘等(2000:48、78、114)的报告,开化、常山、玉山方言有皆、佳两韵相区别的痕迹。这三处方言的佳韵分别有[ɔ ɛ][ɑ ai]和[ɑ ɛ]两个层次,皆韵同时读[ɛ ai],而且这类层次还是佳泰两韵合流的层次。因此表 3-8 将常山的[ɑ]韵字标以斜体,以表示与其他佳韵字属于不同层次。龙游的佳韵字没有和开化类似的两个读音层而一律读作[ɑ],通过比较可以发现,[ɑ]实际上也和常山的[ɛ]、玉山的[ai]是同一层次,同时也是佳泰有别的层次,因此也特别标出。

南部吴语佳韵字今读的基本类型在音类上也是与泰韵白读合流,音值上是[a]之类的韵母,同时也保持了哈、泰韵不混的格局(佳=泰[a]≠哈)。除了表 3-8 所列方言,其他还有:磐安、浦江、兰溪、景宁、

龙泉、平阳、泰顺、瑞安[a]、永康[iʌ]、武义[ia]、江山[æ]、衢州、开化[ɛ]、乐清[e]、玉山[ai]、东阳、缙云、松阳、庆元[ɑ]、丽水[ɒ]等。其中永康方言的蟹开二佳、皆、夬韵和蟹开一泰韵的各类声母字都读[iʌ]韵，带[i]介音，咍韵则读[ɚ]韵。武义方言的佳、泰韵都读[ia](买 mia⁴ | 街 tɕia¹ | 钗 tɕhia¹ | 矮 ia³ | 鞋 ɦia² | 蔡 tɕhia⁵)，其麻三字也读[ia]，与咍韵[a](台 da² | 来 la² | 莱 tsha⁵)不同。注意该方言佳韵见组字虽然是[tɕia]，但其韵母为白读层，跟吴语见系开口二等字的文白异读性质不一样。

另外，也有少部分南部吴语的佳韵字属于"佳＝泰＝咍"的格局，这种音韵创新已经不是吴语的典型特征了。属于此类的方言有衢州、开化、乐清等。据钱乃荣(1992a:99—115)，衢州方言的佳、咍、泰韵字都读[ɛ]，例如：街 kɛ¹ | 奶 nɛ³ | 买 mɛ⁶ | 债 tsɛ⁵ | 矮 ʔɛ³ | 鞋 ɦɛ² | 台 dɛ² 来 lɛ² | 莱蔡 tshɛ⁵，相信这跟衢州的半官话特征不无关系。开化方言也合并为[ɛ]韵，但该方言的咍韵字除了大部分读[ɛ](袋 dɛ⁶ | 灾 tsɛ¹ | 改 kɛ³)，也有读[e][i]韵，例如：戴 te⁵ | 来 li²。其中"来"字在常山、玉山、云和也读[i]韵，同样也与各自方言咍韵的主要今读不同韵(曹志耘等 2000:256)①。乐清方言这三个韵类的字都读[e](蔡嵘 1999:269—270)。这类层次的来源还有待进一步研究。

综上，不论北部吴语还是南部吴语，佳韵字的基本读音层一般都是[a](少数方言如玉山读[ai])②。再联系上文所论麻二、麻三字的基本读音类型，并加之以"共同吴语"(Common Wu Dialect)的观念，可做如下两方面的概括：

---

① 云和方言的咍韵字主要读[a]韵，但有些读[ei]，例如(曹志耘等 2000:256)：赛 sei⁵ | 开 khei¹ | 栽 tsei¹。[ei]韵是该方言咍、灰相混的层次。

② 蟹开二皆、夬韵在吴语里也和佳韵同变(文白异读均是如此)，其白读音可追溯至共同吴语的[*ai]。另外，麻二、麻三、佳韵都有合口字，因其演变与层次的问题与开口字平行，都不再赘论。

1. 麻二、麻三、佳韵字在共同吴语阶段的读音分别为[*o][*ia]、[*ai]。其中佳韵的[*ai]若丢失韵尾变作[a]，北部吴语和磐安等南部吴语即是如此(《切韵》泰韵字*ɑi 在吴语里的白读音也丢失了韵尾[i])，汉语方言里*ai>ɛ 是很常见的音变;[ɛ]阶段或者可以继续低化为[a]，然后发生后高化，亦即:ai(玉山)>a(温州);ai(玉山)>ɛ(常山)>æ(江山)>a(温州)>ɑ(庆元)>ɒ(丽水)。

2. 从音韵变化的异同来看，麻三字是否出现韵母的分化是个区分南、北吴语的明显标志:北部吴语麻三字的读音在苏州型方言里按精组(含以母)、章组(含日母)的不同分作[a][o]两类，南部吴语则同读为[a]韵。有两种可能的情形:一是苏州型吴语的麻三章组字读[o]是麻韵二三等不分的存古表现，南部吴语则属于创新;二是苏州等麻三章组字读[o]韵属于创新，来自共同吴语[*ia]主元音的后高化，是系统内部的自源层次，南部吴语则属于存古。相比之下，第二种可能更符合常理。麻三字*ia>io 的创新变化非但见于苏州型的章组字，云和、丽水、松阳的章组字也已高化为[io](个别字甚至已继续高化为[iu])，这种元音变化还见于溧阳、宜兴等毗陵小片吴语的麻三精组、以母字。

3.2 麻佳韵字的特字读音

3.2.1 麻韵开口的特字层

汉语方言(尤其是南方方言)中有些字的今读可能会不符合本方言从中古音(《切韵》系统)到现代音的演变规律，方言学界通常把这类字叫做"特字"(special word)，这些字的读音不成系统，数量很少。例如:(1) 北京话"芥菜"的"芥"读 kai[5]，这种读音是从南方方言借来的，不读腭化声母,和本地方言的语音演变规律不合,它和原有的读音 tɕie⁵ 形成层次叠置(王福堂 2006:2),这类特字是语言接触造成的。(2)苏州方言"多拖"读 təu¹、thəu¹,但在说"多呢""拖箱子"时则分别读 tɑ¹、thɑ¹,和歌韵字主要读音层不同。其中[ɑ]韵代表了中古歌韵的古老读法,是旧语音形式的残留(王福堂 2003:9)。麻二、佳韵在共同吴语阶段本来不混,前者为后元音[*o],后者为前元音[*ai],但是现代方言却有个别麻二字读入佳韵,个别佳韵字读入麻二。这种佳麻合韵的现象反映了较早时期吴语的语音面貌,和上文所说的第(2)种情形是一致的。

"沙"字本属麻韵二等开口,它在南部吴语的不少方言里的白读音跟本方言麻二字不同韵,而跟歌韵字的白读层、佳韵字的主要读音层相同。表 3-9 所列方言即是如此:

表 3-9　南部吴语"沙"字读入佳韵的方言

	"沙"	"拖"	佳韵	麻二		"沙"	"拖"	佳韵	麻二
汤溪	sa¹	tha¹	ɑ	uo	江山	sæ¹	thæ¹	æ	ɒ
龙游	sa¹	tha¹	ɑ	uɑ	兰溪	sa¹	tha¹	a	u
常山	sɛ¹	thɛ¹	ɛ	ɑ	东阳	sɑ¹	thɑ¹	ɑ	uo
庆元	sa¹	tha¹	a	o	义乌	sa¹	tha¹	a	ɔ

曹志耘等(2000:40)引用了罗杰瑞(1990:246)的看法,提出常山、江山、龙游、庆元的"沙"字读如歌韵字,可比较建瓯 suɛ¹、福州 sai¹、厦门 sua¹,这是比中古音更早的音韵现象。从表 3-9 来看,汤溪、江山、东阳、义乌"沙"字的读法也是这类情形。此处很有必要区分两类同韵现象:

1.《诗经》时代的歌部包括中古的歌韵,以及麻韵的一部分。"沙"字先秦归歌部,歌麻同韵代表了先秦汉语的特征,说它与闽语有关系是合乎情理的。

2."沙"字白读和佳韵的主要读音层同韵,这种情形只见于浙江南部吴语,北部吴语没有①。麻入佳韵是中古汉语的特征,它在《切韵》时代的吴地方音里比较明显,除了开头提到的裴务齐正字本《刊谬补缺切韵》的韵目排序及《经典释文》的材料,还可以从以下四个方面来看②:

(1)《广韵》收的不少字有麻、佳韵的异读。如"娲緺蜗骒蛙謑䩭叉查洒膪调把"等字。

(2) 日本吴音是研究南朝吴语的重要资料,其麻韵字有[a][e]两种读音,佳韵有[e][ai][ue]几种读音,例如:家假价雅 ke | 牙 ge | 马 me | 化 kue | 寡瓦 kua | 诈叉沙楂 ça | 哑 a(以上麻韵);佳懈 ke | 佳 kei | 卖 bue | 佳罣 kue | 隘 ai | 邂崖喱 kai | 买 mai | 稗 hai | 罣 kuai | 继 ke(以上佳韵)。

(3) 古汉越语的麻、佳韵字也读[e],汉越音则分别读[a][ai]。前者代表了《切韵》以前的南方方言,后者则代表了晚唐以后的北方官话。

	茶	遮	麻	车	摆	箄	派	画
古汉越语	che²	che¹~盖	me²~芝	xe¹~辆	be³~动	be²~筏	phe¹~系	ve⁴
汉越音	tra²	gia²	ma¹	xa¹	bai²	—	phai⁵	hoa⁶

(4) 有的学者认为"南北朝时候的吴语就是现在的闽语"(丁邦新1988/1998:254),厦门方言麻、佳韵字的白读都是[e],例如:

厦门	茶	家	哑	下	爬	马	买	稗	债	解
白读	te²	ke¹	e³	ka⁶	pe²	me⁴	bue³	phue⁶	tse⁵	ke³
文读	ta²	ka¹	a³	e⁶	pa²	ma⁴	māi³	pai⁶	tsai⁵	kai³

3.2.2 佳韵开口的特字层

上文说的是麻二字读入佳韵,佳韵帮组字"稗罢"、庄组字"钗晒洒"

---

① 北部吴语的"沙"字和佳韵同韵并非绝对没有,但那只是"沙"的文读音[a],是和近代官话相一致的。
② 这段论述主要参考了潘悟云(2002:52—55)的相关内容。

和泥母字"奶"等在南、北吴语里都有不同程度的和麻二字同韵的现象。如苏州、海盐"钗晒"(叶祥苓 1988a:162,胡明扬 1992:178),绍兴"钗罢稗~草"(王福堂 2008:7),宁波"稗钗"(徐通锵 1980),天台、临海"晒"(戴昭铭 2006:35,黄晓东 2007:44)都读[o]韵,并且这些方言的麻二字也读[o]。桐庐"稗"读[uo]、"钗晒"读[yo](浙江省桐庐县县志编纂委员会等 1992:53—54)。黄岩"晒"字有 so⁵(麻二)、sa⁵(佳)两读(钱乃荣 1992a:96)。其他如丹阳、溧阳、宜兴、靖江、苏州、常熟、昆山、吴江盛泽、上海、嘉定、松江、富阳、德清、平湖、海盐、嘉兴、湖州、长兴、桐乡、萧山、余姚、诸暨、嵊县崇仁、余姚、宁海、镇海、鄞县等北部吴语也都有此类现象。

再看南部吴语。衢州"罢稗"读[ɑ],松阳读[uo](钱乃荣 1992a:98,谢云飞 1994:27)。金华、兰溪"稗"分别读[ɣa][ɔ](与"耙"同音),"晒"字汤溪读[o],兰溪读[yu],东阳读[uo],龙游读[uɑ],遂昌读[ɑ],"稗"字庆元、云和读[o],龙游读[u],遂昌读[ɑ],都和各自方言里的麻二同韵(曹志耘等 2000:256,曹志耘 2002:228,秋谷裕幸等 2002:70)。"买卖稗钗晒解"在江山、广丰、常山、玉山、开化等方言也都不同程度地读入了麻韵二等:

表 3-10 江山、广丰等南部吴语佳、麻韵字的读音

	稗	买	卖	晒	解	街	钗	矮	加	茶	哑
江山	bɒ⁶	mɒ⁴	mɒ⁴	sɒ⁵	kɒ³	kæ¹	tshɒ¹	æ⁻⁵²	kɒ¹	dzɒ²	o⁻⁵²
广丰	ba⁶	ma⁴	ma⁶	sa⁵	ka³	ka¹	tshɑ¹	a³	kɑ¹	dzɑ²	ɔ³
常山	ba⁻²²	ma⁴	ma⁴	sa⁵	ka³	kɛ¹	tshɛ¹	ɛ³	kɑ¹	dzɑ²	ɔ³
玉山	ba⁶	ma⁴	ma⁶	sa⁵	ka³	kai¹	tshai¹	ai³	kɑ¹	dzɑ²	o³
开化	bɔ⁶	mɔ⁶	mɔ⁶	sɔ⁵	kɔ³	kɛ¹	tshɛ¹	ɛ³	kɔ¹	dzɑ²	o³

"奶"字在南、北吴语也有特别的表现,但是必须考虑其读音的层次来源,不可以把白读、文读混为一谈。有些调查报告未明确标出文、白差异,如海盐有 na¹、na⁴、nɛ⁶(胡明扬 1992:171、173)三读,定海"奶"有

na³~头、nε³~~;乳汁两读(方松熹 1993:124)。有些则能确定读[e]类韵的"奶"字都是佳韵字的文读层,如桐庐有nε¹牛~、nε³~~;祖母两个文读(浙江省桐庐县县志编纂委员会等 1992:43),天台有文白异读 na⁴、[nɛ⁴](戴昭铭 2006:36);义乌有 na⁴、na³、nai⁴ 三读(方松熹 2000:343、356),[ai]属文读。有些毗陵小片吴语(如丹阳、靖江)读[æ][ai]韵,其实是和江淮官话一致的表现(参看 3.1.3 小节),与《切韵》时代麻、佳相混无关。

　　有些方言可以从音类关系来判断"奶"字今读的来源,如广丰有 nɑ¹乳房、乳汁、na¹姑姑两读(秋谷裕幸 2001:62、63),后者是佳韵字的主要层次,前者是麻佳合韵的层次。其他如玉山的"奶"有 nɐi²叔母、nɐi⁴舅~、舅母、nɐi⁵母亲、nε³乳房、乳汁、nε⁴乳房、乳汁五种读音(曹志耘等 2000:123、125),前三种从音类上看是哈韵的主要层次,从义项上看也是"奶"的引申义,因此可以认为是晚起的文读(龙游的[nε³]也属此类),后两种看不出明显的音类关系,它和读入麻二的佳韵字一样,是离散式音变造成的。据潘悟云(2002:55),"奶"字在青田方言里有三种读音:[nɑ]~皮、乳房、[naʔ nε]吃~~、吃奶、[nɔ]~娘,反映了佳韵的历史演变:nε>nɑ>nɔ。这种以词汇为条件的扩散式音变,其形成原因正如潘悟云(1995a/2002:118—119)所指出的,"'奶娘'一词最文语化,'奶奶'一词最具俗语的色彩,所以它们的变化速度不一样,越是口语的词,越是稳定,变化速度也最慢"。

　　另据谢云飞(1991:354),丽水方言"佳"字读[uo],和麻二字同韵,绍兴方言"佳"白读 tɕio³、文读 tɕia³(王福堂 2008:5、8),临海方言也是"家佳"同音,都读 ko¹(黄晓东 2007:44)。根据平田昌司(2005)的研究,南宋陈元靓《事林广记》曾经元人的几次增删修改,其中该书所引《辨字差殊》反映了宋元时期"浙东闽北地区弦索歌唱者之间通行的某种标准音",其中有"加佳"同音的记载,平田先生还引用了现代吴语如"佳加"在嵊县读 tɕio¹、温州、平阳读 ko¹,以及《中原音韵》佳麻韵平声阴"佳加"同音的材料。《洪武正韵》也将"佳"字归入麻韵。"佳"作为佳韵开口字,读入麻韵,是否反映了较存古的麻佳合韵,不好断定,一方面"佳"并不是个口语常用字,将 tɕio¹ 视为特字白读音,不甚合理;另一方面,对于麻二来说,本地白读理应为 ko¹,相对于更晚近的文读音 tɕia¹ 而言,tɕio¹ 也只是个老文读,其韵母还应是白读层。

3.3 麻佳韵字的文白异读

3.3.1 麻二字文白读的元音类型

上文已经详细讨论了现代吴语里麻二、佳韵字的白读音问题。北部吴语文、白并存比较明显,越往南则文读音越少。麻二帮、知、庄组字的文读音情形简单,就是和北方官话一致的[a]。至于麻二见系字,它在北部吴语里的文、白读韵母却有不同类型,白读多数是[o](或者是韵母[o]的变体[u ɵ uo ua]等),这在上文讨论麻二字的主要读音层时已做了论述,但也可能是[a],如苏州、德清等的"家"字;文读音除了[ia],也可能读[io]。文、白异读的不同元音类型,反映了语音的自身演变,还是不同来源的层次叠置?

按照麻二见组字文、白读形式的元音特点,可将北部吴语划为以下六种类型:

1. 金坛型,即白读为[a],文读为[ia]。属于此类的很少,这类方言和江淮官话通泰片麻二见晓组字的表现一致,是语言接触的结果,如金坛、丹阳(童家桥)等。

2. 桐庐型,白读[o],文读为[ia]。可归入此类的吴语如:常州、靖江、富阳、嵊县长乐、桐庐、新昌、宁波、宁海、定海、镇海等。

3. 绍兴型,即白读为[o],文读有[ia][io]两个层次,如:丹阳、宜兴、溧阳、靖江、萧山、诸暨、余姚、嵊州、奉化、鄞县、象山等。

4. 上海型,即麻二字白读[o](影晓组)、[a](见组)字,文读[ia]。如:江阴、昆山、常熟、无锡、吴江盛泽、上海、松江、嘉定、余杭、海宁、海盐、嘉兴、嘉善、安吉、长兴、湖州、桐乡、德清等。需要指出的是,不少方言麻二见组字的白读[a][o]两种类型并存,即见组字有些读[a],有些读[o]韵。

5. 苏州型,即白读有[o](影晓组)、[a](见组)两类,文读也有[ia][io]两类。如:苏州、启东四甲、海门、嘉定、平湖等。

6. 杭州型,杭州方言是官话化的吴语。鲍士杰(1988)曾指出,杭州市郊及邻近湖州等地见系二等有文白两读,但市区不分文白,只有腭化声母一种读法。

表3-11 通泰方言、北部吴语麻二见系字的文白异读[①]

	南通	泰州	如皋	海安	金坛	桐庐	绍兴	苏州	上海	杭州
家	ko¹	ka¹	ka¹	ka¹	ka¹	kuo¹	ko¹	ka¹	kᴀ¹	tɕia¹
	tɕia¹	tɕia¹	tɕia¹	tɕia¹	tɕia¹	tɕio¹ tɕia¹		tɕia¹	tɕiᴀ¹	
假真~	tɕia³	tɕia³	tɕia³	tɕia³		ka³	kuo³ ko³	ka³	kᴀ³	tɕia³
						tɕia³	tɕia³	tɕia³	tɕiᴀ³	
牙	ŋo²	a²	ŋa²	a²	a²	ŋuo²	ŋo²	ŋa²	ŋᴀ²	ɦia²
		ia²	ia²		ia²	jia²		ɦia²	ɦiᴀ²	
虾	xo¹	xa¹	xa¹	xa¹	xa¹	huo¹	ho¹	ho¹	ho¹	ɕia¹
		ɕia¹	ɕia¹	ɕia¹		ɕia¹			ɕia¹	
下~去	xo⁶	xa⁶	xa⁶	xa⁶	xa⁶	ɦuo⁶	ɦo⁶	ɦo⁶	ɦo⁶	ɦia⁶
	ɕia⁶	ɕia¹	ɕia¹	ɕia¹	ɕia⁵	jia⁶	ɦio⁶厦	ɦio⁶	ʑiᴀ⁶	
哑	ŋo³	a³	ŋa³	a³	a³	uo³	o³	o³	o³	ia³
							io³亚	io¹亚	iᴀ³	

[①] 钱乃荣(1992a)、叶祥苓等(1991)所记宜兴话的材料稍有出入,此处以前者为准。

通过观察北部吴语麻二见系字文、白读的元音类型,以及与江淮通泰方言的比较,以下五点值得注意:

1. 文、白对比的基本特征。就声母而言,文读为舌面音,白读为舌根音;就韵母而言,文读为细音韵,白读为洪音韵。

2. 白读韵母[a]的语音条件。苏州型、上海型方言的麻二字都有[a]韵白读,但只出现在见组(见、溪、疑母),不出现在影、晓组。

3. 文读韵母[io]的语音条件。凡是有文读[io]的,如果在见组出现,一定在影晓组出现;反之不必然。口语里不常用的影晓组字,在有些方言里(如绍兴)没有文白读的对立,只有[io]一种读音,如"亚暇遐瑕";或者是白读[io]、文读[ia],如"霞"字。

4. 白读[a]的层次来源。关于苏州、上海等"家"白读[ka¹]的现象,应视作来自官话的文读层次,它取代了本地白读[o],于是成了白读,后来又接受了官话型的新文读[ia]。可从以下三个方面来证明:

(1) 厦门方言麻二见系文读[a]、白读[e],如(白、文读用斜线隔开):家 ke¹/ka¹ | 假 ke³/ka³ | 价嫁架 ke⁵/ka⁵ | 哑 e³/a³ | 下厦 e⁶/ha⁶ | 虾 he²/ha²。厦门的文读[a]与苏州的白读一致(张光宇 1996:38、49)。

(2) 武汉、长沙、扬州等方言的文白对比与苏州一致,亦即白读声韵母为"舌根音+洪音",文读"舌面音+细音"。张光宇(2006a:147—150)根据(1)(2)认为苏州"家"字的读音来源反映了方言的南北交叉、新旧共存,白读[o](影组字白读仍为[o]),旧文读是[a],而新文读是[ia]。

(3) 江淮官话通泰片与北部吴语毗邻,这些方言麻二字的白读除了南通是[o],其他一律是[a]。安徽境内的江淮官话,其麻二见系字的读音是"舌面音+细音"的基本格局,但仍能见到"舌根音+洪音"的读音,以及[ka][tɕia]这样的文白对比(孙宜志 2006:192)。可以推测,某种麻二见组字读[ka]的早期官话,作为权威方言,对长江以南的方言产生过重要的影响,对西南官话、新湘语、江淮官话等的形成起了决定性作用,造就了这些方言麻二见组字的白读层,又以文读音的姿态影响了吴、闽等南方方言。就吴语而言,其麻二字的本地读音[o]被[a]取代,但这种取代并不彻底,苏州、上海等见组字虽然白读为[a],但影晓组仍然是[o]。即使同为见组,也可能仍保留了白读[o]。无锡方言(曹晓燕2003:27—28)的麻二见组字都读作[a]韵,但"嫁"字白读 ku⁵、文读 ka⁵。从无锡麻二见组字[u][a][ia]三个读音层次并存,同时文白色彩明显的情况看,我们无法假设"家牙"等字读[ka]是吴语麻二字的早期层次[*o]在见组字出现的条件音变,亦即此处的[o][a]之间是具有不同音系来源的层次关系,而非演变关系。

5. 文读[io]的层次来源。张光宇(2006a)将苏州麻二见组读[a]认定为老文读,但没有注意到文读层[io]的问题。王福堂(2006:9)引用了赵元任(1928:48)所记录的早期绍兴方言材料("家"ko¹ 白/tɕio¹ 文)。王先生认为,tɕio¹是"借入了权威方言腭化了的声母[tɕ],韵母则折合为方言中麻韵的[io]。但在权威方言的继续影响下,'家'字目前又产生了新的读书音 tɕia¹,其中韵母也借自权威方言,音值因此更加接近权威方言。"我们同意王先生对绍兴型、苏州型吴语麻二见组文读 tɕio¹的来源分析,亦即 tɕio¹在苏州、绍兴等之所以被认为是文读,原因仅在于声母[tɕ];另外要再强调,麻二 tɕio¹读音的韵母[io]是由吴语本地白读[o]与北方型声母[tɕ]之间音系折合的结果。下面再做三点具体分析:

(1) 北方官话的麻二见组字读[ia],不读[io],既然无借源,便无法说它是借自北方官话的文读音;从地理分布来看,[io]在吴语里的地理分布并不普遍,而文读[ia]在所有的北部吴语里都有分布,可见两者在性质上应有不同。

(2) [io]在苏州型、上海型方言里的声类分布不普遍,往往是喉音声母字读[io],苏州、绍兴方言里固然有"家"读 tɕio¹,但只是少数见组字有[io]韵文读,其他大部分还是以[ia]为文读音。

(3) 上文已经说明,麻二读[*o]是共同吴语的特征之一,所以 tɕio¹ 的韵母[io]实为本地白读韵母[o]为适应官话型声母[tɕ]之间的音系折合。从层次分析的角度言之,属于文白杂配(王洪君 2006),这种现象在闽语中很是常见。比如厦门方言的阳韵非母字有 paŋ¹、pŋ¹、hŋ¹、hoŋ¹ 数种读法,从文白层次来看,阳韵读[aŋ][ŋ]为白读,[oŋ]是文读;非母读[p]是白读,[h]是文读。由此,其中 hŋ¹ 的声母为文读,韵母则为白读(杨秀芳 1993/2007:92)。

3.3.2 麻三字的文读层及其相对年代

上文已对吴语麻三字的主要读音层做了详细讨论,下面说明其他两种文读音。

3.3.2.1 麻三的文读[e](细音后读[ie])。该层次在大部分北部吴语和个别南部吴语(如金华方言)里可以见到,一般出现在章组字,有些方言还包括精组。兹举例如下:

启东四甲[ɛ]:舍_{宿~} ɕiɛ⁵ | 社 ziɛ⁶ | 奢 sɛ¹ | 赭 tsɛ³ | 且 tɕhiɛ³ | 捨 sɛ³ | 也野冶 iɛ⁴ | 夜 iɛ⁶;靖江[iæ]:捨 ɕiæ³ | 舍 ɕiæ⁵ | 社 ɕziæ⁶ | 者 tɕiæ³ | 且 tɕhiæ³;上海川沙[e]:舍_{宿~} sE⁵ | 射_{高~炮} zE⁴ | 社 zE⁴;绍兴[E]:者 tsE³ | 奢 sE¹ | 捨 sE³ | 舍 sE⁵ | 社惹 zE⁴ | 射 zE⁶;宁波[e]:者 tse³ | 且 tshe³ ~ tɕhie³ | 也_文冶_文 ɦie⁴;义乌[e]:遮 tse¹ | 奢赊 se¹ | 借者蔗 tse⁵ | 且 tshe⁵ | 斜蛇邪 ze² | 写 se³ | 捨舍_{宿~} se⁵ | 社 ze⁴ | 谢射麝_{~香} ze⁶。

徐通锵(1991/1993:57)利用马礼逊《宁波方言字语汇解》(Morrison1876)的材料,指出早期宁波方言麻三精组字"且写谢"等的白读为[ia]韵,文读为[iɛ]韵。

杭州方言(钱乃荣 1992b:17)麻三章组字读[ueɪ],和蟹摄、止摄的

合口字相混,例如:遮追 tsueɪ¹ | 车吹 tshueɪ¹ | 蛇随 dzueɪ² | 舍尿岁税 sueɪ⁵ | 社射穗瑞 zueɪ⁶。

曹志耘(2002:196—197)曾谈道,南部吴语中文读现象最丰富的是金华、兰溪、浦江、龙游、衢州方言。金华方言的假开三章组、日、以母字,白读[ia]韵,文读[iɛ]韵。

江淮官话通泰片(顾黔 2001:170—174)的麻三字白读为[iɑ],文读多为[ɛ]或[iɛ]。从汉语语音史来看,北宋后期麻三的主元音[a]受介音[i]的影响,已开始从[ia]变到[iɛ]了。《番汉合时掌中珠》等材料也已显示出宋代西北方言的麻三字主元音的高化迹象。《古今韵会举要》"公"字下注引毛晃《增修互注礼部韵略》中"亦有一韵当析为二韵者,如麻马祃是一韵,奢写藉当别一韵,以中原雅音求之,夐然不同矣"之言,表明当时麻三读[ɛ]韵已经产生(李新魁 1991:160)。《中原音韵》的车遮韵可拟作*iɛ(iuɛ),这些都表明了麻三读[e]的年代层次及其官话来源。

3.3.2.2 麻三的文读[i]。杭州方言的部分麻三精、章组、以母字也读[i](徐越 2007:255—256):野 i³ | 姐 tɕi³ | 借 tɕi⁵ | 写 ɕi³ | 谢 dzi⁶ | 蔗 tsη⁵。麻三的[i]和上文讨论的麻二见组的[a]一样,应也来自南宋以后的某种早期官话,属于文读音。

江淮官话通泰片麻三字并无明显的[i]层次①,但在江苏境内的江淮官话洪巢片,如句容、扬州、高邮、盐城、淮阴等,安徽境内的都有麻三读[i]的层次,有的是基本读音层,有的是文读层。例如(江苏省和上海市方言调查指导组 1960:141—142、157—159,孙宜志 2006:192—193;若无[i]韵读法,则用短横表示):

---

① 除了个别可能的例外,如南通、如皋、姜堰、泰州、泰兴"姐"字文读 tɕi³,兴化"些"字读 ɕi⁵(顾黔 2001:170)。

表 3-12　江苏、安徽江淮官话麻三字读[i]的例字

	句容	扬州	高邮	盐城	淮阴	全椒	定远	当涂	无为
遮	—	tɕi¹	tɕi¹		tɕi¹	tʂl¹	tʂl¹		tʂl¹
车	—	tɕhiɪ¹	tɕhiɪ¹	tʂhɪ¹	tɕhi¹	tʂhl¹	tʂhl¹		tʂhl¹
蛇		ɕiɪ²	ɕiɪ²	sɪ²	ɕi²	ʂl²	ʂl²		ʂl²
且	tshiɪ³	tɕhi³	tɕhi³	tɕhiɪ³①	tɕhi³	tsl⁵借	tʃl⁵借	tʃl⁵借	tɕi⁵借
写	siɪ³文	ɕi³	ɕi³	ɕiɪ³	ɕi³	ɕi³	ʃl³	ʃl³	ɕi³
野	iɪ³	ii³	ii³	ɪ³文	i³	i³	ʒl³	ʒl³	i³

南部吴语瓯江片麻三也有读[i]的，但这是由共同吴语的[*ia]经过元音高化演变的结果，属自源层次，而非来自外源音系的叠置，与杭州话麻三[i]的产生原因不同。

3.3.3　佳韵字的文读层

北方官话佳韵字的读音大致为[ai]（帮、泥、庄组）、[iɛ]（见系）。按照本地方言移借文读音的相似原则，吴语的佳韵字文读为[ɛ]类韵；音类关系上，蟹摄一（咍泰）、二等（佳皆夬）合并为[ɛ]韵。北部吴语的佳韵字有较丰富的文读音，如松江方言（张源潜 2003:45—49）:摆 pɛ³ | 稗 bɛ⁶ | 蟹 ɕiɛ³ | 解姓 ɕiɛ⁵。桐庐方言（浙江省桐庐县县志编纂委员会等 1992:43—45）:派 phɛ⁵ | 牌 bɛ² | 买 mɛ⁴ | 卖 mɛ⁶ | 奶牛~ nɛ¹ | 债 tsɛ⁵ | 柴 zɛ² | 矮 ɛ³ | 街 tɕiɛ¹ | 解 tɕiɛ³ | 解蟹姓 ɕiɛ³ | 鞋 ɦiɛ²。杭州方言的佳韵字没有来自共同吴语的[a]韵读音，其咍泰佳等韵只读官话型的[ɛ]韵。南部吴语很少有类似于北部吴语的佳韵文读，除了一些文读音势力较强的方言，如曹志耘等（2000:146）曾指出，龙游方言蟹开一部分字的文读为[ɛ]韵，例如：待 dei⁴/dɛ⁴ | 代 dei⁶/dɛ⁶ | 来 lei²/lɛ² | 载记~ tsei⁵/tsɛ⁵ |

---

①　江苏省和上海市方言调查指导组（1960:157）将"且"字读音记为 ɕiɪ⁵，恐误。今依其古今音变规律做了改动。

赖 lɑ⁶/lɛ⁶。义乌方言(方松熹 2000:356—357)佳韵字白读为[a],另外还有与哈泰同韵的文读层[ai](非见系)、[iai](见系),例如:摆 pai³ | 派 phai⁵ | 牌 bai² | 债 tsai⁵ | 钗 tshai¹ | 柴 zai² | 晒 sai⁵ | 街 tɕiai¹ | 鞋 ɦiai² | 解 tɕiai³ | 蟹₍姓₎解 ɕiai³ | 懈 ɦiai⁶ | 矮 iai³。

3.4 从麻佳韵字论吴语与其他东南方言的关系

下面选取长江以南的吴、江淮、徽、湘、客、赣、闽等方言区的代表点方言,对麻、佳韵字在东南方言里的读音做一概观。

表 3-13 汉语东南各代表方言麻、佳韵字的读音①

	茶麻二	家麻二	哑麻二	遮麻三	借麻三	蛇麻三	买佳	鞋佳	街佳
苏州	zo²	kɑ¹	o³	tso¹	tsia⁵	zo²	mɑ⁶	ɦa²	kɑ¹
		tɕia¹	ia³						
温州	dzo²	ko¹	o³	tsei¹	tsei⁵	zei²	ma⁴	ɦa²	ka¹
扬州	tʂha²	ka¹	a³	tɕii¹	tɕii⁵	ɕii²	mɛ³	xɛ²	kɛ²
		tɕia¹	ia³					ɕiɛ²	tɕiɛ¹
绩溪	tsho²	ko¹大~	ŋo³	tɕiɔ¹	tɕiɔ⁵	so²	mɔ³	xɔ²	kɔ¹
		tɕio¹国~							
双峰	dzo²	ko¹	ŋo³	to¹	tɕio⁵	ɣio²	ma³	ɣa²	ka¹
		tɕio¹							
长沙	tsa²	ka¹	ŋa³	tsa¹	tɕie⁵	sa²	mai³	xai²	kai¹
		tɕia¹	ia³	tsɤ¹		sɤ²			
南昌	tsha²	ka¹	ŋa³	tsa¹	tɕia⁵	sa⁵	mai³	hai²	kai¹
梅县	tsha²	ka¹	a³	tsa¹	tsia⁵	sa²	mai¹	hai²	kɛ¹

① 除绩溪引自平田昌司(1998)外,其余均引自北京大学中文系语言学教研室(2003)。其中对苏州的音值做了调整。反切来源不同的字音,表 3-13 中一般不列入(厦门、潮州、福州、建瓯用的是借口的"借"字音)。

续表

厦门	te²	ke¹	e³	tsia¹	tsia⁵	tsua²	bue³	ue²	kue¹
	ta²	ka¹	a³			sia¹	maɪ³	hai²	ke¹
潮州	te²	ke¹	e³	tsia¹	tsie?⁷	tsua²	boi³	oi²	koi¹
福州	ta²	ka¹	a³	tsia¹	tsia⁶	sie²	mɛ³	ɛ²	ke¹
							mai³		
建瓯	ta²	ka¹	a³	tsia¹	tsia⁸	ye⁵	mai³	ai³	kai¹

3.4.1 从麻二、佳韵的主要今读看吴、徽、(老)湘方言的关系①

这三大方言的麻二、佳韵字都可分别追溯作[*o][*a]（南部吴语有些保守的方言，其佳韵字更早阶段是[*ai]，虽然其他大多数方言已失去[i]韵尾），其中绩溪的佳韵读法出现元音高化，变作[ɔ]。据平田昌司(1998:36)，绩溪的麻二、麻三部分字白读为[o]韵，文读为[iɔ]。这种文读层与苏州、绍兴型吴语及双峰湘语的"家"字读 tɕio¹ 同出一辙。

麻三字的读音要复杂一些，《切韵》时代的麻三字本应带[i]介音，南部吴语多数方言的精、章组字都还保留[i]介音，瓯江小片方言（如温州）的麻三读[ei]，看起来似乎已丢失介音，但正如前文所述，实际上[ei]是早期[i]元音裂化的结果，而[i]是共同吴语的麻三韵[*ia]主元音受介音影响持续高化产生的：*ia＞ie＞iɪ＞i。北部吴语苏州型方言的麻三字在章组后失去[i]介音，其韵母也与精组字不同，精组为[ia]，章组为[o]。双峰、绩溪麻三字的读音格局则和溧阳型吴语相同，即精、章组字都读[o io]。看来，麻三字读[o]也是吴、徽、老湘语的共同特点。前文已经说过，麻三在共同吴语阶段的读音是*ia，面貌保守的浙南吴

---

① 张光宇(1999:34)将吴、徽、湘、赣方言称作"近江方言"，将闽、粤、客、平方言称作"远江方言"。

语并没有像苏州型吴语的[a][o]分化,所以共同吴语的麻三字不可能有[ia][io]两个层次,另外,麻三字也有 *ia＞iɑ＞io＞iu 的共时音变,因此吴、徽、老湘语麻三读[o io]来自*ia。

"吴湘一体"的说法早为学界所接受,张光宇(1999:35)曾指出苏州、双峰在下列韵母表现上的一致性:蟹₌[a]、假₌[o]、果₋[u]、模韵[əu]、侯韵[y]、鱼韵[ie],颇有见地。陈立中(2004:56—64、145—151)也注意到了吴、湘方言蟹摄一二等字和假摄二三等字的演变特征。至于徽语,自然与吴语密不可分,因此曹志耘(2002:174)认为吴、徽的分区,在第一层次上可以先将其合为一类(吴、徽大区),在第二层次上再分吴、徽语,第三层次上再分其他小区,是很合理的处理办法。

当然,还有一些细节以前未被注意,但有加以分析的必要,比如:

1. 苏州、绩溪、双峰麻三字所显示的共同特征[io]韵,不可以和麻二读[o]等量齐观,麻三来自*ia＞io,麻二来自*a＞o。

2. 苏州、绍兴等吴语与绩溪、双峰的麻二文读音还有相同之处,即都有读[io]的层次,其来源是《切韵》的麻二[*a]在本地方言里后高化为[o],然后再与北方型声母[tɕ]的音系折合。因此严格说来,所谓文读,指的是其声母而非韵母的形式。

这两项共同特征,是吴、徽、湘分化后各自的平行演变,抑或是共同体阶段的一种共同保留?依靠目前的证据,似乎不容易判断,但作为三类方言同源的证据是无疑的。此外,吴语、老湘语、徽州方言中蟹(一二)假果遇摄字韵母共同经历了链式音变 a＞ɔ＞o＞u＞əu(王福堂2005:17—18),这种共享创新也反映了它们之间的历史联系。

3.4.2 麻二[a]韵在南方地区的广泛分布

上文说过,苏州、上海等吴语麻二的白读[a]其实也来自官话,是旧文读[a]取代了本地老白读[o]的结果,它对应于厦门的文读层,及扬州、长沙、南昌、梅县、建瓯等的主要今读层,可见北方文读势力对长江以南广大方言的深远影响。

3.4.3 从麻二、佳韵的特字白读看吴、闽关系

厦门方言的白读为麻、佳合韵层,南、北吴语的麻二、佳韵的部分特字也反映了两者合并的音类关系;再联系日译吴音、古汉越语、《切韵》韵目排序、反切又音等材料,可以认为麻佳不分是南朝《切韵》的特征,同时在现代吴、闽方言有不同程度的表现。文、白异读是个较笼统的提法,如果把吴语麻二字的基本读音层[o]叫做白读,把[ia]叫做文读,南部吴语的麻二特字(如"沙"字)如果也叫做白读,便会混淆不同问题,因此只有比较过了闽语作为基本读音的白读和吴语作为特字的白读,才能看到吴、闽方言的历史关系。

3.4.4 从麻三字的共同层次看吴、闽关系

罗杰瑞(Norman 1981:47)从"共同闽语"(Common Min dialect,或者叫"早期闽语")的概念出发,运用历史比较法,为麻三字"写斜蔗谢"构拟了早期韵母[*ia]:

表 3-14 共同闽语的麻三[*ia]在现代方言中的例字与读音

	写	斜	蔗	谢		写	斜	蔗	谢
福安	se³	tshe²	tse⁵	se⁶	建瓯	sia³	tsia²	tsia⁵	sia⁶
福州	sia³	sia²	tsia⁵	sia⁶	建阳	sia³	lia⁹	tsia⁵	lia⁶
厦门	sia³	tshia²	tsia⁵	sia⁶	永安	siɔ³	tsiɔ²	tšɔ⁵	siɔ⁵
揭阳	sia³	sia²	tsia⁵	sia⁶	将乐	sia³	tshia²	tšia⁵	tshia⁶

其他中古麻三字如"蛇"与止开三支韵字"纸企寄"在共同闽语中同读为[*iɑi](Norman 1981:49),这说明"蛇"字在现代闽语的读音层次早于麻三字"写斜蔗谢",前者可追溯至秦汉时期的歌部,而后者则明显与南

朝《切韵》麻三*ia 的格局相一致。既然共同吴语的麻三字也应读作[*ia]，与麻二[*o]、佳[*ai]有别。可见，从麻三字来看，吴、闽方言有着共同的来源。

3.5 小结

上文探讨了现代吴语麻韵二三等字和佳韵字的三种不同性质的音变：(1) 连续式音变，(2) 离散式音变，(3) 叠置式音变(徐通锵 1991：257、353)。从层次分析的角度看，(1)(2)为自源层次，(3)为外源层次。(1)(2)两种的区别在于，前者包含发生音变的绝大多数成员，亦即主要/基本读音层，后者只包括少量音变滞后的"脱队分子"。参考汉语语音史，可知第(2)种反映了较早的音韵特征。至于第(3)种，则是文、白势力竞争的结果，总的趋势是北方文读持续影响、逐渐覆盖南方白读，甚至是北方文读完全取代本地读法，而转变为主要读音层(新白读)，或者通过文读音的渗透，促使本地白读的数量或范围不同程度的减少。下面列出本章的五点重要结论：

(一) 共同吴语阶段的麻二、麻三、佳韵分别读作[*o][*ia][*ai]，这种音韵格局和徽、(老)湘语一致，是三类方言区际联系的体现。文献记载显示，南宋以后吴语的麻二字已经读后高化元音，有别于中原汉语的[*a]；各种语音史资料里透露出北宋以后麻三已从《切韵》的[*ia]变作[*iɛ]，而共同吴语的麻三则可以追溯至《切韵》的[*ia]；至于佳韵，现代吴语的读音虽然与北方官话有相同的主元音[a]，但从音类关系来看，和蟹开一泰韵白读同韵是其基本特征，此点有别于北方汉语。

(二) 麻三字的演变呈现出吴语的南、北差异。北部吴语受官话影响甚重，因而文读音丰富。共同吴语的麻三[*ia]在不少方言里经历了与麻二字相同的元音后高化演变：*a>ɑ>o、*ia>iɑ>io。虽然麻三章组在北部吴语以失落[i]介音为常,苏州型吴语的麻三章组字读[o],其后高化未必如有些学者所认为的是受声母翘舌色彩的影响,因为溧阳型吴语的麻三精组字也读[io],仍保留介音[i],南部吴语(如云和)也有类似的情形。南部吴语的麻三字呈现出[ia][io][i]三种韵母类型,其中[io][i]分别代表了麻三*ia后高化、前高化的两种演变方向,[i]在瓯江小片又继续裂化为[ei]。麻二、麻三字的元音后高化及相关韵摄字的链式音变是吴、徽、湘方言的共享创新之一。

(三) 麻二见系字的文白对比不能仅仅着眼于舌根、舌面的声母区别,其元音类型的不同也能透露出自源、外源层次的区别。金坛型、上海型、苏州型吴语里麻二见组如"家"字的所谓白读 ka[1],其实是来自北方官话的老文读,它取代了这些方言固有白读[o]而成为新白读,该层次广泛分布于江淮、西南、赣、客、(新)湘等方言和闽语的文读层。

(四) 绍兴型、苏州型吴语里麻二见系如"家"字读 tɕio[1] 是北方型文读声母[tɕ]和吴语本地白读[o](来自《切韵》麻二[*a]的后高化)之间音系折合的结果。从层次分析的角度来看,属于层次杂配的现象;从方言关系上看,它也是吴、徽、(老)湘语早期联系的体现。

(五) 吴语麻、佳韵的特字读音,可以追溯至南朝《切韵》的麻佳合韵,也是吴、闽同源的证据之一。对于闽语而言,麻佳同韵是大多数麻、佳韵字的音类分合特征,对于吴语而言,这只是部分麻、佳韵字的特点,属于特字层次。具体音值背后的音类分合能够反映历史演变的先后,孰先孰后,须参酌汉语语音史而定。

第四章　鱼虞韵字的白读音及其语音史背景*

　　中古的遇摄包括一等模韵和三等重韵鱼、虞韵。社科院语言所编的《方言调查字表》将这三个韵都视作合口,是个简单的处理办法。模、虞韵的合口性质很明显,无须讨论,如何认识鱼韵的开合,倒是个值得探讨的问题。高本汉(1915—1926/1940:519)在比较了汉语方言、日译吴音、日译汉音、朝鲜汉字音等多种材料后,把中古鱼韵的音值拟作[*ǐʷo]。但是,从汉语语音史来看,早期鱼韵并非读合口。北宋初(或许还早些)以后的较古老的韵图显示,鱼韵应作开口。如南宋张麟之序《韵镜》(成于北宋)将鱼韵置于"内转第十一开",且鱼韵一系只有开口。鱼韵在南宋郑樵所撰的《通志·七音略》里处于"重中重"的位置,也就是大致相当于《韵镜》的"开"①。可见,中古鱼韵应当为开口,高本汉的拟音需要修正。

　　鱼虞韵的分合演变,一直是治汉语史、方言学的学者关心的问题。近年来,学界对汉语方言鱼虞韵历史层次的研究已较为深入,其中梅祖麟(2001)、陈忠敏(2002,2003)、潘悟云(2002)、郑张尚芳(2002)等都是近年来发表的研究成果。本章准备先简单分析一下汉语南北各方言中鱼虞的读音,然后专门讨论现代吴语里和鱼虞韵演变有关的几个

---

　　* 本章第2、3小节的主要内容曾以《吴语音韵史中白读音的保守与创新——以虞韵[*iu]、鱼韵[*i]的两项变化为例》为题发表于《语言科学》2011年第1期。
　　① 罗常培《释重轻(等韵释词之三)》,《历史语言研究所集刊》2本4分,441—449页,1930年。

问题。

4.1 汉语方言的鱼和虞

《颜氏家训·音辞》说:"其谬失轻微者,则南人以钱为涎,以石为射,以贱为羡,以是为舐,北人以庶为戍,以如为儒,以紫为姊,以洽为狎。"指出了南北朝时期南方从邪、禅船不分,但鱼虞别而不混;北方则鱼虞、支脂不分,二等重韵咸、衔也相混无别。事实上,单就鱼虞韵而言,现代方言所表现分合的类型,并不能简单地以南北地域划分界限。

李荣(1980)、张惠英(1980)较早注意到了吴语中鱼虞有别的例子。张琨(1985a:221)在讨论宁波方言"苎煮"等鱼韵字的读音时指出,"有些鱼韵的字读的与虞韵的字不同;这些字都读不圆唇的元音[i]或者[ɿ]。这表示鱼虞有别。"梅祖麟(1995)利用北部吴语鱼虞有别的资料,提出了"寻音"和"觅字"两种方言本字探讨的方法。随着南部吴语调查材料的日渐丰富,学界对吴语的鱼虞有别也有了更加清楚的认识。

接下来检视一下鱼虞韵在汉语方言里的表现。

4.1.1 江淮官话

江淮官话的所处区域,大致是以前吴语、徽语或赣语的地盘(张振兴 1996/2002:260),苏皖区域江淮官话的定型时代应该较晚,从音韵或词汇上看,至今都有吴语的底层。目前江淮官话似乎依然还有个别鱼虞不混的迹象,"去"字在南京、扬州的读音:(江苏省和上海市方言调查指导组 1960:241)

表 4-1　南京、扬州方言的"去"字的读音

	南京	扬州
白读	khi^{44}	khiɿ^{55}
文读	tɕhy^{44}	tɕhy^{55}

从目前已知的材料看,江苏境内的江淮官话能够区分鱼虞的例字似乎只有"去"字。其中通泰片的江淮官话和北部吴语的毗陵小片邻近,但据顾黔(2001)提供的通泰方言的材料,好像没有鱼虞有别的痕迹,而鱼虞有别在毗陵小片吴语虽然例字不多,但显然还能见到。安徽境内的江淮官话"去"字也有开口和圆唇的两个层次(孙宜志 2006:197,其中上行为白读):

表 4-2　安徽江淮官话"去"字的读音

全椒	当涂	滁州	定远	含山	天长	枞阳	青阳	无为
khi^5	khi^5	khi^5	khi^5	khi^5	khi^5	tɕhi^5	tɕhi^5	tshɿ^5
			tʃhʯ^5	tʃhʯ^5	tʃhʯ^5	tɕhy^5	tɕhy^5	tshʯ^5

如果江苏南京、扬州和安徽全椒、枞阳、桐城等江淮官话"去"字读[i][ɿ]的确反映了鱼虞有别的现象,当然可以说,古江东方言的鱼虞"共为不韵"在今天的江淮官话还能觅其踪迹,但如果观察一下江淮官话系统本身的音韵变化,至少要对安徽江淮官话的鱼虞有别表示怀疑,因为安徽江淮官话的鱼、虞韵精组字都有读开口的层次。例如(孙宜志 2006:196、198,其中斜线前为白读):

表 4-3　安徽江淮官话鱼、虞韵的读音

	蛆	絮	须	取	聚	趣
枞阳	tɕhi^1	ɕi^5	ɕi^1/ɕy^1	tɕhi^3/tɕhy^3	tɕy^5	tɕhi^5/tɕhy^5
桐城	tɕhi^1	ɕi^5/ʂʯ^5	ɕi^1	tɕhi^3	tɕi^5	tɕhi^5

鱼韵字"蛆絮"和虞韵字"须取聚趣"都读[i],很难判断此类鱼虞相混韵的实质。有两种可能的情况,(1) [i]是鱼虞合并层在精组字后面的晚起音变:y>i/Ts_;(2) 鱼韵来自早期鱼虞有别的[*i],而虞韵读[i]是早期虞韵的条件音变层 y>i/Ts_,亦即鱼、虞读[i]的来源不同。

4.1.2 徽语和湘语

徽语和江淮官话一样,是具有混合性质的方言,学界对于徽语性质的认识还不统一,但是徽语确实含有吴语成分(伍巍 1988,游汝杰 2000:109,王福堂 2005:77—87)。徽语中的鱼韵字也有和吴语类似的白读音,如绩溪:渠 ke⁴² | 去 khe⁵³⁵;黟县:徐 tʃhyɛ⁴⁴ | 去 tʃhyɛ²¹³ | 鱼 n̠ʲyɛ⁴⁴ | 锯 tʃyɛi²¹³。

湘语和吴语也有着密切的历史关系(张光宇 1999,陈立中 2004)。从音韵来看,鱼韵字读[e]也见于湘语,例如"锯":娄底 ke³⁵ | 邵阳 kɛ³⁵ | 衡阳 kai²⁴ | 耒阳 kai²¹³ | 安乡 ke²¹³ | 攸县 ke¹¹ | 常德 kei³⁵ | 浏阳 kie¹¹ | "去":浏阳 khie¹¹ | 邵阳 khɛ²⁴/tɕhiɛ²⁴ | 攸县 khe¹¹ | 常德 khe³⁵。

4.1.3 客赣方言

游汝杰(2000:107)曾提到赣方言的形成历史,"在唐初长安的标准音地位尚未形成的时候,大量北方移民……所带来的北方方言和当地原有的方言接触形成原始北片赣语。中唐和晚唐时代北方移民……带来较接近首都长安话的北方话,和原始北片赣语接触后形成原始南片赣语。"看来,赣语的北部和南部方言历史来源不同,自然也会有不同层次的音韵成分存在。梅祖麟(Mei 1994)认为,构拟古江东方言的材料应该包括吴语、闽语、老湘语和北部赣语,因为文献所见的江东方言成分在以上的汉语方言里有所体现。赣语的鱼虞有别层基本在以下方言可以看到:(熊正辉 1995:72—73,李如龙、张双庆 1992:33、420、422)

表 4-4　赣语里属鱼虞有别层的鱼韵读音

	锯	去	鱼	渠他	弄藏	许那
南昌	kie^{35}	tɕhie^{213}	ȵie^{35}	tɕhie^{35}	kie^{213}	he^{213}
南城	kiɛ^{3}	khiɛ^{3}	ŋiɛ^{45}	kiɛ^{53}	—	—
安义	kie^{45}	tɕhie^{213}	ȵie^{21}	—	kie^{213}	he^{213}
余干	ke^{45}	tɕhie^{45}	ȵie^{14}	tɕie^{14}	—	—

关于客家方言的形成，目前学界还有不同看法，谢留文(2003:66—76)提出客家方言中也有古江东方言成分的看法，下面摘引该书 54—55 页所举的部分例字：

宁都：女 nie^3 ｜ 猪 tɕie^1 ｜ 苎 tɕhie^1 ｜ 去 ɕie^5 ｜ 鱼 nie^2 ｜ 渠 tɕie^2 ｜ 鼠 sa^3；

石城：女 nie^3 ｜ 蛆 tɕhiə^1 ｜ 锯 kə^5 ｜ 鼠 sə^3 ｜ 渠 kə^2 ｜ 鱼 ŋə^2；

南康：女 nie^3 ｜ 猪 tsə^1 ｜ 梳 sə^1 ｜ 鱼 ŋə^2 ｜ 徐 ɕi^2；

铜鼓：锯 kɛ^5 ｜ 鱼 ŋɛ^2。

从上举数例可见，客家方言的鱼韵确有读开口的、鱼虞有别的白读层次。谢留文(2003:57)指出，客家方言鱼虞有别的鱼韵字主元音一般是[iɛ][ɛ]或[ie][e]，与赣语相同，而[iɛ][ɛ]是[i]高元音裂化音变的结果。郑张尚芳认为(私人交流)，从汉语语音史来看，客家方言的[ie][iɛ]更有可能来自中古鱼韵[*ɨə](平山久雄 1995:338)的主元音前高化。

客家方言的鱼虞韵同样面临上文所述安徽江淮官话的问题，即不能排除鱼虞韵精组字读[i]从相混层[y]变来的可能性：

表 4-5　客家方言读[i]的鱼虞韵字

	鱼韵	虞韵
安远	徐 tshi^2 ｜ 除 tshɿ^2 ｜ 语 ni^3	娶 tshi^3
上犹	徐 tɕhi^2 ｜ 语 ni^3	娶 tɕhi^3
铜鼓	徐 tshi^2 ｜ 助 tshɿ^5 ｜ 虚 ɕi^1	娶 tshi^3 ｜ 芋 i^5

4.1.4 闽语

丁邦新(1988/1998:254)认为"南北朝时的吴语是现在闽语的前身"。游汝杰(2000:104)提出"吴语区人民大规模移居闽地应该是汉末三国晋初的百年之间"。丁、游二位的看法大致接近,即认为闽语形成的主体源自吴语。张光宇(1996:70)不同意此说,主张"闽语中的吴语成分是中原移民'路过'江东时期夹带南下的结果"。王福堂(2005:92—94)也注意到了东晋南朝时期闽语区的汉族移民中,大多并非来自吴地,而是来自当时的中原,因此带来的应主要是当时中原地区的方言,而非吴语。王、张二位更多地论述了闽语中的中原汉语成分。不管怎么说,闽语中类似吴语的成分无疑可以追溯至南朝吴语,这其中自然包括鱼虞有别。闽语鱼虞韵的层次复杂,有别层和相混层都有多种表现,闽南与闽东各方言的情况也有所不同。陈忠敏(2003:40—44)对此做了详细的讨论,以泉州、福州为例:

表4-6 泉州、福州方言鱼韵白读层和虞韵字

	鱼韵	虞韵
泉州	处 tshɯ³ | 薯 tsɯ² | 鼠 tshɯ³ | 梳 sue¹	趣 tshu³ | 殊 su² | 树 su⁶ | 数 sɔ⁵
福州	驴 lø² | 苎 tɔ⁶ | 絮 tshø⁵/tshø⁻³¹ | 梳 sø¹ | 去 khɔ⁵/khø²	株 thy¹ | 主 tsy³ | 输 sy¹ | 具 køy⁶

4.1.5 粤语

从音韵结构来看,粤语与唐宋时代的汉语接近。游汝杰(2000:106)认为,粤语的成型和唐宋时代的北方移民有关,宋代大量北方移民带来的北方方言最后奠定了粤语的基础。刘镇发(1997/2001:188—200)更明确提出,现代粤语是宋代官话的直接后裔,和所谓"古粤语"没有直接继承关系。既然粤语的形成时代如此之晚,因此粤语理当缺乏

更早期的音韵成分,梅祖麟(Mei 1994)也将粤语排除于古江东方言的后裔之外。近来郭必之(2004)的研究表明,粤语中虞、支韵"特字"的若干表现,很可能承继自东晋南朝以来的江东方言。

4.1.6 平话

《中国语言地图集》(1987)将平话列为十大方言之一,这以后许多学者就平话的形成、发展及其历史地位发表了不同见解,似乎至今仍无一致的结论。但这并不影响我们观察其语言事实,下面列出三处平话方言鱼虞韵的读音[①]:

表 4-7 平话方言鱼、虞韵字的读音

	鱼韵					虞韵			
	书	汝	锯	许	与	需	朱	句	芋
马山	sei¹	—	kei⁵	hi³	hi³	ɬei¹	tsɿ¹	kei⁵	hei⁶
扶绥	sɤ¹	nɤ⁴	kɤ⁵	hɤ³	hɤ³	ɬɿ¹	tsɤ¹	kɤ⁵	hɤ⁶
临桂	sə¹	i⁴	kiə⁵	hiə³	hi³	sɿ¹	tsə¹	kiə⁵	iə⁶

不难看出,平话的鱼虞韵字有两个读开口的相混层:(1)[ɯ]层次,马山的[ei](书、锯)对应于扶绥的[ɤ]、临桂的[ə],应来自早期的[*ɯ];(2)[i]层次,马山的[i],在扶绥、临桂一般还是读[ɤ ə](<*ɯ,"许朱"),少数也读[i](临桂"与")。而且,早期的 *ɯ 在扶绥、临桂的部分词已变成[i],如临桂"汝"、扶绥"需"[ɿ](<*i)。由此可见,平话的鱼虞韵(1)、(2)只是同一语音层次的不同演变阶段,即平话中曾发生*ɯ>i 的音变。

4.1.7 其他官话方言

罗常培先生最早撰文提出,《切韵》时代能够区分鱼虞的方言大概

[①] 材料来自李连进《平话音韵研究》,广西人民出版社,1999年。

只集中于太湖流域①。后来的学者研究发现,这个结论失之偏颇。中古鱼虞有别的方言除了江东方言,广大的北方地区如西北、长安方音及东北的幽燕地区,南方如蜀中地区,都能区分鱼虞。从目前汉语方言来看,具有鱼虞有别层的地区也不仅限于南方。比如在很多官话方言里,"去、锯"二字还有鱼虞不混的白读音:(潘悟云 2000:202,北京大学中文系语言学教研室 2003)

表 4-8 官话方言鱼虞韵字的读音

	鱼韵			虞韵	
	锯	去除去	去离去	拘	区区域
北京	tɕy⁵	tɕhi⁵	tɕhi⁵/tɕhy⁵	tɕy¹	tɕhy¹
济南	tɕy⁵	tɕhy⁵	tɕhi⁵/tɕhy⁵	tɕy¹	tɕhy¹
西安	tɕy⁵	tɕhy⁵	tɕhi⁵/tɕhy⁵	tɕy¹	tɕhy¹
太原	tɕy⁵	tɕhy⁵	kəʔ⁷/tɕhy⁵	tɕy¹	tɕhy¹
武汉	kɤ⁵/tɕy⁵	khu⁵/tɕhy⁵	khu⁵/tɕhy⁵	tɕy¹	tɕhy¹
成都	ke⁵/tɕy⁵	tɕhy⁵	tɕhie⁵/tɕhy⁵	tɕy¹	tɕhy¹
扬州	tɕy⁵	tɕhy⁵	khəi⁵/tɕhy⁵	tɕy¹	tɕhy¹

可以看到,目前诸多官话依然存有鱼虞不混的痕迹,这些是否都来自古代的江东方言呢?似乎很难下此论断。同时,目前所见官话方言的鱼虞有别,也不排除晚近音变而造成鱼韵字读作开口的可能。比如太原方言"去"读 kəʔ⁷,但虞韵"娶"读 tshəʔ⁷,韵母也是[ə],这就很难说"去"的字音能反映鱼虞有别。再者,有些官话的虞韵字本身也有白读[i]、文读[y]的层次对立,比如武汉方言:取娶 tɕhi³/tɕhy³ | 蛆 tɕhi¹/tɕhy¹。武汉方言两个鱼韵字"锯、去"白读的韵母还不相同,虞韵字的文白层次也需要解释。这些现象都表明,对汉语方言鱼虞有别的性质

---

① 罗常培《切韵鱼虞的音值及其所据方音考》,《历史语言研究所集刊》2本3分,358—385页,1930年。

还有待进一步研究。

4.2 南朝吴语的虞尤相混层[*iu]

罗杰瑞(Norman 1979)最先提出闽语有秦汉、南朝、晚唐三个层次,丁邦新(1988/1998:254)也说过"南北朝时的吴语就是现在闽语的前身,而当时的北语则是现在吴语的祖先",说明现代闽语保留了更多的南朝吴语的成分,吴语则更接近北方官话。已有的研究表明,南朝江东方言(或称"古吴语"或"六朝吴语"[①])的一些音韵特点,不但可以从历史文献之中钩稽,还可以利用比较方法,从吴、闽、客、赣、粤等方言中寻绎。

南朝江东地区的很多诗人将虞、尤韵互押。例如(Ting 1975:68、84,虞韵字用下加横线标出,其余为尤韵字,其他押韵字不列):陆机(261—303,吴郡人)《白云赋》:浮<u>扶</u>;《皇太子宴玄圃》:秀数<u>裕</u>;《功臣颂》:<u>裕</u>附树谋 | 陆云(262—303,吴郡人)《九愍涉江》:<u>驱</u>流畴仇求,忧愁<u>须</u>游 | 陆云《答兄平原》:犹<u>扶</u>;《夏府君诔》:兽<u>符</u>流区 | 夏侯湛(243?—291?,沛国人)《安石榴赋》:榴<u>鬚</u> | 郑丰(?—303,沛国人)《答陆士龙鸳鸯》:游流浮忧舟<u>蹰</u> | 杜育(?—311,襄城人)《荈赋》:秋休求流隅刘浮<u>敷</u>。

日本吴音借自5—6世纪中国江南地区的汉字音,大致能够反映南朝吴语。《观智院本类聚名义抄》中虞、尤韵舌齿音声母字的吴音有混同的迹象,如:註 chu | 注 chu,shu | 聚 shu | 数 shu | 树 shu(虞韵)/酒 shu | 囚 shu(尤韵);"澍"(虞韵)用"受"(尤韵)注音,"售"(尤韵)用

---

① 关于南朝江东方言的性质及其音韵、词汇特点,可参看罗杰瑞(Norman 1979)、梅祖麟(Mei 1994)、丁邦新(1995)等学者的讨论。

"趣"(虞韵)注音,"醜"(尤韵)用"主"(虞韵)注音①。其他如历史假名遣"树"(虞韵)、"受"(尤韵)都念 zju,《新译华严经音义私记》里的"修"(尤韵)直音作"须"(虞韵)等(郭必之 2004:596)。

已有学者论及现代吴、闽方言的类似现象。如秋谷裕幸(1999)曾提出,吴语处衢片方言有八项音韵特征和闽语的表现一致,其中包括舌齿音虞韵字和尤韵的合流。梅祖麟(2001)、郭必之(2004)将虞韵在北部吴语的特字层次和南部吴语、闽语相联系,其中梅先生运用层次比较的方法,分别为吴语北部、南部方言和闽语构拟了早期形式,并认为三者的虞韵读音属同一个历史层次:

表 4-9 梅祖麟(2001)所拟虞韵的早期读音

层次 Ⅰ	北部吴语	南部吴语	闽语
拟音	*iu	*iɯ	*iu

郭文则结合南、北吴语及闽语的材料,专门讨论粤语中虞韵特字层次的表现,认为它们都应来源于公元 4 世纪前后的江东方言,并归纳出虞韵的该层次在这些方言中的不同演变模式(郭必之 2004:595):

表 4-10 郭必之(2004)归纳的虞韵在南方方言的演变类型

古江东方言	演变类型		后世方言
虞韵 *-jV	类型 1	-iV(与尤韵合并)	处衢片吴语、闽语、粤语 B 类"飓、妪"
	类型 2	-V(与模韵合并)	北部吴语、粤语 A 类

梅、郭二位将南、北吴语及闽语虞韵的表现联系起来考察是非常必要的,而且,将虞韵层次类型 1 追溯至江东方言,也是合理的②。但据

---

① 可参阅沼本克明(1995:139—140,176—178)。必须指出的是,日本吴音显示虞、尤韵的读音并非都相同,我们也只承认两者相混,但并未完全合并。而且,对音资料本身就有局限性,日本吴音未必能够完全准确地记录当时的吴语。

② 郑张尚芳(2002a:22)认为吴、闽语虞尤相混的层次是中古晚期产生的,郭必之(2004)主张应来自古江东方言。我们同意后者的看法。

4.2 南朝吴语的虞尤相混层 [*iu]

吴语事实,上述推论尚不能完整地解释吴、闽语与江东方言之间的历史关系。

梅祖麟(2001)为北部、南部吴语的虞韵层次Ⅰ做了不同的构拟,郭必之(2004)将北部吴语归入虞韵的演变类型 2,主要是因为梅、郭二位都以为北部吴语虞韵的该层次与南部吴语、闽语的演变模式相异。实际上,与苏州紧邻的常熟方言中该层次的表现和目前已有的方言调查报告的描写不同。常熟方言是重新认识吴、闽语与江东方言之关系的一项关键资料。

下面看几个虞韵字在吴语一些方言中的读音表现:

表 4-11 吴方言虞、尤、模韵的读音比较

		常熟	苏州	上海	宁波	金华
虞韵	鬍~(白读)	siɣɯ¹	səu¹	su¹	su¹	su¹
	需	si¹	si¹	ɕy¹	sʮ¹	ɕɥy¹
	取	tshi³	tshi³	tɕhy³	tshʮ³	tɕhɥy³
尤韵	修	siɣɯ¹	sʮ¹	ɕiɣ¹	ɕiʮ¹	ɕiɯɯ¹
	秋	tshiɣɯ¹	tshʮ¹	tɕhiɣ¹	tɕhiʮ¹	tɕhiɯɯ¹
	受	zɣɯ⁴	zʮ⁴	zɣ⁶	ziʮ⁴	ɕziɯɯ⁶
模韵	苏	sɣɯ¹	səu¹	su¹	su¹	su¹
	粗	tshɣɯ¹	tshəu¹	tshu¹	tshu¹	tshu¹

吴语的很多方言管胡子叫"牙苏"或"胡苏",字的写法不同。这倒不是因为其来源不一,而在于有些方言的"鬍~"字不是一般的虞韵读法,由于和心母模韵字同音,所以就写成了"苏"字。

表 4-12 北部吴语部分方言"胡子"的叫法及读音

无锡	常熟	宁波	海门	苏州	吴江
牙苏	牙鬍	牙鬍	鬍牙	胡苏[ɦəu²³ səu⁴⁴],	胡苏
[ŋu¹³ sɣɯ⁵⁵]	[ŋɑ²⁴ sɿ⁵³]	[ŋɑ²⁴ sɿ⁵³]	[su⁵³ ŋɑ²⁴]	租苏[tsəu⁴⁴ səu⁴⁴]	[ɦu²³ səu⁴⁴]

以上材料除了宁波引自钱乃荣(1992a,以下简称《当代》),其余皆引自鲍明炜(1998:424,以下简称《省志》)。吴语部分由翁寿元、石汝杰负责调查)。据《当代》(853页),管胡子叫"胡苏"的吴语还有上海、宝山(周浦)、绍兴、诸暨、嵊县(崇仁、太平)、黄岩、永康等;叫"牙鬤"的还有宝山(罗店)。《江苏省和上海市方言概况》(以下简称《概况》)的词汇部分(1960:751)所记"胡子"的说法(未标读音),如无锡、松江:胡苏,苏州:苏苏/鬚鬚,海门:苏牙,常熟:牙鬤。可见和上引《省志》相比,非但叫法有些出入,写法也不一致。如无锡"牙苏""胡苏"皆有,海门"牙鬤""鬤牙"皆有,苏州方言"租苏"的"租"字目前语源不明。

就常熟而言,各种调查报告也颇相异趣。《省志》(424页)只提及"牙鬚"读[ŋɑ²³ si⁵³],《当代》(853页)则记录了"胡子"[ɦiu²⁴ tsๅ³¹]、"胡鬚"[ɦiu²⁴ si³¹]两种说法。《概况》(242页)直接将"须"("必须"的"须")、"鬚"二字列在一起,都记作 sy¹,与方言口语的实际读音相去更远。各地吴语写作"苏"的这个字,梅、郭两位已都注意到了,并认定本字就是胡鬚的"鬚",并且把它作为北部吴语虞韵早期层次的主要论据。不过,常熟的材料有未尽之处,该方言有个真正的白读音:"牙鬚"[ŋɑ²⁴ siɤɯ³¹]。一般人会写成"修"字,因为"鬚"字的白读正是和尤韵心母字合流。常熟籍学者吴连生所撰《吴方言词考》(1998:7)的"牙鬚"条也清楚地指出常熟方言胡鬚的"鬚"读同"修"。兹移录如下:

> "牙鬚"在今吴方言口语中是个非常普遍而常见的词语,意为胡鬚。书面语也有例证。《何典》第二回:"上首是逍遥快乐天尊,绯红一个狗獾面孔,两只软耳朵,颐下七八根凿孔注牙鬚。"此词似乎唐宋时就出现了,唐韩愈《别赵子》诗:"又尝疑龙虾,果谁雄牙鬚。"宋黄庭坚《次韵子瞻寄眉山王宣义》诗:"沧江鸥鹭野心性,阴壑虎豹雄牙鬚。"今吴方言实读"牙鬚"如"牙修","鬚"、"修"一声之转。

4.2 南朝吴语的虞尤相混层[*iu]

吴先生所说"牙鬚"读如"牙修"的吴方言即指常熟方言,其"鬚""修"为一声之转的说法则是我们不能满意的,因为这种猜测并不能解决实际问题,而需要设法解释它。

那么常熟的 siɣɯ¹、苏州的 səu¹,上海、金华、宁波等 su¹ 用来表示胡鬚,其本字能肯定是虞韵字"鬚"吗?苏州、上海等的读音倒像是"流苏、苏头、苏苏头"的"苏"字。这种可能应予否定。理由如下五点:

1. 按《汉语大词典》第五册(1990版,1277页)的解释,"流苏"是用彩色羽毛或丝线等制成的穗状垂饰物。胡鬚虽然也接近穗状,但"流苏"的得名似乎与表胡鬚的"鬚"字并无联系。扬雄《方言·卷三》:"江淮南楚之间曰苏,自关而西曰草,或曰芥。"又《淮南子·修务》"苏援世事",高诱注"犹索。""流苏"大概跟细草、绳索等义有关。

2. 常熟、苏州、宁波等"牙鬚""胡鬚"之类的说法再正常不过了,如果换成"牙苏""胡苏",语义上显然无法说通,想必没有哪个方言对胡鬚会有如此奇怪的叫法。

3. 苏州 səu¹、上海 su¹ 还能说可能是模韵一等"苏"字,而常熟的"鬚"读 siɣɯ¹ 则肯定不是"苏"字。模韵自古便无[i]介音,常熟不可能凭空长出个[i]介音来。如果说常熟"牙鬚"[ŋɑ² siɣɯ¹]与邻近无锡的"牙鬚"[ŋu² sɣɯ¹],苏州、上海等吴语的"胡苏(鬚)"səu¹、su¹ 等来源不同,则更是无稽。事实上南部吴语 ɕiɯ¹、闽语 tshiu¹ 的"鬚"字白读就是读入尤韵的,该层次同时还有"树取"等字[1],来自南朝吴语。常熟的"鬚"显然也属虞尤合韵的层次,只不过字少而不被注意罢了。

4. 苏州型吴语"鬚"反映的是虞模合韵,这是一种后起的音韵创新,实际上也和公元 5—6 世纪的江东方言有关。由于地理上的因素,北部吴语受到官话的持续影响,早期的白读音已日渐消失,故而其特字

---

[1] 可参看梅祖麟(2001:11)、秋谷裕幸(1999:115)。

层次的辖字要比南部吴语少，也能理解。除了"鬚"字，吴语萧山郊区方言"芋~芳"白读 nu² ，仍和"鬚_{白读}"su¹ 同韵①。《萧山县志稿》卷二十九（民国二十四年，1935 年）记载："吴人呼暖酒壶为急须，以其应急用。吴谓须为苏，故亦曰急苏"。

5. 既然常熟和无锡、苏州等周边方言，及南部吴语、闽语中表示胡鬚的词读音如此接近，按照"所作假设，取其精者；若非必要，应悉剔除"的"欧坎姆剃刀原则"（Occam's razor），还是应认为苏州 səu¹、常熟siɣɯi¹ 即"鬚"字为妥。吴、闽方言有着密切的历史联系，常熟方言本身就具备诸多保守特征，音韵上如鱼虞有别、覃谈有别等，词汇上如远指代词"许"、人称代词"侬"，以及来自古吴语的指代词"尔"（写成于江东地区的《世说新语》有"尔馨、尔许"）等（郑伟 2008）。

出于上述考虑，郭必之（2004）归纳的虞韵特字层次的演变模式可改为：

表 4-13　笔者提出的虞韵特字层次在南方方言的演变类型

古江东方言	演变类型		后世方言
虞韵 *-jV	类型 1	-iV（与尤韵合并）	北部吴语 A 类（常熟方言）、处衢片吴语、闽语、粤语 B 类"飓、姁"
	类型 2	-V（与模韵合并）	北部吴语 B 类（苏州型）、粤语 A 类

换句话说，常熟的情形才是北部吴语与南部吴语、闽语完全一致的来自古江东方言的层次。郭文所说的演变类型 2 至少在北部吴语是晚起的，至于虞韵的该层次在北部吴语为何出现不同的归派模式，下面再谈。

梅祖麟（2001）为北部吴语构拟的江东虞韵层是[*iu]，就构拟本身

---

① 郭必之（2004:593）也注意到萧山话"芋"字的特殊读音，并对其演变过程做了解释，可参看。

4.2 南朝吴语的虞尤相混层[*iu]

来说并无问题,因为运用比较法分析已有北部吴语各方言的材料,只能做此构拟。不过,梅祖麟(2001:5、11)构拟的浙南吴语、闽语的江东虞韵分别是[*iɯ][*iu],这就会碰到一个问题:吴语、闽语的该层次只有一个共同来源,即南朝的江东方言,现在构拟出的虞韵层次为何又有不同?在我们看来,一方面,这是历史比较法本身的局限性决定的,正如徐通锵(1991:426)所说,历史比较法的一个先天弱点就是把所比较的材料统统纳入一个时间层次,拟构出来的原始形式也分不出时间上的先与后,亦即比较法只能依据已有材料进行重建,而很难建立各种形式之间的年代关系;另一方面,就早期吴语虞韵字的演变而言,依据目前方言材料所做的构拟,也反映出了虞韵在现代方言中的不同演变模式。丁邦新(Ting 1975:204、207)曾将魏晋时期的尤韵和虞韵分别拟为[*jou][*juo]。虽然丁先生也认识到当时江东地区的诗文押韵材料中虞、尤韵间的密切关系,但因为意在重建标准语而非魏晋方言,故而其拟音并无意解释当时虞、尤韵在江东方言的混同①。现在我们知道,常熟吴语的虞韵也有个江东方言的层次,更重要的是,它和南部吴语、闽语的层次非但同源,表现也完全一致。如此就必须假设三者有共同的早期形式,[*iu]可以作为三类方言演变的起点。此外,浙南吴语如开化方言虞韵的层次Ⅰ和福州方言[ieu](<*iu)有语音对应关系(陈忠敏2002:76),既然南部吴语的[*iɯ]和闽语的[*iu]形成对应,又有共同来源,那么梅祖麟所拟浙南吴语的虞韵[*iɯ]应当是后起的,更早还应来自[*iu]。

以前大家没有注意到常熟有读入尤韵的虞韵字"鬚"siɤɯ¹,都将苏州 səu¹、上海 su¹ 等读入模韵的虞韵字看成是北部吴语该层次的代表,看来是不全面的。那么,苏州型方言的"鬚"为什么会和模韵合流?从

---

① 可参看丁邦新(Ting 1975:261)的论述。

表面上看,常熟、苏州方言之间的区别在于前者的"鬏"字[*iu]还保留[i]介音,故而与尤韵合并,后者的"鬏"字介音失落变[*u]再裂化为[əɯ],而[*u]正好又是早期吴语模韵字的层次,于是便与模韵相混。但是严格来讲,这只是描写而并非解释,为什么常熟可以保留介音,其他吴语的"鬏"字介音就失去了,其历史来源为何,是否和其他现象有关?

虞韵的古江东方言层之所以在常熟、苏州型方言出现音类归并的差异,就在于北部吴语各方言的音韵结构变迁的迟速有别:常熟的音韵结构代表了吴语中较早的读音层,而苏州等则体现了后来的演变。我们看到,常熟"鬏"[ɯɣɯ]不但是尤韵精组字的层次,而且[ɣɯ]同样还是模韵精组字的层次,这表明该方言的尤韵、模韵还保持着平行的音变关系,但在苏州、上海等"鬏"字入模韵的吴语里,却看不到这种一致性演变。(声调略去)

表 4-14 吴方言"修"(尤韵)、"苏"(模韵)字读音比较

	常熟	四甲	苏州	无锡	海门	上海	崇明	萧山	宁波	金华
修_{尤韵}	siɣɯ	ɕiɣ	sɣ	sei	ɕiɣɯ	siɣ	ɕiɵ	ɕio	ɕiɣ	ɕiuɯ
苏_{模韵}	sɣɯ	sɯ	səɯ	sɣɯ	su	su	su	su	su	su

除了常熟方言,其他北部吴语的尤韵和模韵精组字之间都已没有了这种一致性。那么,如何才能证明常熟方言的音韵特点就是存古的表现呢?这时已无法仅仅依靠历史比较法了,早期文献才能帮助我们做出判断。从日译吴音来看,不管是历史假名遣所表记的吴音,以及《大般若经字抄》的直音注,还是《新译华严经音义私记》的直音注,都说明"吴音的流摄和遇摄(尤其是虞韵和模韵)很接近"①。我们已经知道,当时的吴语虞韵、尤韵有个大致读[*iu]的共同层次,而且虞韵、模韵读音又

---

① 参看吴圣雄《日本吴音研究》(台湾师范大学博士论文,1991年,53页),此处转引自郭必之(2004:596)。郭文并由此说明现代苏州方言的"鬏"字入模韵渊源有自,以上所论表明,苏州的情形较之常熟还是晚起的,但这和南朝江东方言的模韵、尤韵相近并不矛盾。

非常接近,那么尤韵与模韵的关系也自然至为密切。可见,常熟方言保留了南朝吴语的音韵格局,至今未变;苏州型吴语在后世已经历了音韵结构的变迁,这就是两种方言各自保守和创新的体现。南部吴语、闽语的虞韵层次Ⅰ并没有出现类似于苏州、上海方言那样的音韵演变(模韵、尤韵的非平行发展),自然就无须考虑该层次与尤韵以外音类的关系。

有的学者将吴语和闽语的虞、尤合韵层视作"中古后期虞韵[io]高化为[iu]以后生成的层次"(郑张尚芳 2002a:22)。我们认为:(1)从虞韵该层次的辖字来看,南部吴语、闽语大体相同,北部吴语也基本只在"鬏"字读音里保留。这些方言在中古后期很难说有接触(尤其是北部吴语和闽语),为何辖字范围如此一致?(2)历史语言学强调,独特的共享创新(the exclusive shared innovation)或者是"一致的例外"是判定语言(或方言)间亲缘关系的有效标准(Fox 1995:220)。以前鉴于北部、南部吴语及闽语的虞韵特字层次表现不完全相同,或许还可以说苏州、开化、福州方言的此类现象只是后来由相同的条件引起的音变;现在常熟方言的情形说明了这类读音层次都继承自南朝吴语。对于南朝的雅言来说,它是例外音变;对于现代吴、闽语来说,却是共同保留。

4.3 南宋吴语的鱼韵白读[*i]

中古《切韵》的鱼虞有别在今天的吴、徽、湘、赣、客、闽、粤等方言都有所反映,但具体表现并不完全一样。按照韵母表现,可将北部吴语的鱼韵白读分为两类(陈忠敏 2003:31):(1)类(锐音声母后):[i](泥来组、精组)/[ɿ](知庄章组);(2)类(钝音声母后):[e ɛ ei][i](见组、晓组)。

(1)类的两种元音在北部吴语呈互补分布,其中[ɿ]只出现在舌尖声母后,来自早期的[*i]。赵与时《宾退录》所记射字诗"大概是南宋时在临安一带流行"(周祖谟 1966a:669),其中"西希低之机诗资,非卑妻欺痴梯归,披皮肥其辞移题,携持齐时依眉微,离为儿仪伊锄尼,酰鸡蓖溪批毗迷",都属阴声韵字。日本学者将邑剑平、平山久雄(1999:296)进一步指出,其用字大多属开口,从对另一首叶韵诗的分析来看,这些字无疑都已并作[i]韵。宋代吴地词人的作品中支、鱼通押,也说明两韵读[i]。用现代北部吴语来判断,射字诗中的四十二字,仍然一律读成[i](或变体[ɿ])。将邑、平山(1999:296)还证明了"归"字为"歧"字之误,并认为"锄"字也可能是"鋙"的误字,即便如此,但"鋙"还是读[ˣi]的疑母鱼韵字。因此,吴语鱼韵读[ˣi]至迟在南宋已经产生,所以陆游《老学庵笔记》(卷六)说"吴人讹鱼字,则一韵皆开口"。《切韵》时代吴地方音的鱼韵字大概是开口的[ˣiə][ˣeɪ]或[ˣiɤ]之类韵母(平山久雄1995:338;梅祖麟2001:12),隋唐以后主元音前化 *ə>ɨ>i(闽语的发展则是后化 *ə>ɯ),成为白读音;唐代以后北方口语中鱼虞已经并作[ˣiu],又作为权威方言(文读势力)渗入吴语,使本地读[ˣi]的字越来越少,只在几个常用口语词里得以保留。《切韵》鱼韵[ˣiə]变作[iɯ]后,[ɯ]很容易受[i]影响而发生部位前移变作[i]。

(2)类在各地方言没有整齐的表现,这样说有两层涵义:a.有些方言的鱼韵白读为[e]或[ei]韵,有的方言则是读[i]韵,如"锯、去"二字在绍兴分别读 ke⁵、tɕhi⁵,而在宁波分别读 ki⁵、khi⁵。此种情形容易理解,这是鱼韵在吴语各次方言的演变迟速有别,属于以音类为条件的连续式音变。b.某个方言鱼韵字的白读,有的为[i]韵,有的为[e]韵,如崇明方言:倮① ɦi²│去 khi⁵│锯 kei⁵│鱼 ŋei²│虚 hei¹│许 hei³,这类属于以词汇为条件的扩散式音变②。亦即鱼韵白读层的有些字读高元音

---

① "倮"(学界一般将其直接写作"渠")是吴语区常见的第三人称代词(如常熟 gɛ²,也属鱼虞有别层),声母[ɦ]来自[g]的弱化,一般写作"伊",并非本字。

② 崇明话声母[k]可与韵母[i]相配,口语常用的还有表示这、那的指示词□ki¹,张惠英(1993:14)说它"大概是'个一'的合音,少数人读成腭化的 tɕi¹"。江苏宜兴话的"去"字在赵元任先生的记录里也读 khi⁵,如今已变成 khei⁵。

[i],而有些已发生裂化音变:i→ei。

南宋射字诗显示当时的吴语止开三(支脂之微韵)、蟹开四(齐韵)和鱼韵字都读作[*i],为何鱼韵喉牙音声母字的白读[*i]在现代吴语里会有低化、裂化演变,而止、蟹摄字却没有变成[e ei ai]之类音呢?按照历史语言学的原则,同一个音在相同语音条件下,应该具有平行的音变。问题就在于白读、文读是异质的(heterogeneous)两个系统。南宋吴音鱼韵读[*i]属于本地白读,是自身演变的结果,而支脂之微齐韵读[*i]实为文读,来自北方汉语。北宋邵雍《声音唱和图》以"妻"(齐)、"子"(之)、"四"(脂)等字同列,《切韵指掌图》中齐韵配支脂之韵,都说明它们在宋代北方汉语中都变成了[*i]。吴语鱼韵的[*i]作为白读,后来出现创新变化,而蟹、止摄字却显出保守姿态,保持[i]的读法至今不变(北方话也是如此[①]),系统不同,变化理应相异。吴语在这点上跟闽南方言颇相类似,只不过闽语白读的创新演变更为丰富、系统而已。

在北部吴语的一些方言里,鱼韵白读的表现特别。以毗陵小片的常州方言为例:

表 4-15 常州方言鱼韵字的读音比较

	i(ɿ)	u	ɐi	y
猪 知母	tsɿ¹ ~油	tsu¹		
墅 禅母	zɿ⁶ 西夏~;地名	zu⁶ 别~		
去 溪母	tɕhi⁵		khɐi⁵	tɕhy⁵
许 晓母	ɕi³ 鉴~多		hɐi³ 勿勒~;不在里面	ɕy³
居 见母			kɐi¹ ~钞票;有钱	tɕy¹
虚 晓母			hɐi¹ 面孔~好佬;面部虚肿	ɕy¹

---

① 其实部分吴语的止、蟹摄的知庄章声母字有由开变合的现象,汉语语音史上也有类似变化。这是另一层面的问题,此处不论。

由表4-15可见,常州鱼韵字的文白异读体现为:知章组声母后白读为[ɿ],文读为[u](老派读[ɥ]);见晓组声母后白读为[ei],文读为[y]。值得注意的是,"去、许"二字有三种读音,其中有两个是白读。"许"做指代词在早期吴语文献和现代南方方言都能见到,例不烦举。今天常州方言的"许勒~"hei³语义有所引申,已经不表示"在那儿",而是"在里面的意思。"鉴许多这些"的"许"字读 ɕi³(更早来自 *hi,丹阳、上海等读 ɕy³),早期文献经常有"这许多"的用例,因此"许"的本字地位无须怀疑①。常州方言的指代词"许"除了出现于"勒许"一词,还有另外一种用法,例如:

(1)[ɕi³]好个天,出去白相相倒是蛮好个。(这么好的天,出去玩玩倒是挺好的)

(2)[ɕi³]冷个佬,还是蹲勒家勒歇歇拔。(这么冷,还是在家歇着吧)

(3)你做啥要拿自家弄到则[ɕi³]吃力个佬喃?(你为什么要把自己弄得那么累呢)

以前不清楚这个 ɕi³ 到底是什么字,现在知道鱼韵的白读层在常州方言里有[i][ei]两种韵母表现,就很容易断定它也来自早期吴语的指代词"许"。

"许"属见晓组声母字,在北部吴语的多数方言里,白读要么是[i]韵,要么是[e]([ei ei])韵,只取其一,没有兼读[i][e]两类的现象②。按照目前学界对汉语方言语音层次性质的一般理解:"音变理论最重要的原则是音变的规律性。根据这一原则,相同或性质相类似的一组音

---

① 可举几个汉语史上的例子,如:①我才怕这许多羞呢。《绣榻野史》②金氏……忙问道:怎么只有这许多?(同上)③偏有这许多不巧的事!《儒林外史》12回)其中《绣》反映的是晚明吴语,《儒》至少可看作早期的官话。

② 可参看陈忠敏(2003:31)所列的北部吴语鱼韵白读音表。

如果语音条件相同,应该有相同的音变。所以,来源相同而在今分布上是对立的变异不能算作音变关系。反之,来源相同,在分布上又是互补的,可以考虑是同一层次上的音变关系"(陈忠敏 2003:14)。常州方言"许"字有[i][ɐi]两个读音层次,而且分布对立(出现于不同的词),似乎应视作不同层次,但又都属白读,那么到底是同源层次,还是异源层次呢?

其实,常州方言的情形在太湖流域的吴语并非孤例。相关的例子来自苏州方言,苏州方言管"你"叫"倷"nɛ⁶(早期文献如《海上花列传》写作"耐"),"你们"叫做"唔笃"[n̩⁶ toʔ⁷]("笃"是苏州方言人称代词的复数后缀),李荣(1997:83)、梅祖麟(1995:8)、郑伟(2008:114)等都认为 nɛ⁶ 就是"汝"字的白读音,属于早期吴语的鱼虞有别层。不过还有个疑问尚待解决:既然都为第二人称,"唔笃"的"唔"n̩⁶ 与"倷"nɛ⁶ 声母、声调又都一样,而且都是白读,n̩⁶ 是否也就是"汝"字呢?这个问题以前没有得到很好的研究,因此有学者对 nɛ⁶、n̩⁶ 来自"汝"的看法表示怀疑①。实际上,"唔""倷"只是早期吴语"汝"字两种不同类型的音变:音变Ⅰ:*ni→n̩ 唔(汝);音变Ⅱ:*ni→nei→nɛ 倷(汝)。

从音变规则来看,汉语方言中[i][u][ɯ]等高元音跟在鼻音声母[m n ŋ]后经常会形成声化韵(Shen 2006),"汝"字读声化韵即为音变Ⅰ的结果,其产生时代当在晚明以前。沈宠绥(生于明万历年间)的《度曲须知·鼻音抉隐》里就曾记载当时的吴俗方音里"你"字读音特殊:"吴俗呼'无'字,不作'巫'音,另有土音,与闭口音相似。又有'我侬'、'你侬'之称,其'你'字不作'泥'音,另有土音,与舐腭音相似。"沈氏将

---

① 游汝杰(1995)认为苏州方言[n̩][nɛ]都来自"尔",但未说明理由。陈忠敏(1999)认为[n̩]是"尔侬"的合音形式,而对[nɛ]的语源并未做出解释。我们不太赞同游、陈两位先生的看法。

"汝"字径直写作"你",后者显然并非本字,因为包括苏州方言在内的绝大多数吴语至今都不用官话型的"你"作为第二人称代词,因此"你"只可能是个训读字。音变Ⅱ是[i]的低化裂变,符合 Labov(1994:31)提出的"短元音低化"的演变规则。这种自然音变在汉语方言(包括北部吴语)及其他语言里都较常见①。"倷(汝)"也与苏州方言"虚许锯居"的鱼韵白读[ɛ]一致。另外必须看到,虽然都属白读层,作为共时形式,我们只能判定 nɛ⁶、n̩⁶都来自早期的[*ni],二者之间则不一定有前后的演变关系,亦即 nɛ→n̩或n̩→nɛ都未必成立。声化韵的产生以高元音[i u ɯ]为必要条件,而且[n̩]变到[nɛ]也得不到音变类型学的证据支持。

既然苏州方言的情形透露出早期吴语鱼韵的白读层有读音分化的现象,即"汝"字出现于复数形式时读作n̩⁶("唔"),单用时则读作 nɛ⁶("倷"),那么上述常州方言"许"字 ɕi³、hɐi³ 的两种白读也可以得到解释:早期常州方言的"许"[*hi](后来声母腭化)在单用作指代词和出现在"鉴许多"一词中时仍保留了[i]韵读音,出现于"勒许"中用作后置词时,已发生 *hi→hei→hɐi 的裂化音变②。

认识到苏南吴语中鱼韵白读层次的特殊情形,至少有两层意义:

第一,根据以上所论吴语材料,对目前汉语方言的层次理论可做出如下补充:

> 在分布上对立的、作为白话层的不同读音形式,大多数情形下属于来源不同的叠置式音变层,但也可能是来源相同的某个早期形式所发生的不同类型的扩散式音变。这些不同的白读音是不同音变规则的产物。

---

① 例如 Labov(1994:239)提到的 Yıddish 语的元音裂化现象:i→ei→ai。
② 王福堂(2003:8)指出:"同源层次中的新音类是旧音类演变的结果,而演变应该是可以用音理来说明的。"同样强调了音变规则在判定层次来源时的作用。

4.3 南宋吴语的鱼韵白读[ˣi]

第二，王士元(Wang 1969；中译本 2000：8)的"词汇扩散理论"指出："在初期，适合条件的单词只有一小部分发生变化。发生变化的词有些可能是直接变为 y 的发音，有些可能一开始还有 x 和 y 两种发音，这种动摇不定的情况或许是随机的，或者是因为语速风格(tempo style)的因素"。在"词汇扩散"式的音变过程中出现一词二音是很正常的，这是音变得以实现的中间阶段。"词汇扩散理论"认为异读形式的产生是随机性、话语风格等因素所致。这里特别指出，"词汇分化"在扩散式音变中也可能发生。常州方言"许"字做指代词时，"勒许"的"许"读 hɐi³，"鉴这许多""许好"的"许"读 ɕi³，语音上都属白读音，词汇功能上前者为后置性的指示词，后者为前置性的指示词。"鉴许多"中的"许多"实际上本来就是"这么多"的意思，"许"做指示词，后来发生词汇化(lexicalization)，"许多"整个作为一个指示词词尾跟"这"连用。苏州方言都来自"汝"的两个口语词"唔"n̩⁶ 与"㑚"nɛ⁶ 也是如此，非但读音有别，词义上前者只与人称代词复数词尾"笃"连用，后者仅限单说。据此可以对"词汇扩散理论"再做如下推阐：

某语言(方言)中的某个词 W，若在共时平面上存在 W_1、W_2 两个属于同源层次的形式，在以词汇扩散方式进行的音变过程中：W_1、W_2 两者除了在读音上互相区别，同时很可能存在词汇分化。

至于常州方言"去"字有两个白读音也可以解释：虽然 khɐi⁵、tɕhi⁵ 没有分化成不同的词，但和苏州方言"汝"字二音的情形相似，分别来自"去"字早期读音 *khi 的不同音变：*khi→khei→khɐi、*khi→tɕhi。梅祖麟(2001：7)在讨论北部吴语中鱼虞有别时说："开口鱼韵字在苏州、上海、崇明、宁波、金华基本上有两种读音。精知庄章系声母后是[i ɿ]，见系晓母后是[ɛ e ɤ](暂时不管"去"字的[i]韵母)。这两种韵母分布互补，我们想知道它们是从怎么样的共同韵母变来的。"一般认为，相同的语音条件只有一种音韵演变。鱼韵字在两类声母后的韵母表现是互补的,由此可以通过比较方法为其拟测共同的早期形式。但是,在苏州、上海、崇明等方言里,"去"字的韵母是[i],而"锯"字白读是[ɛ]或[ei]。声类条件相同,读音却不同。梅先生已经看到此点,因为它有违于历史语言学的经典原则,所以只好"暂时不管"。实际上,这是汉语方言里常见的扩散式音变:某个方言(群)中的某个历史音类的大部分字已读成 P1,但个别字的音变速度较慢,仍停留在 P0 的阶段,苏州方言等"去"字的白读音便是这种情形。常州方言则更加特殊,同一个"去"字有两个来自不同音变类型的白读。

某语言(方言)系统内白读音层的创新还可能牵涉到地理因素。仍以北部吴语为例,据叶祥苓(1988a:9),苏州方言"鱼"字在绝大部分地区读ŋ²,但在洞庭东山读ŋəi²,西山读ȵi²。这些不同的郊区音,不可能是借用的结果。因为东山的右邻吴江方言"鱼"读ŋ²,和苏州城区音相同;西山地区东临太湖,更谈不上外借①。因此"鱼"读[ŋ]应当来自早期的 *ŋi,东山的[əi]来自 *i>ei>əi,西山的读音则是前高元音[i]影响声母发音部位前移的结果:*ŋi>ȵi>ȵi。由此,苏州地区"鱼"字的三种白读,是早期吴语"鱼"字[*ŋi]在现代苏州方言的不同反映形式,音变条件虽各不同,但都是符合音理的规则演变,属同源层次。上文提到,汉语方言(除了闽语)的白读层很少呈现系统性。在一个地理范围充分小的方言内,比如苏州市区及西山、东山这三个次方言,其鱼韵白读层除了"鱼"字有上述的音韵对应之外,其他鱼韵字的读音并没有此种情形的地理差异。观察较小地理范围内的音韵变异,可以更好地认识本方言的音变及相关问题。例如了解了"鱼"字有ŋ²、ȵi²、ŋəi² 三种不同的苏州音,就可推知早期[*ŋi]的低化音变确实存在,同时又为

---

① 苏州北端湘城的十善村"鱼"字读 ŋəi²,这是北邻常熟话的影响所致(参看叶祥苓 1988a:9)。

"汝"字可有[ņ][nɛ]两种形式提供了证据,从而解决了"唔""侬"的词源是否同为"汝"的问题①。今后在方言的实际调查中,可以特别关注这类现象。

4.4　早期吴语的鱼韵庄组字

张琨(1985a:221)通过对当时能见到的 15 个吴语方言的观察,认为鱼虞韵知章系字 *tɕiu 在吴语中有如下的演变:

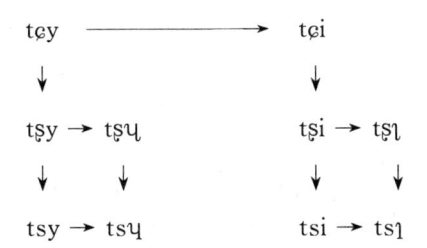

$$
\begin{array}{ccc}
\text{tɕy} & \longrightarrow & \text{tɕi} \\
\downarrow & & \downarrow \\
\text{tʂy} \rightarrow \text{tʂʮ} & & \text{tʂi} \rightarrow \text{tʂɿ} \\
\downarrow \quad \downarrow & & \downarrow \quad \downarrow \\
\text{tsy} \rightarrow \text{tsʮ} & & \text{tsi} \rightarrow \text{tsɿ}
\end{array}
$$

从后来的发表的材料来看,吴语各种方言的鱼虞韵读音基本都能纳入张琨提出的演变公式中。至于吴语鱼韵庄组字的演变,还有待做出全面的分析总结。

上文指出,北部吴语的鱼韵知系"猪"字还有[ɿ]的白读层,该层次在浙南吴语辖字更多,例如温州"猪煮"读[ei]韵(<*i)、平阳"猪煮苎鼠"读[i]韵(张琨 1985a:247)。

吴语的鱼韵庄组字(梳锄)白读通常也是[ɿ]。如傅国通等(1985:33—36)调查的浙江吴语共有 38 个方言"锄"字读 zɿ²(余姚读 dzɿ²),有 30 个方言"梳"字读 sɿ¹。江苏和上海境内的吴语,例如苏州、常熟、海

---

① 吴语里声化韵[ņ]~[ŋ̍]的变读较为常见。民国陆基《苏州同音常用字汇》(1935)所记苏州方言第二人称读"哑"[ŋ̍](丁邦新 2003a:126)、叶祥苓(1988a:181)就写作"唔"[ņ]。再如丹阳城区方言"你们"读[ŋ̍ tɕi],后巷方言读[ņ dzi]。

门、上海、周浦[ɿ](梳锄)(钱乃荣 1992a:302)。这是鱼韵庄组字的鱼虞有别的体现。

庄组鱼虞韵字合并的[*iu]在吴语中的今读主要是[u],有的方言元音裂化读[əu](苏州、嘉兴)、[ɤɯ](无锡、常州)、[ωu](海宁)、[ɤu](海盐)(鲍明炜 1998:220—221,徐越 2007:257)。此外还涉及一些特殊的演变。请看例字:

表 4-16 北部吴语鱼虞韵庄组字的读音

	初鱼	楚鱼	梳鱼	锄鱼	数虞	树虞
常州	tshɤɯ¹	tshʮ³	sɤɯ¹	zɤɯ²	sɤɯ³	zʮ⁶
常熟	tshɤɯ¹	tshɤɯ³	sɿ¹/sɤɯ¹	dzʮ²	sɤɯ³	zʮ⁶
嘉兴	tshəu¹	tshəu³	sʮ¹	zɿ²	səu³	zʮ⁶
杭州	tsho¹	tsho³	so¹	dzo²	sʮ³/su³	zʮ⁶
桐庐	tshu¹	tshu³	ɕy¹/su¹	dzu²	ɕy³/su³	zy⁶

说明:

1. 不少吴语的"梳"字读 ɕy¹,例如:海宁、临安、昌化、富阳、桐庐、绍兴、上虞、建德等。(傅国通等 1985:33—34)

2. 很多吴语方言的鱼韵庄组字有读[ʮ]的层次。其中又分几种情况:(1) 鱼虞韵庄组字的基本读音层是[ʮ],如杭州方言:猪煮蛛 tsʮ丨鼠处 tshʮ丨除柱 dzʮ丨乳树 zʮ。(2) 读[ʮ]的集中于"梳锄疏蔬"几个鱼韵字,如昆山、嘉兴、嘉善、平湖等。(3) 常州方言(老派)读[ʮ]的鱼韵庄组字只有"诅楚础助"(鲍明炜 1998:644),辖字与(2)类吴语有所不同。

3. 鱼韵生母字"所"在有些方言往往有特殊的韵母表现,例如金坛、靖江、富阳、海盐、绍兴、宁波 so³,海宁 sωu³,萧山 so³,嵊县崇仁 sɤ³,镇海 suω³,长兴 sω³,杭州 sou³,常州 sɤɯ³,大多方言都读入歌韵或麻韵。

鱼韵庄组字读作圆唇韵母的年代很早,据平田直子(2008:29)的研究,反映宋末元初吴方音的《镰仓唐音》里鱼韵庄组字的注音以[u]为基本记音,《日本考略》(1530年成书)的"寄语略"及《日本风土记》(反映了16世纪的吴语)中的对音以[u]为主,《考略》"疏"字有[u][o]两个记音,《风土记》则记成[o]。

由此,我们认为鱼虞韵庄组字 *tʃiu 在吴语里有以下的演变:

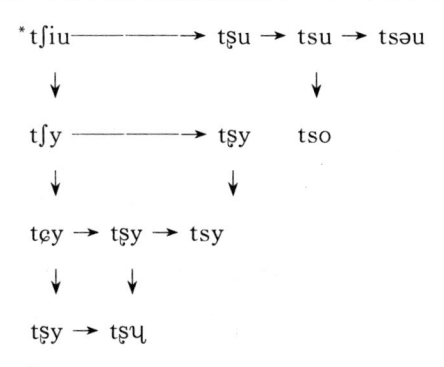

```
*tʃiu ─────────→ tʂu → tsu → tsəu
  ↓                ↓
 tʃy ─────────→ tʂy    tso
  ↓                ↓
 tɕy → tʂy → tsy
  ↓     ↓
 tʂy → tʂɿ
```

4.5 小结

传统的汉语语音史由《诗经》《切韵》《中原音韵》一系列具有代表性的文献串联而成,可以认为汉语语音史实际上是一部中原官话语音史,当然其中的语音演变规律充满了例外。方言语音史的重建必须仰赖于传统文献,汉语史学者眼中的文献例外,对方言史学者来说可能恰属例内[①]。共时的音类关系反映历时演变的先后,南朝吴语的虞尤相混,南宋吴语的鱼虞有别都来自对文献的认识。但是,文献材料无法揭示虞、鱼韵的读音,于是比较方法便有了用武之地。印欧系语言不存在文、白读的系统对立(内部同质),语音演变只在单个系统内发生,所以"音变

---

① 最近张光宇(2010)对此论述其详,可参看。

无例外",比较法对重建早期语言形式来说行之有效;汉语方言则不然,汉魏以来的科举制度、梨园戏曲所携的文读系统与本地方言的白读系统此消彼长,异质性的特点使得层次分析和比较方法相结合成为必要。以吴语的虞、鱼韵为例,需要先根据文献资料,用音类分合的标准说明虞尤相混可以溯至南朝江东,鱼虞有别在南宋吴语依然可见;在理清文、白层次后,再通过北部、南部吴语和闽语间的比较,同时参考文献描述,重建虞韵[*iu]和鱼韵[*i]两个音类;然后在此基础上分析各方言白读层表现上的差异。以下三点需再次强调:

(一) 文献解释

汉语史上关于方言的记录大多是零散的,需要披沙拣金地爬梳搜罗,这跟古人的"雅音"观念有关。上述对虞、鱼韵白读层次的年代辨认有效地利用了文献资料。之所以说江东诗文押韵、日译吴音、南宋射字诗等材料反映了吴音特征,首先是因为在现代方言仍然有迹可寻,其次才是如何释读文献;文献本身无法完整地反映全部的语言事实,只有将其与共时材料相联系,才能体现其价值。面对文献记载和语音史的矛盾之处,传统做法是归因于押韵不严或文本有错,尽管缺乏有力的证据。文献材料在重建方言语音史时不可或缺(可惜往往可遇不可求),但是只起辅助作用(例如为音变断代),按照历史语言学的观点,文献"只能提供历史语言一个不完整、常被扭曲的画面",所以文献考证只是"研究语言演变的初步工作"(张光宇 2010:321),核心工作应依靠运用层次分析和比较方法来进行。总之,方言优先,文献辅之。

(二) 白读创新

总的来说,汉语方言的文读音是连续式音变形成的主体层,白读音是扩散式音变造成的少数派,或是中断音变的剩余形式。对照汉语语音史,白读通常代表较早的阶段,文读则相对较新。但这条并非通则,闽语就是文读保守、白读创新的方言。吴语也有同样的情形,由于音系结构变迁的差异,某个保守的白读形式 P0(如常熟、开化、福州的虞韵特字)可能再次经历创新音变,于是在有些方言产生了新的 P1(如苏州的虞韵特字)。另外,某个早期形式 P0 可以有 P1、P2 不同的创新形式(如常州的两个"许"εi^3、$h \mathrm{e} i^3$),它们来源相同,是不同音变类型下的产物。P1、P2 可以分化成不同的词(如苏州的两个"你"n_E^6、n^6),不一定是词汇扩散造成的随机(或风格)变体。总之,白读音保守与创新兼具;保守固然重要,创新更显规律。

(三) 例外音变

代表江东方言虞尤合韵的吴、闽语虞韵字白读音与主体层次不合,对汉语语音史来说属于例外,对吴语语音史来说这些"特字"却是可贵的例内。由于年代久远,加上权威方言的持续渗透,白读音的地盘被日渐侵蚀,闽语、浙南吴语相对保守,辖字数量可能稍多几个,北部吴语却只剩下个别例字。一般认为,例证太少,论证就会不可靠。但是,"相同"的例外自然重要,而能够找到变化规律的"相关"的例外也很值得重视。由于音韵结构演变的差异,虞韵白读在相邻的方言出现读音分化;由于音变规律的不同,鱼韵白读分化成不同的词。这些都是很好的证明。

第五章 支微入虞：共时类型与历时蕴涵

《切韵》蟹合一灰*ᴏi、泰*uɑi，蟹合三祭*iuɛi、四齐*uei 和止合三支*iue、脂*iuei、微*iuøi 诸韵，到了《中原音韵》都归入"齐微韵"[*uei]（杨耐思 1981:100—102）。蟹止摄合口的支脂微祭齐诸韵在《切韵》时代本带有合口介音[iu]，到了《中原音韵》时代，这些韵都和蟹合一灰、泰韵字合并为"齐微韵"，这说明在元代之前《中原音韵》的基础方言里，由于介音[i]与韵尾[i]之间的异化作用，①介音[i]已经失落。② 这些中古韵类在现代方言里都不同程度地读作撮口韵[y]，当然更准确的提法是与虞韵字合并，因为有些方言中的该类层次也可能是[yɛ][i][ɥ][yɛi]之类的音值。学界习惯将其称作"支微入鱼"，因为鱼韵字在大多数方言其主元音也是读[y]，但这只是个粗略且不甚准确的概括，因为并非只有支、微韵的合口字会读如鱼韵；另外，众多南方方言的鱼、虞韵不分读[y]（来自北方型的[*iu]），但仍有鱼韵读开口韵的鱼虞有别层，而虞韵读作[y]以外的白读音的情形相对少些。③ 王洪君（2006:82）也

---

① 中古支韵虽无[i]韵尾，但其主元音为较前较高的[e]，两者特征接近，因此也会发生异化。

② 音韵学界对《切韵》时代四等韵是否具有[i]介音仍有不同意见：高本汉、王力、李方桂、周法高、董同龢、丁邦新、刘广和、尉迟治平等先生主张有[i]介音；陆志韦、李荣、蒲立本（Pulleyblank E. G.）、邵荣芬、郑张尚芳、潘悟云等先生则认为《切韵》四等韵不具有[i]介音。不过，中古汉语后期即韵图时代四等韵带[i]介音是无疑的，所以说蟹合四齐韵到了韵图时代也应有[i]介音，并开始和蟹止合三字同变。

③ 南部吴语、闽语等若干保守的方言也会有一些例外，可参看本书第四章对吴、闽语虞韵读音的讨论。

特别指出，苏州（其他吴语亦同）止合三白读特点为：止合三的白读[y]韵与"鱼虞分立"层上的虞韵同韵，并且与鱼韵白读不同。因此，出于这种考虑，下文将这种音变叫做"支微入虞"。

张琨(1985:246)较早指出，吴语的[y]韵母有两个来源，一个是遇摄鱼虞韵见系声母字（居拘），另一个就是止摄合口见系等声母字（龟鬼柜贵），蟹摄齐韵合口见母"桂"字在温州、平阳也读[y]。止摄合口知系声母字（追锤）章系声母字（吹水）精系声母字（嘴）在吴语方言中有三种读法。第一种是读[tɕy]（如温岭、武义、金华、平阳等）。第二种是读[tʂʯ]（如无锡、常熟），或者是失去翘舌色彩的[tsʯ]（如苏州、常州、宁波等）。第三种是读[tsɿ]（如上海、海门、崇明、嘉定、松江、温州等）。本章主要关注第一种情形，即蟹止摄合口入虞的[tɕy]类读音的分布及其特点。

5.1 支微入虞在现代方言中的表现

5.1.1 吴方言

（一）北部吴语

该片吴语蟹止摄合口字读入虞韵的整体特点为：(1) 止合三支脂微韵在各方言普遍有[y]韵白读；(2) 蟹合三祭韵读[y]的方言较少，如个别例字"脆岁"等；(3) 蟹合四齐韵[1]和蟹合一灰、泰韵在北部吴语没有[y]韵白读；(4) 声母类型上，支微入虞层的字包括锐音系（acute）的舌尖前音[ts tsʰ s]、舌面音[tɕ tɕʰ dʑ ɕ ȵ]和钝音系（grave）的舌根音

---

[1] 齐韵合口在现代北部吴语没有[y]韵白读，可能是因为该韵常用字较少，事出偶然；同时，也有可能是早期吴语的齐韵合口字也曾有过读入虞韵的阶段，只不过因为北部吴语受官话的影响而被[uei]类读音覆盖掉了。从下文所列南部吴语的材料来看，"齐合入虞"显然是吴语的一个重要的音韵特征，因此第二种设想可能性更大。

[k g]、喉音[ø ɦ]。① 海门、崇明等找不到支微入虞的迹象,丹阳、靖江的支韵合口字大部分读[ye],比较特别。此外,就太湖片各小片的方言来说,该演变的辖字也有些明显的差别。下面具体论之。

1. 支韵合口字"嘴髓跪餧②吹蕊"等读入虞韵,精、章、见、影组字皆有。在地理分布上,大致的情形是:

(1) 毗陵小片的方言"嘴髓"(精组)、"吹"(章组)和"喂"(影组)等字普遍读[y],其他例字则否,如启东吕四、常州、溧阳、宜兴、丹阳等。其中启东吕四读[y]的蟹止摄三四等合口字非常丰富,其中支韵合口字包括(卢今元 2007:60):嘴 tɕy³ | 随 ʑy² | 亏~得;幸亏 tɕhy¹ | 毁③~牙齿;换乳牙 ɕy³ | 喂 y⁵。启东四甲(鲍明炜等 2002:226)读[y]的支韵合口字有"随嘴毁喂"几个。

(2) 其他小片(苏沪嘉、苕溪、临绍、杭州)的北部吴语,以见组"跪"字读[y]为常,少数方言"亏""蕊"(日母)也有主元音读撮口的。至于精、章组"嘴髓吹"在这些方言则多数发生了 tsy>tsɿ>tsɿ 的变化,有别于"跪亏喂"等的白读[y]。

表 5-1 北部吴语支韵合口读[y]的辖字和代表方言

嘴精	髓心	吹章	蕊日	喂影	亏溪	跪群	代表方言
tɕy³	ɕy³	tɕhy¹		y⁵			溧阳 宜兴
tɕy³	ɕy³			y⁵			吕四 常州
tɕyz³				yz⁵			丹阳
		tshy¹	ȵy⁶	y⁵	tɕhy¹	dʑy⁶	宁波(毁 ɕy³)
			ȵy⁶	y⁵	tɕhy¹	dʑy⁶	苏州 松江 嘉善

---

① 暂时不考虑语音学层面的细节的话,[ø ɦ]实际上分别代表了一般意义上的零声母字,分别出现于阴调类和阳调类。
② 《广韵·真韵》:"餧,餧饭也。"后来写作"喂"字。
③ 《广韵·真韵》:"男八岁女七岁而毁齿。"亦即换乳牙的意思。

续表

		y⁵	tɕhy¹	dzy⁶	上海 萧山
	ȵy⁴	y⁵		dzy⁶	定海①
	ȵy⁴		tɕhy¹	dzy⁶	绍兴
sy³		y⁵	tɕhy¹	dzy⁶	嘉定 川沙（毁 ɕy³ ~牙齿；小儿换牙）
ɕy³		y⁵	tɕhy¹	dzy⁶	常熟 嘉兴
			tɕhy¹	dzy⁶	长乐
		y⁵	tɕhy¹	dzy⁶	海盐 周浦 昆山 盛泽 平湖 余姚
		y⁵		dzy⁶	无锡
				dzy⁶	鄞县 象山 海宁
				gy⁶	宁海

2. 脂韵合口字读入虞韵主要包括"醉虽穗尿②龟馗柜"等字。其中有脂合三精组字读[y]的方言很少，主要见于毗陵小片的个别方言（如丹阳）。启东四甲、吕四两个方言读[y]的脂韵合口字很多。四甲除了表 5-2 所列的"醉虽穗尿"，还包括：遂隧燧 zy⁶｜绥荽 ɕy¹｜锥 tɕy¹｜翠 tɕhy⁵｜吕四除了"虽穗尿"，还有：翠~色 tɕhy⁵｜锥~钻子 tɕy¹｜遂顺~ 隧~道 zy⁶。知、章组"槌水"读[y]韵的也只见于毗陵小片吴语。其他小片吴语读[y]的脂韵合口字主要是见组的"龟馗柜"。根据耿振生（1993：210）对《荆音韵汇》的考察，18 世纪的宜兴方言读[y]的止合三字还有"崇绥"等字。海门、长兴、德清等的脂韵合口字"龟柜"读[tɕi]，相信是来自早期[tɕy]的非圆唇化，因为这些方言的鱼虞韵字也读[i]。例如海门：女 ȵi⁴｜驴 li²｜取 tɕhi³｜徐 zi²｜居 tɕi¹｜句 tɕi⁵｜去ₓ tɕhi⁵；长兴、

---

① 方松熹（1993：53）未写出"蕊（~头：花蕾）""喂（~饭）"的本字，通过与其他方言的比较，可知其本字是可以确定的。
② 宋戴侗《六书故》"尿"有息遗切的读音，这个脂韵合口的读法在汉语方言里的分布很广。以《汉语方音字汇》（北京大学中文系语言学教研室 2003：193）所录的方言为例：北京、济南 suei¹｜武汉 sei¹｜合肥 seʻ｜扬州 suəi¹｜苏州 sʅ¹｜温州 sl¹。不少吴语也有该读音，因此会出现撮口化为[y]的演变。

德清:女 ȵi³ | 吕 li³ | 许 ɕi³ | 锯ₓ tɕi⁵ | 须 ɕi¹ |

表 5-2 北部吴语脂韵合口读[y]的辖字和代表方言

醉精	虽心	穗邪	尿心	水禅	龟见	柜群	馗群	代表方言
	ɕy¹	zy⁶	ɕy¹					吕四
tɕy⁵	ɕy¹	zy⁶	ɕy¹					四甲
		dzy⁶	ɕy¹	ɕy³		dzy⁶		宜兴(槌 dzy²)
tɕyz⁵	ɕyz¹							丹阳
		dzy⁶		ɕy³				江阴
		zy⁶		ɕy³				溧阳(槌 dzy²)
			ɕy¹					常州(菱 ɕy¹)
					tɕy¹			嘉兴 海盐 海宁 定海 象山
					ky¹			宁海
					tɕy¹	dzy⁶		长乐 宁波
					tɕy¹	dzy⁶	dzy²	苏州 上海 松江 绍兴 川沙 海盐 余姚 诸暨 平湖 新昌 昆山 周浦 盛泽 镇海 奉化
					tɕy¹	dzy⁶		常熟 嘉定 嘉善 萧山

3. 微韵合口字和虞韵同韵在北部吴语多集中于"鬼贵围纬"等见系字,不少方言"归"字也读 tɕy¹①。毗陵小片吴语只以喉音声母"围纬"读[y]为常。有些方言[y]已变作[i],如海门(鬼举 tɕi³ | 贵句 tɕi⁵ | 围纬于余 ɦi²)、湖州、桐乡、长兴(鬼举 tɕi³ | 贵句 tɕi⁵)。吕四"飞"读 ɕy¹,平湖"榧~子"读 ɕy³,是微韵非组字读[y]的个别例子,其形成原因想必与该方言中的声母变化 f>xu 不无关系。张光宇(1996:27)曾经指出,这种现象还见于山东、山西和浙江等地的方言,例如"飞"字肥城、梁山、淳安读 ɕy¹;"肥"字肥城、淳安读 ɕy²。② 客赣方言也可见其例,如

---

① 据 Edkins(1968:113),早期上海话的"归"字可以读 ky¹。
② 黟县徽语"榧(香~)"字读 ɕyɕi³,也是和鱼虞韵合韵的层次(平田昌司 1998:114)。

莲花:匪 ɕy³ | 肥 ɕy² | 费 ɕy⁵。

表 5-3　北部吴语微韵合口读[y]的辖字和代表方言

归见	鬼见	贵见	围云	纬云	代表方言
			ɦy²		宜兴
			y²		桐庐
			ɦy²	ɦy²	吕四(猬刺~ y⁶)常州 溧阳 川沙
	tɕy³				长乐
	tɕy³	tɕy⁵			丹阳①鄞县 诸暨 新昌 盛泽 海宁
tɕy¹	tɕy³	tɕy⁵	ɦy²	ɦy²	苏州②松江 绍兴 海盐
	tɕy³	tɕy⁵	ɦy²		无锡 常熟 上海 嘉兴
tɕy¹	tɕy³	tɕy⁵	ɦy²		萧山 周浦 平湖
tɕy¹	tɕy³	tɕy⁵			定海 奉化 镇海 象山
	tɕy³	tɕy⁵	ɦy²		嘉定 宁波 昆山 余姚 太平 宁海
tɕy¹	tɕy³	tɕy⁵	ɦy²	ɦy²	嘉善

4. 祭韵合口在北部吴语里读入虞韵的方言及例字并不多。"脆岁"读[y]的方言主要是毗陵小片吴语。其他小片的吴语"鳜"读作[y]。例如:

表 5-4　北部吴语祭韵合口读[y]的辖字和代表方言

脆清	岁心	鳜见	代表方言
tɕhy⁵	ɕy⁵		丹阳 吕四 四甲③
	ɕy⁵		溧阳 宁波
		tɕy⁵	苏州 嘉定 松江 海盐 常熟 嘉兴 嘉善 平湖 海宁
		ky⁵	宁海

---

① 钱乃荣(1992a)将丹阳的"鬼贵"记作[yz]韵,以表明其元音的摩擦性很强。
② 《苏州同音常用字汇》有"归(接大~)"读 tɕy¹ 的例字(丁邦新 2003:72)。
③ 《南通地区方言研究》(鲍明炜等 2002)成于众手,个别材料有前后不一致的地方。如四甲方言"税"在该书第四章"南通方言字音对照表"中记作 ɕy⁵(291页),但在前面第三章"同音字汇"却只记录了 ɕye⁵(230页)的读音。

5. 齐韵合口字在北部吴语没有入虞韵的可靠记录。① 明代叶盛（1420—1474）《水东日记·卷四》说："吾昆山，吴淞江南，以'归'呼入虞字韵。"仅此一例，并未谈及其他韵摄是否有跟虞韵字同韵的现象，此点说明支微入虞在吴语里至少已有近六百年的历史，②但并不能由此认定支微入虞在整个吴语中的全貌。明末冯梦龙（1574—1646）所辑《山歌》代表早期苏州方言，其中有：亏叶区（卷 2·推）、归俗音居（卷 7·咒骂）、蕊俗音女（卷 4·姑嫂）（古屋昭弘 1982:74），也只涉及了支、微两韵和鱼虞韵的合并。

(二) 南部吴语

《浙江吴语分区》（傅国通等 1985:41—44）列举了支合三"吹嘴跪"、脂合三"龟谁水"在 36 个北部吴语（包括临海、天台、仙居、黄岩、温岭等 5 个台州片方言）和 36 个南部吴语（包括建德、寿昌、淳安等 3 个严州片方言）里的读音，由此可以观察支微入虞在浙江吴语里的概貌。从支微入虞的所辖韵类来看，可将南部吴语划为以下七个类型：

1. 支脂微祭齐合口字归虞韵，包括缙云、云和、广丰、乐清、平阳、温州③、瑞安（陶山）、苍南、浦城等。如缙云[y]：跪诡亏委为（支韵）；龟轨癸葵穗位（脂韵）；鬼贵谓围（微韵）；鳜（祭韵）；桂畦惠慧（齐韵）。瑞安则包括：规嘴伪危为委喂（支韵）；龟追轨愧季葵槌锤柜维惟（脂韵）；鬼贵围违胃谓（微韵）；卫（祭韵）；桂惠慧（齐韵）。温州、乐清的辖字更加丰富，如乐清支韵：隋随 zy² | 瑞~安 zy⁶ | 规圆~ tɕy¹ | 嘴诡 tɕy³ | 吹炊

---

① 叶祥苓（1988b:22）在讨论苏州方言的文白异读时提到"桂（~皮）"字白读为 tɕy⁵，但《苏州方言志》（叶祥苓 1988a）并未提及。笔者查阅了其他苏州话的材料，也没有找到"桂"读[y]的记录，遂不取。

② 张光宇（1993:166）曾引清康熙《嘉定县志》的材料说明该音韵现象至少已有三百年的历史，虽然所举文献年代偏晚，但张先生也同时指出，"有理由相信三百年是一个保守估计"。

③ 据郑张尚芳（2008:62），温州城区西南"居龟资"读[tsȵ]，东南"居龟"读[tsy]。

5.1 支微入虞在现代方言中的表现

tɕhy¹ | 垂 dzy² | 跪 dzy⁴ | 危 ȵy² | 伪蕊 ȵy⁶ | 麾 ɕy¹ | 毁 ɕy³ | 为作~zy² | 为~什么zy⁶ | 萎 y¹ | 委 y³ | 喂 y⁵；脂韵：虽绥尿白sy¹ | 谁 zy² | 追龟锥 tɕy¹ | 轨癸 tɕy³ | 醉白季愧 tɕy⁵ | 葵逵锤槌 dzy² | 穗柜坠 dzy⁶ | 维惟 zy² | 唯 zy⁴；微韵：归当~tɕy¹ | 鬼 tɕy³ | 贵 tɕy⁵ | 辉挥 ɕy¹ | 讳 ɕy⁵ | 围违 zy² | 伟苇 zy⁴ | 胃谓猬纬 zy⁶ | 慰 y⁵；祭韵：岁税 sy⁵ | 卫 zy⁶；齐韵：圭闺 tɕy¹ | 惠慧 zy⁶。

2. 支脂微齐合口字归虞韵，如东阳、松阳、文成等。其中东阳与[y]对应的是[iʉ]，例字及读音如下：跪 dziʉ⁴ | 毁~牙，换牙 ɕiʉ³ | 柜 dziʉ⁶ | 归 tɕiʉ¹ | 诡鬼 tɕiʉ³ | 贵 tɕiʉ⁵ | 围眭~眭，垄 ɦiʉ²。松阳读[y]的例字包括：吹炊垂蕊随隋为跪委萎瑞睡（支韵）；季葵槌锤谁维惟虽坠柜水位（脂韵）；贵（微韵）；桂（齐韵）。文成读[y]的例字有：嘴吹跪（支韵）| 醉追槌龟柜位（脂韵）；鬼贵围（微韵）；桂（齐韵）。

3. 支脂微祭合口字归虞韵，如：磐安、武义。其中磐安的例字及读音有：支韵：吹 tʃhy¹ | 跪 dzy⁴；脂韵：醉 tʃy⁵ | 尿 ʃy¹ | 槌 dʒy² | 水 ʃy³ | 柜 dzy⁶ | 位 y⁶；微韵：归 tɕy¹ | 鬼 tɕy³ | 贵 tɕy⁵ | 围 y²；祭韵：岁税 ʃy⁵。武义读[y]的字包括：嘴吹炊跪睡随垂瑞（支韵）| 龟醉翠锤槌谁穗遂葵柜位（脂韵）| 围（微韵）| 脆岁锐卫（祭韵）。

4. 支脂微合口字归虞韵。如：金华（吹 | 水柜 | 鬼围）、永康（蕊 | 龟柜 | 贵）、义乌（嘴吹垂跪蕊 | 龟槌锤 | 归鬼贵）、汤溪、龙游（跪柜归围）、常山（嘴吹炊亏跪垂 | 葵尿水位 | 贵围）、开化（嘴吹炊亏跪 | 水贵）、江山（嘴吹炊跪 | 水季坠 | 围）。其中汤溪的支脂微合口字和鱼虞韵字都读[i]：吹 tɕhi¹ | 跪 dzi⁴ | 槌 dzi² | 龟 tɕi¹ | 柜 dzi⁻¹¹³ | 贵 tɕi⁵ | 围 i² | 书 ɕi¹ | 鱼 ȵi² | 句 tɕi⁵ | 雨 i⁴，说明其来自早期的[y]。

5. 支微合口字归虞韵，如兰溪：跪蕊毁（支韵）；围（微韵）①。

---

① 秋谷裕幸等（2002：18）未写出"蕊、毁"的本字，今补出（该书 50 页东阳"毁"亦是如此）。

6. 支脂祭齐合口字归虞韵。如丽水:吹炊(支韵);季柜遂位醉坠槌①追龟(脂韵);赘税岁(祭韵);桂(齐韵)。

7. 支脂合口归虞韵,如衢州:吹 tʃhy¹｜水 ʃy³｜喂 y⁵。

有些方言的情形特别,下面单独做些讨论。

(1) 据曹志耘等(2000:229、233,秋谷裕幸调查),庆元方言的韵母系统里有[y]音位,而且[y]韵字除了两个有音无字的,其余 55 个字全部来自中古合口三等支脂微祭四韵,而不包含其他中古韵类的例字,包括鱼虞韵。也就是说,庆元[y]韵并非所谓的支微入虞的层次,而是支脂微祭四韵合流后在本方言自身演变的结果。而该方言的[ye]韵,才是真正的支微入虞层,如脂韵:荽②软~;香菜 ɕye¹｜穗 ye⁶;祭韵:赘 tɕye⁵ 岁税 ɕye⁵;齐韵:闺圭 tɕye¹｜桂 tɕye⁵｜惠慧 ye⁶;鱼虞韵:猪朱 tɕye¹｜箸具 tɕye⁶｜鱼儒 ȵye²｜余愉 ye²。玉山方言也有 6 个支脂韵合口字读[y],同时也并非和鱼虞同韵的层次,而且该方言并没有真正的支微入虞的读音层。

(2) 南部吴语的个别方言还出现了属于止合三和虞韵的两个合并层,如遂昌的[y]和[yɤ]、浦城的[y]和[ye]。据曹志耘等(2000:174、177),遂昌[y]韵除了个别支开三(欺椅)、尤(佑)韵字,主要是鱼虞韵字(14 字)、支脂微祭韵合口字(23 字)两类。[yɤ]韵除了 3 个脂祭韵合口字(税岁荽)、1 个先韵字(前~年)、1 个尤韵字(帚)和 5 个写不出本字的,其余都是鱼虞韵字。浦城(樋口靖 1991)支脂微祭齐五韵的大多数字读[y],例不烦举;少数字读[ye],如:岁缀鳜(祭韵);桂惠慧(齐韵);髓随规(支韵);翠粹坠(脂韵);魏(微韵)。该方言鱼虞韵的读音分化的情形则恰好相反,即大多数字读[ye]韵,极少部分字读[y],后者如:滤

---

① 谢云飞(1991:354)写作"锤"字。
② 看起来似乎应以"芫荽"为是,"软"恐怕只是个同音或近音字。

5.1 支微入虞在现代方言中的表现

虑于遇寓(鱼虞韵)。

台州片吴语的语音特点介于北部吴语(太湖片)和南部吴语(金衢片、上丽片、瓯江片)之间,可视为过渡带方言。也有学者提议将台州地区的方言归入太湖片(曹志耘 2002:4)。但是,支微入虞的变化却与北部吴语迥异,该音变在台州片涉及蟹止摄合口支脂微祭齐五韵,而且辖字非常丰富。从这个角度来说,台州片方言更接近于南部吴语。下面以天台、临海两处方言为例。

a. 天台方言(戴昭铭 2006:51—52):

支韵:危_{旧读} ɲy² | 蕊 ɲy⁴ | 伪_{旧读} ɲy⁶ | 嘴 tɕy³ | 髓 ɕy³ | 随垂 ʑy² | 睡 ʑy⁶ | 跪 gy⁶ | 毁_{旧读} ɦy³ | 为_{~什么} ɦy⁶ | 喂 y⁵;脂韵:追锥 tɕy¹ | 醉 tɕy⁵ | 锤槌椎 dʑy² | 缒坠 dʑy⁶ | 虽绥尿荽 ɕy¹ | 水 ɕy³ | 邃 ɕy⁵ | 谁蕤 ʑy² | 遂隧穗 ʑy⁶ | 龟 ky¹ | 逵葵夔馗 gy² | 位 ɦy⁶;微韵:魏 ɲy⁶ | 归 ky¹ | 鬼 ky³ | 贵 ky⁵ | 围 ɦy² | 胃 ɦy⁶;祭韵:缀赘 tɕy⁵ | 脆 tɕhy⁵ | 岁税 ɕy⁵ | 秽_{旧读} y⁵ | 卫_{~生棒;西式手杖} ɦy⁶;齐韵:桂 ky⁵ | 携 ɦy² | 繐①惠慧 ɦy⁶。

b. 临海方言(黄晓东 2007:40):

支韵:吹炊 tɕhy¹ | 随髓 ʑy² | 睡垂瑞 ʑy⁶ | 跪 ɟy² | 蕊_{花~;花骨朵} ɲy⁴ | 毁_{旧读} ɕy³ | 为_{行~}伪 ɦy² | 为_{介词} ɦy⁴ | 嘴 tɕy³;脂韵:锤槌 dʑy² | 虽尿 ɕy¹ | 水 ɕy³ | 遂 ʑy² | 龟 cy¹ | 轨 cy³ | 季 cy⁵ | 逵葵 ɟy² | 唯维 ɦy² | 位 ɦy⁶;微韵:归 cy¹ | 鬼 cy³ | 贵 cy⁵ | 魏 ɲy⁶ | 围违 ɦy² | 胃 ɦy⁶;祭韵:岁税 ɕy⁵ | 卫 ɦy⁶;齐韵:脐荠 ʑy² | 桂闺 cy⁵ | 惠慧 ɦy⁶。

以上对吴语里支微入虞的类型做了详细的分析。从共时平面来看,此种音变在整个吴语里所涉及的韵类不外乎止合三(支脂微)和蟹合三四(祭齐),不包括蟹合一(灰泰)。声母类型上则包括[ts tsh s z] [n l] [tɕ tɕh dʑ ɕ ʑ ɲ] [c ch ɟ ɲ] [tʃ tʃh dʒ ʃ] [k g] [ø h ɦ]等。

---

① 《广韵·霁韵》:"繐,帐。又音岁。"

5.1.2 通泰方言

江苏境内的江淮官话通泰片曾经是吴语的地盘,历史上由于北方方言的影响,吴语大致退守至长江以南。与毗邻的北部吴语相比,通泰方言有丰富的撮口化白读,[y]韵辖字和所涉中古声母、韵母类别也与前者有所不同,其总体特点为:①发生支微入虞的韵母来自中古蟹合一灰泰韵、支合三支脂微韵。②发生支微入虞的例字来自中古端、泥、精、知、章组字,而唇牙喉声母(帮、见、影组)字则不读[y],例外是"喂"(影母)、"围"(云母)二字在如皋、如东、泰兴有[y]韵白读。① 另外,根据我们的观察,安徽境内的江淮官话虽然与通泰方言同属一个大方言区,但却似乎没有明显的支微入虞现象。从音值本身而论,形成支微入虞音变的声母只有[t th n l][tɕ tɕh ɕ]以及零声母[∅]。例字如下(斜线前后分别为白、文读,下文同此):②

表 5-5 通泰方言蟹止摄合口舌齿音声母字的读音

		南通	如皋	海安	东台	泰州	姜堰
灰	堆	te¹	tɕy¹/tuei¹	tɕy¹	tɕy¹/tuei¹	tɕy¹/tuəi¹	tɕy¹/tuəi¹
	对	te⁵	tɕy⁵/tuei⁵	tɕy⁵/tɕyei⁵	tɕy⁵/tuei⁵	tɕy⁵/tuəi⁵	tɕy⁵/tuəi⁵
	雷	le²	ly²/luei²	ny²/nuei²	ny²	ny²/nuəi²	ny²
	内	ne⁶	ny¹/nuei¹	nuei¹	ny¹	nuəi⁵	ny⁵/nuəi⁵
	崔	tɕhye¹	tɕhy¹	tɕhy¹	tɕhy¹/tɕhyei¹	tɕhy¹/tshuəi¹	tɕhy¹/tshuəi¹
	碎	ɕye⁵	ɕy⁵/suei⁵	ɕy⁵	ɕy⁵	ɕy⁵/suəi⁵	ɕy⁵/suəi⁵

---

① 顾黔(2001:177—180)曾经注意到通泰方言的支微入虞现象,并将方言里的例字单独列了出来。并指出,其来源不只止摄合口,还应加上蟹摄合口三四等(笔者按 其实还有更重要的一点,即该音变还包括了蟹摄合口一等灰、泰韵)。

② 通泰方言语料引自顾黔(2001:206—209、214、242—252)。

续表

泰	兑	tɕhe⁵	tɕy⁵/tɕuei⁵	tɕy⁵	thy¹/tɕy⁵	ty⁵/tuəi⁵	ty⁵/tuəi⁵	
	最	tɕye⁵	tsuei⁵	tɕyei⁵	tɕy⁵/tɕyei⁵	tsuəi⁵	tɕy⁵/tɕyəi⁵	
祭	脆	tɕhye⁵	tɕhy⁵/tshuei⁵	tɕhy⁵	tɕhy⁵/tɕhyei⁵	tɕhy⁵/tshuəi⁵	tɕhy⁵/tɕhyəi⁵	
	税	ɕye⁵	suei⁵	ɕyei⁵	ɕy⁵/ɕyei⁵	ɕy⁵/suəi⁵	ɕy⁵/ɕyəi⁵	
支	累	le⁶	ly¹/luei¹	nuei¹	nuei¹/nuei⁵	nuəi⁵	ny⁵/nuəi⁵	
	嘴	tɕjy³	tɕy³/tsuei³	tɕy³	tɕy³/tɕyei³	tɕy³/tsuəi³	tɕy³	
	吹	tɕhye¹	tshuei¹	tɕhyei¹	tɕhy¹/tɕhyei¹	tshuəi¹	tɕhy¹/tɕhyəi¹	
	喂	jy⁵/ve⁵	y⁵/vei⁵	y⁵/vei⁵	uei⁵	vəi⁵	vəi⁵	
脂	泪	le⁶	ly¹/luei¹	i¹/nuei⁵	ny⁵	nuəi⁵	ny⁵/nuəi⁵	
	醉	tɕjy⁵/tɕye⁵	tɕy⁵/tsuei⁵	tɕy⁵/tɕyei⁵	tɕy⁵	tɕy⁵/tsuəi⁵	tɕy⁵/tɕyəi⁵	
	穗	tɕhjy⁶/tɕhye⁶	tɕhy¹	tɕhy¹	tɕhy¹/tɕhyei¹	tɕhy¹/ɕy¹	tɕhy¹/ɕy⁵	
	追	tɕye¹	tsuei¹	tɕyei¹	tɕy¹	tɕy¹	tɕy¹/tɕyəi¹	
	锤	tɕhye²	tshuei²	tɕhyei²	tɕhy²	tshuəi²	tɕhy²	
	锥	tɕye¹	tsuei¹	tɕyei¹	tɕy¹	tɕy¹	tɕy¹/tɕyəi¹	
	水	ɕye³	suei³	ɕyei³	ɕy³/ɕyei³	ɕy³/suəi³	ɕy³/suəi³	
微	围	ve²	y²/vei²	vei²	uəi²	vəi²	vəi²	

5.1.3 徽方言

徽语和吴语不但地理上相邻近,历史上两者关系尤为密切。至于严州方言,其性质目前尚未完全确定,但可以肯定,它与徽、吴方言可以相合(曹志耘 2002:7),下文将严州方言与徽语里的支微入虞一并讨论。①

---

① 严州方言和徽语的语料分别来自曹志耘(1996)和平田昌司(1998),共 11 个方言点。其中唯一找不到支微入虞读音层的是浙江建德方言(曹志耘 1996:67)。

就总体而言,徽语里支微入虞的变化,韵类上包括了止合三支脂微、蟹合一灰韵和蟹合三四祭齐共六个韵类,而未见蟹合一泰韵与虞韵同韵。徽语的支微入虞和吴语相比,多出了一等灰韵,两者并不完全一致。声类上,中古的舌、齿、牙、喉音声母字在徽语里都有读入虞韵的现象,具体的声母辅音包括[ts tsh s]、[ʃ]、[tɕ tɕh ɕ ȵ z]、[l]和[∅]等。

(一)黟县的支微入虞层共涉及支脂微灰祭齐共六个韵,音值是[yɛi],和多数汉语方言读[y]不同,鱼虞韵字也同样读[yɛi]。例如(括号内是与之同音的鱼虞韵字):

支韵:髓(许栩)ʃyɛi³ | 睡 ʃyɛi⁵ | 诡嘴(举巨)tɕyɛi³ | 亏(区咀)tɕhyɛi¹ | 随隋(徐)tɕhyɛi² | 跪(绪取)tɕhyɛi³ | 危(鱼虞)ȵyɛi² | 蕊(与羽)yɛi³;

脂韵:虽尿(需虚)ʃyɛi¹ | 穗 ʃyɛi⁶ | 谁 ʃyɛi² | 遂隧(具)tɕhyɛi⁶ | 逵馗葵 tɕhyɛi² | 翠(去趣)tɕhyɛi⁵ | 龟追锥(居俱)tɕyɛi¹ | 轨柜tɕyɛi³ | 癸醉 tɕyɛi⁵ | 坠 tɕyɛi⁶;

微韵:榧香~ ʃyɛi³ | 归 tɕyɛi¹ | 鬼 tɕyɛi³ | 贵(锯句)tɕyɛi⁵ | 尉慰谓猬 yɛi⁵ | 魏(御寓)ȵyɛi⁶;

祭韵:岁(絮)ʃyɛi⁵ | 脆 tɕhyɛi⁵ | 锐 yɛi⁵;

齐韵:惠慧 ʃyɛi⁶ | 桂 tɕyɛi⁵;

灰韵:瑰 tɕyɛi⁵。

(二)婺源的支脂微祭齐韵合口都有支微入虞层,灰泰韵字则多读[ʮ]。从地理位置上说,婺源、黟县分属二省,恰好一北一南,支微入虞的所辖韵类和例字都比较丰富。婺源读[y]的例字有:

支韵:规 tɕy¹ | 亏窥 tɕhy¹ | 危 ȵy² | 毁 ɕy³ | 伪 ȵy⁶ | 为 y²;

脂韵:追龟 tɕy¹ | 愧 tɕhy³ | 葵 dʑy² | 谁 ɕy² | 穗 ɕy⁶;

微韵:归 tɕy¹ | 挥徽 ɕy¹ | 讳 ɕy⁵ | 威 y¹ | 慰 y⁵;

祭韵:鳜 tɕy⁵ | 岁 ɕy⁵ | 卫 ȵy⁶ | 税 ɕy⁵;

齐韵：桂 tɕy⁵ | 惠慧 ɕy⁶（灰泰韵：堆 tɤ¹ | 催 tshɤ¹ | 灰 xɤ¹ | 雷 lɤ²/lɛ² | 兑 thɤ⁶ | 最 tsɛ⁵ | 会 xɤ⁶）。

（三）歙县、绩溪方言属于支微入虞层的韵类为支脂韵和祭韵，如歙县：嘴 tɕy³ | 髓 ɕy³ | 睡 ɕy⁶（支韵）；类 ly⁶ | 醉 tɕy⁵ | 水 ɕy³（脂韵）；岁税 ɕy⁵（祭韵）。绩溪读[y]韵的例字有：嘴吹炊垂髓喂（支韵）；尿水翠醉锤（脂韵）；脆岁税（祭韵），微韵字合口读[ui]（见组）或[a]（影晓组）。

（四）祁门、屯溪、休宁、淳安、遂安只有止合三支脂微韵有与虞韵相混的层次，蟹摄的灰泰祭齐韵与之相区别。如祁门的[y]韵字有：蕊瑞睡嘴随髓吹炊垂跪累（支韵）；水谁柜遂锤槌追粹泪锥翠遂隧绥类（脂韵）；围慰（微韵）。淳安与之相应的读音层为[ya]，例如：吹炊（支韵）；槌锤柜帅水（脂韵）；围~裙（微韵）。

（五）寿昌方言属于支微入虞层次的例字很少，似乎只有"围~裙"字一例可靠。①

5.1.4　老湘方言

以代表方言双峰话为例，其特点是支脂微祭韵合口字读入虞韵，灰泰齐韵则不在支微入虞的层次之中，亦即仅仅比吴语少了读虞韵的齐韵合口字；声母则有[t th d n l][tɕ tɕh ɕ][∅]。其例字及读音如下（北京大学中文系语言学教研室 2003）：

支韵：累 ly⁶ | 嘴 tɕy³ | 吹 ty¹ | 锤 dy² | 喂 y⁵；

脂韵：泪 ly⁶ | 醉 tɕy⁵ | 水 ɕy³ | 柜 dy⁶；

微韵：汇俗 ly⁶ | 围 y² | 纬 y⁶；

祭韵：翠 tɕhy⁵ | 碎 ɕy⁵ | 赘 ty⁵（灰韵：堆 tue¹ | 雷 lue² | 罪 dzue⁶ | 魁 khue³/khui¹ | 汇 ɣue⁶；泰韵：蜕 thue⁶ | 最 tsue⁵ | 外 ue⁶/

---

① 寿昌方言回去叫"tɕy⁵家"，前字可能是"归"字，但声调不合，暂时存疑。

ua⁶｜会 khua⁵；齐韵：桂 kui⁵｜惠 ɣui⁶/gui⁶）。

娄底方言（陈晖 2006：195）支微入虞的模式和双峰相同，例字包括：累吹嘴随垂髓睡瑞喂~饭（支韵）；类泪锤醉翠粹虽绥水（脂韵）；纬~纱（微韵）；脆岁税（祭韵）。

5.1.5 赣客方言

以李如龙和张双庆（1992）、刘纶鑫（1999）、孙宜志（2007）所描写的方言点为例（其中一些调查点有重合），可见具有支微入虞音变的方言包括：永新、南城、弋阳、醴陵、平江、宿松、阳新、湖口、横峰、南丰、莲花、泰和、黎川、万安、安福、崇仁、宜春、万载、奉新、分宜、峡江、乐平、永修、贵溪、都昌（以上为赣方言）；长汀、秀篆、上犹、南康（以上为客方言）。举例如下：①

黎川：累ᵡ ly⁴｜嘴 tɕy³｜吹炊 tɕhy¹｜随垂 ɕy²｜瑞髓 ɕy⁶｜睡打鼾~ɕy¹（支韵）；槌锤 tɕhy²｜虽绥 ɕy¹｜垒 ly⁴｜醉 tɕy⁵｜翠 thy⁵｜追 tɕy¹｜遂隧 ɕy⁶（脂韵）；雷擂 ly²｜推ᵡ thy¹｜堆 ty¹｜内ᵡ ny⁶（灰韵）；兑 thy⁴｜最 tɕy⁵（泰韵）；锐 ly⁶｜税岁 ɕy⁵｜缀赘 tɕy⁵｜脆 thy⁵（祭韵）；

永新：随 ɕy²｜吹 tɕhy¹⁷｜类 ly⁵⁶｜跪 tɕhy³（支韵）；追 tɕy¹｜醉 tɕy⁵⁶｜锤 tɕy²｜水 ɕy³｜季 tɕy⁵⁶（脂韵）；鬼 tɕy³｜贵 tɕy⁵⁶（微韵）；税岁 ɕy⁵⁶（祭韵）；

南城：随 ɕy²｜吹 tɕhy¹｜类泪 ty⁶（支韵）；追 tɕy¹｜醉 tɕy⁵｜锤 tɕhy²｜水 ɕy³（脂韵）；罪 tɕy⁶（灰韵）；最 tɕy⁵（泰韵）；岁税 ɕy⁵（祭韵）；

---

① 除黎川引自颜森（1993：40—41），其他客赣方言的材料来自李如龙、张双庆（1992）和刘纶鑫（1999）。孙宜志（2007：183—185）谈到了赣方言中的支微入虞现象，但所论较为简略，而且忽略了蟹摄合口一等字与虞韵字合并的重要事实。

5.1 支微入虞在现代方言中的表现

弋阳:随 ɕy²｜吹 tɕhy¹(支韵);追 tɕy¹｜水 ɕy³(脂韵);岁 ɕy⁵(祭韵);

醴陵:吹 khy¹(支韵);锤 khy²｜水 ɕy³(脂韵);

平江:吹 ghy¹(支韵);追 kɥ¹｜锤 ghɥ²｜水 ʃɥ³｜柜 ghɥ⁶(脂韵);税 ʃɥ⁵(祭韵);女 nɥ³｜除厨 ghɥ²｜句 kɥ⁵｜雨 ɥ³(鱼虞韵);

宿松:吹炊 tɕhy¹(支韵);锤捶槌 tɕhy²｜水 ɕy³(脂韵);

阳新:吹 tʃhy¹(支韵);锤 tʃhy²｜水 ʃy³(脂韵);

湖口:吹 dzy¹(支韵);睡 ɕy⁶｜锤 dzy²｜水 ɕy³(脂韵);税 ɕy⁴(祭韵);

横峰:吹 dzy¹(支韵);水 ɕy³(脂韵);

南丰:随 ɕy²｜吹 tɕhy¹(支韵);睡 ɕy⁵｜醉 tɕy⁵｜锤 tɕhy³｜水 ɕy⁴(脂韵);岁税 ɕy⁵｜锐 ly⁵(祭韵);

莲花:吹 tɕhy¹(支韵);睡 ɕy²｜锤 tɕhy²｜水 ɕy³｜季 tɕy⁵(脂韵);匪 ɕy³｜费 ɕy⁵｜肥 ɕy²｜龟 tɕy¹｜贵 tɕy⁵;税岁 ɕy⁵(祭韵);肺吠 ɕy⁵(废韵);

泰和:税 ɕy²(祭韵);

长汀:醉 tʃi⁵(支韵);季 tʃi⁵(脂韵);归ᵇ tʃi¹｜鬼ᵇ tʃi³｜贵ᵇ tʃi⁵(微韵);桂ᵇ tʃi⁵(齐韵);车 tʃi¹｜锯ᵡ tʃi⁵｜去ᵡ tʃhi⁵｜具 tʃhi⁶⁸｜雨 i³;

秀篆:锤 tɕhy²(脂韵);

上犹:吹 tɕhy¹(支韵);锤 tɕhy²｜水 ɕy³｜柜 tɕhy⁴(脂韵);贵 tɕy⁵(微韵);税 ɕy²(祭韵);

南康:随 ɕy²｜吹 tɕhy¹(支韵);锤 tɕhy²｜水 ɕy³｜柜 tɕhy⁴(脂韵)。

综合来看,客赣方言中支微入虞的音变特点有以下四个方面:

1. 地理分布。赣方言中的支微入虞显然要比客家方言丰富很多,具有该音变的赣方言点有数十个,而客家方言只有少数几个点有此种音变。上犹、南康在江西南部,诏安(秀篆)在福建南部沿海地区,长汀

位于福建西部、紧邻江西。可见,支微入虞并非客家方言的典型特征。如梅县方言的蟹止摄合口字都不和虞韵字合并(北京大学中文系语言学教研室 2003):堆 tɔi¹ | 兑 tui³ | 脆 tshɔi⁵ | 锐 ui⁵ | 岁 sui⁵ | 规归龟 kui¹ | 吹 tshɔi¹ | 睡 sɔi³ 白/sui⁵ 文 | 水 sui³ | 醉 tsui⁵ | 跪 khui³ | 贵桂 kui⁵ | 具去 文 khi⁵ | 区 khi¹ | 聚 tshi⁵ | 虞 ɲi² | 雨 i³。再看闽西客家方言中鱼虞韵和止蟹摄合口的今读类型(引自蓝小玲 1999:19—21,略有改动):

表 5-6　闽西客家方言鱼虞韵和蟹止摄合口字的读音

	例字	宁化	长汀	清流	连城	上杭	武平	永定
遇合三	斧猪	u/ə	u	y	iue	u	y̌	u
	鱼去区	ə	e	ə	ui	ei i ui	i	ei i
	女	iəu	i	ie	iue	ɳ̍	ɳ̍	ɳ̍
止合三	吹睡	ə ue	ue	e	ui i	ɔ ei	i i	oi ei
	贵	ui	ui	ui	ui	uei	ui	uei
	水围	i	i	i	e i	i i	i i	i
	肥痱	ei	e/i	ai	o	ei	i	ei/i
蟹合一三四	背煤 雷/回 外	ei a	ue ue/e ue	ai ua/e ua	ui ui/o ua	ɔ ei ua	ue i ue	oi ei ai
	岁/吠 税/肺	ie/ei ie/i	e/i e/i	e/ai e/i	i/o	i/ue uɔ/i	i i	i oi/i
	惠	i	e	i	i	i	i	ei

表 5-6 中提到的闽西客方言,其中长汀方言的支微入虞上文已根据李如龙、张双庆(1992)做了介绍,其他各点还需要做些详细的分析。下面以林清书(2004:28—30)提供的方言资料为例,对"支脂微祭废齐

5.1 支微入虞在现代方言中的表现

灰泰"这些韵的合口字在武平方言的读音做一番考察：(带圈的数字代表调类)

[ui]韵：k- ①归龟规_文_③轨诡鬼⑤贵季；kh- ①亏②葵③跪柜④愧；ŋ- ②危③魏伪_文_；

[e]韵：ts- ①追④最嘴醉；tsh- ①催吹②槌锤③罪坠④脆；s- ②随③睡；

[i]韵：p- ①杯④辈背；ph- ②肥培陪③倍④配；m- ①每尾②味④寐_文_；f- ①非匪挥徽飞_文_②回③水_白_汇会_文_④肺费悔贿废毁；v- ①微威②违围为遗_文,~嘱_③胃位④慰卫伟委畏；t- ④队对；th- ④退；n- ②蕊_花~子_③内_文,~杂_；l- ②雷③累儡。

另外,读[i]韵的还包括以下两类字：(1)遇合三字：l- ①吕铝；ts- ①居_文,~民_拘_文,~束_③举拒④句；tsh- ①区③具取许_白,姓,~愿_④趣_文_；s- ③许_文,允_④去；∅- ②余③雨誉芋预；(2)止开三、蟹开一二三四字：p- ①碑悲③比④闭；ph- ①丕婢被批披②皮脾牌③备④屁；m- ②迷谜埋眉③米媚买④眯；t- ①鲤里知②狸梨③李底抵④帝；n- ①宜_文_②尼泥③腻；l- ②来犁③礼利理里_肚~_；ts- ①饥支③纪_年~_④纪_文,~律_挤_文,排~_；tsh- ①欺倚_站_②齐奇骑棋糍_~巴_③计起④气汽器戏；s- ①希稀；∅- ①衣依医②移姨③易④以意。

可以发现,武平方言中的蟹止摄合口字的音韵分布是严格互补的,可以为其建立如下的演变规律：

```
*u(e)i ——— ui/k, kh, ŋ__
         \  e/ts, tsh, s__
          \ i/p, ph, m, f, t, th, n, l__
           vi/∅__
```

武平的情形明显和长汀方言不同：长汀的见晓组和精知章组声母的蟹

止摄合口韵字具有相同的韵母[i],韵母表现并不互补;武平则否。按照历史比较法,作为条件音变,就需要给[ui][e][i]三个共时形式构拟共同的来源[*ui]或[*uei](读零声母的微、影、云母字中,介音[u]变作了唇齿音声母[v],这种变化类型在现代方言中很常见)。这样的话,武平方言的[i]韵是否属于支微入虞层就很值得怀疑,我们宁愿相信该方言并未曾发生支微入虞的音变。现代方言中止开三、蟹开三四读[i]是个很普遍的现象,武平也不例外;遇合三在武平方言中发生了 $y > i$ 的展唇化,正好跟丢失[u]介音而读作[i]的蟹止摄合口字实现了音位合并。

从支微入虞的角度观察赣、客方言,并不支持所谓"客赣同源"的假设,亦即支微入虞在赣、客方言中是各自独立发展的结果,无法追溯至共同的祖语。

2. 辖字韵类。将客、赣方言分别观之,可以看出两类大方言在支微入虞的辖字韵类上稍有差异:

赣方言:支脂微｜祭废｜灰泰

客方言:支脂微｜祭｜齐

其中莲花方言中蟹合三废韵合口字(吠肺)与虞韵同韵是比较少见的现象(少数闽语也有此类情形)。

3. 辖字声类。多数赣方言只有舌齿音声母字有支微入虞,但也会有喉牙音声母字参与(如永新、平江、莲花);客方言的蟹止摄合口字中的舌齿音、喉牙音声母字都有读入虞韵的(如长汀、上犹)。

4. 声母类型。声母类型在赣、客方言分别有如下的分布:

赣方言:[k kʰ gʰ][t tʰ n l][tɕ tɕʰ dʑ ɕ ɲ][tʃ tʃʰ ʃ][∅];

客方言:[tɕ tɕʰ ɕ][tʃ tʃʰ ʃ][∅]。

5.1.6 闽方言

根据张琨(1992:257)的观察,蟹止摄字合口的韵母发生撮口化的

5.1 支微入虞在现代方言中的表现

现象主要出现在闽北方言,如浦城、顺昌、建阳、建瓯、松溪等。① 松溪方言(秋谷裕幸 1993:61—62)的例字有:灰韵:背 py⁶;祭韵:岁 sy⁵ | 锐 hy⁶ | 卫 y⁶;齐韵:桂 ky⁵ | 惠慧 hy⁶;支韵:累 ly⁶ | 嘴 tsy³ | 随 tsy⁹ | 睡 sy⁶ | 规 ky¹ | 亏 khy¹ | 危 ŋy³ | 委 y³;脂韵:类 ly⁶ | 醉 tsy⁹ | 追 ty¹ | 锤 thy² | 水 sy³ | 龟 ky¹ | 位 y⁶;微韵:归 ky¹ | 挥 hy¹ | 威 y¹ | 胃 y⁶。建阳(李如龙 2001:440)支微入虞层的例字也很丰富,包括:累~嘴随垂睡瑞规诡跪亏窥危桅为伪(支韵);追锤搥醉类泪椎翠虽绥谁遂龟睟葵遂轨季癸柜穗位维帷惟遗(脂韵);肥痱归贵鬼瑰辉挥卉威畏胃谓猬慰围违(微韵);赘岁彗卫(祭韵);圭闺桂慧惠(齐韵)。

秋谷裕幸(2008)提供了浦城石陂、政和镇前、建瓯迪口三个闽北区方言的详细资料。以石陂为例,该方言的支微入虞具有不同于其他汉语方言区的特征,那就是除了支脂微祭齐五韵读[y],该层次还包括了蟹合三废韵(吠 by⁶ | 废肺 xy⁵)。

从声母来看,这些读[y]韵的字包括钝音系的唇音[p b]、软腭音[k kh x ŋ]、喉音[h ø]和锐音系的齿龈音[t th l]和[ts tsh s]两类声母。

闽中方言虽然没有系统的支微入虞音变,但止合三也有个别字是和虞韵合并的,如沙县"葵"ky²(李如龙 2001:282)。闽东方言同样有[y]的零星读法,如福州(北京大学中文系语言学教研室 2003:163、166):喙(嘴)tsy⁵ 白/tshuei⁵ 文 | 沝(水)tsy³ 白/tsuei³ 文(鱼虞韵:煮 tsy³ | 主 文 tsy³ | 儒 y²)。寿宁斜滩(秋谷裕幸 2010:111、150):吹炊 tʃhy¹ | 沝(水)tʃy³;柘荣富溪:穗 θy³。至于闽南方言,值得注意的是"龟"普遍有 ku¹ 的白读,如厦门、泉州、潮州、南安、晋江等。据周长楫、欧阳忆耘(1998:41),厦门方言读 ku¹ 的字有脂韵见母"龟"、鱼韵见母"居据"、虞韵见母"拘驹"等。张光宇(1993a:166)曾推测闽南方言"龟"字的音变

---

① 其实还可以再加上崇安。

过程：*kuei>kui>ky>ku，闽南的[ku]和吴语的[tɕy]从共同的前身[*ky]变化而成。顾黔(2001:180)做了进一步阐发，提出江淮、吴、闽、徽、老湘的支微入虞"形成了一个方言板块，这种地理邻接性呈现出来的演变类型的一致倾向，是这几种方言在历史上关系密切的明显标志"。

对于张、顾两位所持的闽南"龟"字与吴语及其他方言同属支微入虞的看法，我们暂且持保留态度。从音类关系上看，它的确和支微入虞音变一致，但是，上文已经指出，典型的支微入虞分布于闽北方言，而闽中、闽南并无明显的痕迹。虽然闽南区各方言里"龟"字的读音高度一致（"龟"字跟虞韵字如"句"ku⁵同韵），但除此以外，找不到其他例字，由此不免令人生疑，确定闽南方言中是否存在支微入虞，还需要发现更多的材料。另外，闽东方言中虞韵有[ieu][uo][y]等今读音，但"龟"则读为 kuei¹，截然不混。

5.1.7 晋方言

据侯精一、温端政(1993)，该书所记录的42个山西方言里，共有约20个方言具有支微入虞层，如清徐、孝义、娄烦、临县、岚县、隰县、石楼、汾西、临汾、霍州、闻喜、运城、吉县、万荣、太谷、永济、祁县、平遥、洪洞等。下面表5-7以清徐、闻喜、平遥三处方言为例，分别列出止合三（支脂微）和蟹合一三四（灰泰祭齐）字的读音（材料引自侯精一、温端政1993:172—176)：

表5-7 部分晋方言蟹止摄合口字的读音

	随	睡	跪	类	醉	柜	鬼	胃
清徐	ɕy²	ɕy⁵	khy⁵	ly⁵	tɕy⁵	ky⁵	ky³	vai⁵
闻喜	ɕy²/suei²	fu⁵	khyei⁵	lyei⁵	tɕy⁵	khyei⁵	kyei³	uei⁵
平遥	ɕy²/suei²	suei⁵	khuei⁵	luei⁵	tsuei⁵	kuei⁵	kuei³	uei⁵

续表

	灰	堆	雷	最	岁	税	桂	闺
清徐	xuai^1	tɕy^1 青~;地名	luai	tɕy^5	ɕy^5	ɕy^5	ky^5	ky^1
闻喜	xyei^1	tyei^1	lyei^2	tsuei^5	suei^5	fi^5	kyei^5	kyei^1
平遥	xuæ^1	tuei^1/tuæ^1	luæ^2	tsuei^5	suei^5	suei^5	kuei^5	tɕy^1/kuei^1

清徐方言中支微入虞层的例字,除了表 5-7 所列,还包括(潘耀武 1990):罪 tɕy^5 白/tsuai^5 文｜盔 khy^1｜傀 khy^3｜溃~脓 khy^5｜瑰 ky^5(灰韵); 刽 ky^5(泰韵);脆 tɕhy^5 白/tshuai^5 文(祭韵);累 ly^5｜嘴 tɕy^3｜吹 ɕy^1｜锤 tɕhy^2｜亏 khy^1(支韵);泪 ly^5｜轨 ky^3｜翠 tɕhy^5｜虽 ɕy^1｜追锥 tɕy^1｜水 ɕy^3｜龟 tɕy^1(脂韵)。请注意清徐方言支微入虞音变的两个特点:(1) "闺"ky^1≠"居"tɕy^1、"桂"ky^5≠"句"tɕy^5。也就是止合三和蟹合一三四的见组字与[y]相配时不腭化,而虞韵见组字虽然也读[y],即两者同韵,但后者声母已腭化为[tɕ]。(2) 止合三和蟹合一三四的见组字读[ky],但这些韵类的精知章组(舌齿音)已腭化读[tɕy]。认识到以上两点,会有以下三点重要的意义:

1. 支微入虞作为本地白读音,"闺"类字读[ky]显得保守,韵母[y] 是方言内部演变的形式;"居"类字读[tɕy]却略有不同,其声母来自 [*k]的腭化,声、韵母均和权威方言[tɕy]保持一致。这可能表明,"闺" [ky]和"居"[tɕy](<*ky)并非同一时间层次的产物。也就是说,当 "闺"类字韵母演变为[y]之前,"居"类字已经从[ky]变作[tɕy];因此当前者形成[ky]时,已经和后者产生了区别,于是两者不再具有平行的演变。

2. 支微入虞层在声母层次出现不同的表现,即中古的舌齿音声母已经腭化为[tɕy],但舌根音字未腭化,仍然读[ky],说明支微入虞的形成可能不是整齐划一的,具有某种相对次序(relative sequence),也许舌齿音字先入虞,然后才有舌根音字入虞。从下文对支微入虞形成的阶段性的讨论来看,这种设想是合理的,也是具有类型学意义的。

3. 清徐方言的蟹合一也和虞韵同韵,如"最"字读[tɕy](上文所举海安、东台等通泰方言和黎川等赣方言也有类似的情形)。腭化是具有普遍意义的条件音变(何大安 1988:11):

$$[-\text{高位}] > [+\text{高位}] / \underline{\quad} [+\text{舌面前}]$$

[-高位]包括硬腭前的舌尖音[ts]组和硬腭后的舌根音[k]组,[+高位]指舌面音(腭化音[tɕ]组)。[+舌面前]则应包括[i e y]这样的前高元音。也就是说,"最"类字变成腭化音[tɕ]之前,其韵母必定带有前高位置的介音或主元音,这也充分证明,在蟹合一参与支微入虞的方言,灰(泰)韵肯定必须先由洪音[uei]变为细音[yei],否则入虞无从谈起。

刘勋宁(2005:49)列举了陕北晋语清涧方言和山西晋语永和方言中支微入虞的详细资料,例字包括(声调略去):

清涧:嘴~头子醉喝~了tsʮ | 髓骨~随穗繐岁 sʮ | 围苇~叶纬~线泪垒~墙慰~问 zʮ;

永和:嘴疆~,顶嘴醉 tɕy | 脆 tɕhy | 岁髓随~便穗讳忌~ɕy | 泪垒ly | 围苇~子纬慰喂 y | 缀 tʂʮ | 吹锤 tʂhʮ | 谁水睡 ʂʮ | 鬼 tɕy | 柜 tɕhy。

可以看出,该音变在山西方言涵盖了蟹止摄合口的灰泰祭齐支脂微诸韵,而且喉牙音(见影组)、舌齿音(知章精组)都有与虞韵字合并的层次。其声母的读音形式也较为丰富,包括[k kh][tʂ tʂh ʂ][tɕ tɕh ɕ][l]等。

5.1.8 其他官话方言

上文已经讨论过江淮官话通泰片的支微入虞,该音变在北方官话、西南官话、中原官话等的官话次类型中也有痕迹可寻,只是该音变在这些官话里的辖字较少,所辖的韵类、声母类型上比较简单而已。以《汉语方音字汇》(第二版)所记的几种官话方言(包括新湘语)为例(北京大学中文系语言学教研室2003):

济南:围 y^2;长沙:蕊 y^3;西安:苇 y^3 | 慰 y^5 | 纬 y^5;

武汉:纬慰 y^5 | 为$_{因}$~$y^{\cdot}$ | 蕊 y^3;成都:慰 y^5 | 虽 $ɕy^1$ | 穗遂 $ɕy^5$。

陕北、关中以及甘肃庆阳、平凉、天水等地的方言也不乏支微入虞的音变(王军虎2004:268):

表 5-8　陕西方言支微入虞层的例字和读音

止合三	遇合三	佳县	延川	大荔	阎良	西安	武功	凤翔
嘴	举	tɕy³²³	tsʅ⁵³	—	—	—	—	—
穗	序	ɕy⁵³	sʅ⁵³	ɕy⁴⁴	ɕy⁴⁴	ɕy⁴⁴	ɕy⁴⁴	ɕy⁴⁴
围	鱼	y²⁴	zʅ³⁵	y²⁴	y²⁴			
苇	雨	y³²³	zʅ⁵³	y⁵³	y⁵³	y⁵³	y⁵³	y⁵³

按照张琨(1992:257)的看法,粤方言似乎缺少蟹止摄合口字读[y]的层次。例如开平赤坎和恩平牛江两个方言中遇摄三等见组声母字(居*kju),蟹摄三等见组声母字(鬼*kwi)读 kui¹,江门台沙、台山台城、新会会成和东莞莞城四个方言中"居"都读 kui¹,"龟"字白沙读 kuei¹,台城读 kei¹,会城读 kwei¹,莞城读 kuɔi¹。花县花山方言"居"读 koi¹,"龟"读 kuei¹。

5.2　支微入虞形成的阶段性

上文分析了蟹止摄合口韵在现代方言中读入虞韵的具体类型,包括该音变在各大方言里所涉及的中古韵类,以及该音变在辅音声母类型上的不同表现。接下来分别从该音变的辖字韵类和辅音声母类型两方面,探讨支微入虞形成的阶段性及其蕴涵关系。

5.2.1 从韵类关系看音变形成的阶段性

之所以要提及《中原音韵》的"齐微韵",主要基于两点:(1) 现代方言里支微入虞的所辖韵类,总的来说,都不出《中原》"齐微韵"中支脂微灰泰祭齐的范围。即便有个别闽(如石陂)、赣(如莲花)方言有蟹合三废韵字的参与,但该音变的整体格局仍然是止合三、蟹合一三四字与虞韵字的合并。(2)《中原音韵》代表的是元代的某种北方官话,[①]而当时该方言中的"支微韵""鱼模韵"分秩划然,丝毫不混。在这之后也看不到北方官话文献有支微入虞的明显记载。可见,《中原音韵》所代表的北方官话和发生"支微入虞"的广大南、北方言,虽都涉及"齐微韵"所辖的七个韵类,但不同的演变方式恐怕在元代之前已经开始。

综观整个汉语方言,我们想要了解,蟹止摄相关韵类的合口字,它们和虞韵相混有没有先后,哪些韵最容易和虞韵合并,或者说汉语方言里哪些韵类和虞韵合并是最常见的?由此还可以追问的是,哪些韵类可能是最早和虞韵合并的?此类现象背后的蕴涵关系如何与汉语语音史发生关系?展开讨论之前,还需强调两点:

1. 上文已按照学界普遍认同的汉语方言的分区,分别讨论了吴、通泰、徽、赣、客、闽、晋、官话等方言里的支微入虞,但这并非意味着该音变是从各自方言的祖语中继承而来的。至少,从支微入虞的角度来看,无法凭此做构拟"原始吴语""原始赣语""原始闽语"的尝试。正如何大安(1988:109)所指出的,"今天的任何一支方言,都不会是孤立地

---

① 学界都承认《中原音韵》的语音基础是北方官话,但具体是中原地区的方音还是"大都音"仍有不同的意见,可参看杨耐思(1981:66—75)。

从祖语传衍而来。在发展过程当中,固然有传统的成分,有自创的成分,也有外来的成分。"有些方言的支微入虞的确也属于文读层,来自早期权威方言的影响。

2. 以上对各大方言的详细讨论显示,每一个大方言的各个方言点,其支微入虞的辖字韵类未必完全一致,既然如此,为何还要在吴、闽、赣之类大方言的名义下探讨此音变呢?理由也较明显:(1)汉语方言的分区、分片固然是鉴于某些方言群之间所具有的"对内一致、对外排他"的特征,可能是一项,或者几项,可能是音韵、词汇,也可能是语法层面的特征,但是,即便是在同一个大方言内部,不同方言点之间的音系结构不会完全相同,我们在观察大方言的整体音韵特征的同时,也应容许其个体差异的存在。我们的着眼点是支微入虞在吴、徽、赣、客、闽等方言中,它能呈现出的最复杂的面貌应该如何,最完整的音类格局应该如何。(2)汉语方言的结构性改变,除了来自内部的分化,外部的、语言间或方言间的接触也是不容忽视的因素(何大安 1988:4)。支微入虞体现一种音类关系,同时也代表了一种音变过程,这种结构性改变并不是一蹴而就的,其中可能具有某种次序,故而必须允许同个大方言内部存在方言点的差异;另外,支微入虞的格局在定型之前或之后,还可能受到权威方言的影响,使得某方言里该音变的辖字因文读音的覆盖而逐渐减少甚至消失,又或者因接触而造成音类关系的改变。

综上,我们不取苏州、黟县、梅县、建瓯之类的单个方言点,而仍然以大方言的名称作为代表来讨论。

表 5-9　汉语方言与支微入虞相关的韵类分合

		支微入虞层		非支微入虞层
		止摄合口	蟹摄合口	
1	老湘方言	支脂微	祭	灰泰齐

续表

2	吴方言	支脂微	祭齐	灰泰
3	客方言	支脂微	祭齐	灰泰
4	闽北方言	支脂微	灰｜祭齐[废]	泰
5	徽方言	支脂微	灰｜祭齐	泰
6	赣方言	支脂微	灰泰｜祭[废]	齐
7	通泰方言	支脂微	灰泰｜祭	齐
8	晋方言	支脂微	灰泰｜祭齐	

从表5-9可以看出,各大方言的共同点是止合三的支脂微韵都参与了音变。如果说支微入虞是一个动态的音变过程,那么止合三看来是最容易和遇合三相混的;可以进一步推想,止合三支脂微韵字应该是最早和虞韵字合并的韵类。

从汉语语音史来看,唐五代西北方音是最早反映支微入虞的可靠资料。据罗常培(1933:104—105),《开蒙要训》音注所反映的五代敦煌方音中,有不少止摄的支脂微合口字与遇摄合口虞韵字的同音互注的例字:(括号内的为中古虞韵字)

(1) 虞支互注:为(盂)｜为(输)｜髓(须)｜伪(遇);

(2) 虞脂互注:柜(具)｜蕤(须)｜骓(朱);

(3) 虞微互注:鬼(甐)。

就方言大类而言,蟹合三祭韵与虞韵的合并,似乎是和止合三同步的。从汉语语音史来看,支脂微韵与祭韵的合口字也较早就有相混的痕迹。唐末宋初的韵图资料,如《切韵指掌图》第十九图中,一等列有"恢頯兑蜕对"等灰泰韵合口字,三等列有"归跪逵巍缀"等支脂微祭韵合口字,四等列有"圭"等齐韵合口字。看来,语音史资料只能告诉我们蟹合一与止合三、蟹合三四、蟹合一的混并基本上是同步的,而无法透

5.2 支微入虞形成的阶段性

露埶先埶后的信息。

不过,根据最早的方言文献数据,还是可以知道止合三是先于蟹合三入虞的,因为唐五代西北方音只有止合三入虞,而无蟹合三。① 此外,如果暂且忽略方言分区,仔细观察现代各个方言点,也能看出某个方言只要有支微入虞,那么支脂微(或至少其中之一)肯定在此音变之列;反之,不存在只有蟹合三而无止合三入虞的方言。② 当历史材料与现时材料不尽一致时,我们宁可以现实材料为准,即"共时优先"的原则,因为文献材料可能存在时代、地域上的不确定性,但现实的语言材料是确定可靠的。

由此,我们便不难理解,现代方言中支微入虞的格局中有"止合三→蟹合三四"的蕴涵关系。

蟹合三废韵的常用字有"废肺吠",都是唇音声母字,现代方言中唇音声母字往往和其他声母字的变化不同,支微入虞很少有废韵字的参与,想必也有这层原因。蟹合四齐韵的常用字有"桂闺惠慧",它和蟹合三祭韵在支微入虞的表现上很难看出差异,语音史的数据也表明两者相混的时代早至唐末北宋。因此,将蟹合三、蟹合四一并考虑相信并无太大问题。

表 5-9 显示,如果蟹合一的灰韵或泰韵参与支微入虞音变,那么蟹合三、四字和止合三字都将包括其中,反之则不必然。这意味着从音系的结构性变化来看,止合三支脂微和蟹合三四祭齐并入虞韵在前,而

---

① 事实上,敦煌变文的押韵材料有"贵醉岁畏气意智类"相押(周祖谟 1993:334),但其中还有止开三字的掺入,已经和我们所讨论的"支微入虞"只涉及合口韵类的前提不符,况且押韵数据本身就有局限性,只能作为语音史研究的辅证,不能作为直接的证据,因此我们也避免使用此类材料。汉语史上有止开三和遇摄字的混并,比如唐五代西北方音(罗常培 1933:101—102),中唐以后的诗文押韵材料也有类似的反映(周祖谟 1993:334),我们主张严格区分开、合口的两种性质不同的现象。

② 就我们的观察范围而言,汉语方言里只有江西泰和不符合这项规律,该方言只有"税"字入虞韵。当然,也有可能是目前缺少详细的调查报告,故暂且存疑。

蟹合一灰泰稍后。

综观整个汉语方言,支微入虞按照"止合三→ 蟹合三四 → 蟹合一"的次序分阶段进行,其中晋方言的该类音变涉及的韵类最多,涵盖止合三、蟹合三四、蟹合一三大韵类,老湘方言涉及的韵类最少,只包括止合三和蟹合三两类;从单个方言来看,有的方言的支微入虞只包括止合三支脂微韵(比如祁门、屯溪、休宁等徽方言),甚至有的方言只有支脂微三韵中的两个或一个韵读入虞韵(如南康、秀篆等客方言),从各大方言的整体格局来看,这种支微入虞在辖字韵类上的阶段性还是清晰可见的。

5.2.2 从声母性质看音变形成的阶段性

前文在分析支微入虞在汉语方言中具体表现时,还注意到了该类例字在辅音声母层面的音值表现。由此也能观察到该音变在声母类型上的先后次序。请看表5-10:

表5-10 汉语方言支微入虞层的具体声母类型

		唇音	舌根音	舌尖中音	舌尖前/舌面前/舌面中/翘舌/舌叶音	喉音
1	闽北方言	/p b/	/k kh x ŋ/	/ t th l/	/ts tsh s/	/ ø h/
2	赣方言		/k kh gh/	/ t th n l/	/tɕ tɕh dʑ ɕ ȵ/ /tʃ tʃh ʃ/	/ø/
3	吴方言		/k g/	/n l/	/tɕ tɕh dʑ ɕ z ȵ/ /ts tsh s z/ /tʃ tʃh dʒ ʃ/ /c ch ɟ ç ɲ/	/ø h ɦ/
4	晋方言		/k kh/	/l/	/tɕ tɕh ɕ/ /tʂ tʂh ʂ/	/ø/

续表

5	通泰方言			/t th n l/	/tɕ tɕh ɕ/	/∅/
6	老湘方言			/t th d n l/	/tɕ tɕh ɕ/	/∅/
7	徽方言			/l/	/tɕ tɕh dʑ ɕ ȵ/ /ts tsh s/ /ʃ/	/∅/
8	客方言				/tɕ tɕh ɕ/ /tʃ tʃh ʃ/	/∅/

表 5-10 以声母辅音的主动发音器官部位为标准,将支微入虞在整个汉语方言中所涉及的声母分作五种类型:(1)唇音,包括[p ph b],和虞韵合并的蟹止摄合口字普遍见于闽北方言,并且有[py by]类音节;(2)舌根—软腭音,包括[k kh g x ŋ gh]([gh]只见于个别赣方言,表示送气浊塞音),属支微入虞层的这类声母字见于闽北、吴、晋、赣四大方言;(3)舌尖中—龈后音,包括[t th d n l],闽北、吴、晋、赣、通泰、老湘、徽方言都具有这种类型的声母;(4)舌尖前/翘舌音/舌面前/舌面中/舌叶音,被动器官部位有龈/龈腭/龈后/硬腭等,这组声母的调音部位最复杂,但实际位置却很接近,都位于口腔中区,具体如[tɕ tɕh dʑ ɕ z](舌面后—龈腭音)、[ts tsh s z](舌尖前—龈音)、[tʂ tʂh ʂ](舌尖/舌叶—龈后音,旧称翘舌音)、[tʃ tʃh dʒ ʃ](舌叶—龈后音)、[c ch ɟ ȵ](舌面中—硬腭音)。[1] 所有大方言都具有此类声母;(5)喉音,包括[∅ h ɦ],相当于传统音韵学所谓的全清、次清、全浊的三分格局([p ph b][ts tsh dz])。如果将表 5-10 做一简化,可以更清楚地看到支微入虞音变在声母层次的渐进次序。请看表 5-11(P、K、T、C、O 分别代表了上述五类声母):

---

[1] 关于各种辅音调音部位的命名,可参看近来出版的 Ladefoged & Johnson(2011:163—180)和朱晓农(2010:109—133)。

表 5-11　汉语方言支微入虞形成的阶段性

		唇音	软腭音	龈后音	龈/龈腭/龈后/硬腭音	喉音
1	闽北	P	K	T	C	O
2	吴、晋、赣		K	T	C	O
3	通泰、老湘、徽			T	C	O
4	客				C	O

可见,汉语方言的支微入虞层在声母类型上呈现出阶段性:如果某方言有支微入虞,那么首先是喉音和龈/龈腭/龈后/硬腭音类中的一组或几组声母字具有该层次,接下来是舌尖-龈后部位声母的字可能会也入虞韵,前提是前两类声母也有此类现象;如果有入虞韵的软腭音声母字,那么前述三类声母都在支微入虞之类;最后形成该层次的是唇音声母字,也就是说,如果唇音声母字入虞韵,其他所有声母类型的字都入虞韵,其蕴涵关系可以形式化为:P → K → T → C、O。①

5.3　支微入虞的性质及相关问题

5.3.1　支微入虞的文白性质

从文白异读的角度来看,吴、通泰、老湘、徽、客方言中的支微入虞属于白读层,亦即是方言自身演变产生的音类归并;晋、新湘方言和其他北方官话、西南官话中的该层次也是白读音。

丁邦新(2003:23—26)曾指出苏州方言"龟鬼贵"的白读为[tɕy],

---

① 张光宇(2006)讨论过汉语方言合口介音消失的阶段性,并注意到合口韵[*uei]的开口化运动起于唇音声母,然后按照 n>t>ts 的声母条件。朱晓农(2004:443)也谈到前高元音的舌尖化 i>ɿ/ʅ 会按照声母不同的次序来进行。

5.3 支微入虞的性质及相关问题

文读为[kuɛ];"吹水"白读为[tʂhʮ ʂʮ]、文读为[tshɛ sɛ],认为前者舌面读法的白话音借自另一个方言,后者卷舌声母的读法是本地的层次,而舌尖声母的文读形式可能是晚期从其他吴语移借而来。王洪君(2006)不同意丁邦新的看法,并着眼于音类分合关系和层次属字的风格色彩,提出吴语止合三曾独立发生了支微入虞音变,我们赞同王先生的观点。张光宇(1993b:35)较早指出,吴语见系声母的腭化,呈现出颇具独立色彩的内部规律,止合三及有些一等韵字读舌面音,早在北方舌面文读传来之前就已发生。

官话方言早期一定有个支微入虞的层次,同时也一定受到了某个不具有支微入虞的后代官话的影响,从而促使早期的支微入虞层被逐渐覆盖,否则我们不可能看到现代北方方言中有个别字入虞韵(如中原、西南官话),有的还有很明显的表现(如晋方言)。纵然是北京官话,也有个别字的读音透露出一些早期支微入虞的信息(如"尉迟"的"尉"音同"遇")。汉语语音史没有明确反映出具有支微入虞音变的官话方言何时出现,表现如何,《中原音韵》也没有丝毫的痕迹。唐五代西北方音虽有明确的记载,终究也只是历史方言的材料。

有的现代方言通过内部的结构性变化,产生支微入虞,可能会以条件音变的方式发生,比如通泰方言中的支微入虞层只包括知章精组等读舌齿音声母的字和读零声母的影母字,唇喉牙音声母字与前者的音韵特征呈互补分布:

表 5-12 通泰方言蟹止摄合口唇牙喉声母字的读音

		南通	如东	如皋	海安	东台	泰州	姜堰
灰	杯	pe^1	pei^1	pei^1	pei^1	pei^1	$pɪi^1$	$pəi^1$
泰	外	ve^6	ve^6	$vɛ^1$	$vɛ^1$	$uɛ^1$	$vɛ^1$	$vɛ^1$
祭	卫	ve^6	vei^6	vei^1	vei^1	uei^5	$vəi^1$	$vəi^1$

续表

支	跪	khue⁶	khuei⁶	khuei¹	khuei¹	khuei¹	khuəi¹	khuəi¹
	毁	xue³	xuei³	xuei³	xuei³	xuei³	xuəi³	xuəi³
脂	龟	kue¹	kuei¹	kuei¹	kuei¹	kuei¹	kuəi¹	kuəi¹
	位	ve⁶	vei⁶	vei¹	vei¹	uei¹	vəi¹	vəi¹
微	飞	fe¹	fei¹	fei¹	fei¹	fei¹	fəi¹	fəi¹
	归	kue¹	kuei¹	kuei¹	kuei¹	kuei¹	kuəi¹	kuəi¹
	挥	xue¹	xuei¹	xuei¹	xuei¹	xuei¹	xuəi¹	xuəi¹

以通泰片的海安方言为例，该方言中蟹止摄合口韵的演变规律可表示如下：

(1) 非支微入虞层 *u(e)i ── uei/k, kh, x, n, l__
　　　　　　　　　　　　　yei/tɕ, tɕh, ɕ__
　　　　　　　　　　　　　ei/p, f, v__

(2) 支微入虞层 *u(e)i > y/tɕ, tɕh, ɕ, n, l, ∅__

可以看到，读入虞韵的蟹止摄合口字具有T、C、O三种类型的声母，结合上文讨论的支微入虞的声母次序，可知具有该类型声母的方言，并不蕴涵唇音（P）、软腭音（K）两种声母字的支微入虞，所以这两类声母字在通泰方言中不读入虞韵，完全符合我们所提出的音变依声母次序渐次推进的规律。

赣方言的支微入虞大多数只包括T、C、O三类声母的字，见晓组字读入虞韵的例字很少，如平江"柜"ghʮ⁶、"句"kʮ⁵。这是因为和通泰方言相类似，赣方言内部也大多以条件音变的方式进行支微入虞的演变，接着见晓组也开始加入该音变的行列，而且是以词汇扩散的方式来进行的，即"词汇渐变、语音突变"（Wang 1969）。同时，这也充分表明，通泰、赣方言的支微入虞音变都是方言内部自身演变的结果。

不过，个别赣方言可能有两种不同来源的支微入虞，例如颜森

5.3 支微入虞的性质及相关问题

(1993:7—8)指出江西黎川方言文白异读的特征之一,是蟹摄合口一等及止摄、遇摄合口三等少数字文读韵母[y],白读韵母[oi]。如:

文读:推 thy^1～卸责任　内 ly^6～部　　　累 ty^6～积
雷 ly^2 学习～锋

白读:　hoi^1～车子　　noi^6～里:里面　　loi^6 走～到了
lɛu^2 响～公:打雷

我们不能认为赣方言中唯独黎川跟其他方言不同,只有来自文读层的[y],而没有白读层的[y]。同个历史音类的字,同样的音值表现,包含两个不同来源的层次,这种"同形异源"的现象虽不普遍,但并不罕见。例如上海方言歌韵字"他那""拖~鼻涕多~年"韵母都是[ɑ],却分别属于文读和白读两个层次,"拖多"读[ɑ]实际上跟其他读[əu]的歌韵字一样,都是本地方言内部演变的产物,"他那"读[ɑ]则是来自跟权威方言的接触。

闽方言中的闽东、闽中等次方言,其支微入虞有少数的例字,很明显是方言自身演变的结果,属于白读层;闽北方言有成系统的支微入虞,辖字所涉及的韵类和声母的类型都比较丰富。以建瓯方言为例(北京大学中文系语言学教研室 2003):

表 5-13　建瓯方言蟹止摄合口字的读音

	累	嘴①	髓	类	醉	垂	吹	炊	睡
止摄	ly^6	tsy^5/tsy^3	syɛ^3/sy^3	ly^6	tɵy^3	tsy^5/sy^5	tshyɛ^1	tsho^1	sy^5
	类泪	垒	醉	遂	追	锤	谁	穗	翠
	ly^6	lo^3	tsy^3	sy^6	ty^1	thy^5	sy^3	xy^6	tshy^5
	归规	亏	葵	挥	轨诡鬼	跪	肥	伟委	魏
	ky^1	khy^1	khuɛ^3/ky^3	xy^1	ky^3	ky^3	py^5	y^3	ŋyɛ^6

---

① 建瓯方言"嘴"字白读 tsy^5 是"喙"字训读,昌芮切,"口喙"(北京大学 2003:161)。

续表

	雷	队	崔催	兑	最	锐	脆	岁	赘
蟹摄	lo⁵	ty⁶	tsho¹	to⁵	tsuɛ⁸	yɛ⁷	tsho⁵	xyɛ⁵/sy⁵	ty⁶
	灰	会	溃绘	卫	彗惠慧	悔	桅	桂	魁奎
	xo¹	xo⁶	kho⁵	yɛ⁶/y⁶	xy⁶	xo⁵	ŋy³	ky⁵	kho¹

一方面,建瓯方言蟹止摄合口字有[yɛ][uɛ][o][ɛ]等白读韵母,其音韵分布为:

yɛ/tsh, s, ŋ, x, m, ∅__;uɛ/ts, tsh, kh__;

o/ts, tsh, s, kh, x, n, l, m__;ɛ/ŋ, m__。

其中找不到明显的分布规律([uɛ][ɛ]的出现环境是互补的)。另一方面,如果出现文白对比,[y]韵为文读音。但是,两读的例字数量远远少于只有一读的字。读[y]的音韵分布为:

y/p, ts, tsh,s, k, kh, ŋ, x, t, th, l, ∅__。

可见,[y]在所有类型的声母字后面都能出现。如果是文读音的影响,很难想象会如此整齐。从词汇风格色彩来看,不少[y]韵字都是口语常用字,理应为本地白读,例如闽北石陂方言"吠槌醉水豨_猪肺"等字都读[y](秋谷裕幸 2008:99—100)。由此,闽北方言的支微入虞既有来自权威方言的文读层,也有来自内部演变的白读层。

综上,我们将汉语方言中支微入虞的文白性质归纳如下:

白读型:吴、徽、老湘、通泰、晋、赣_{大多数方言}、客、闽(闽东、闽中、闽北_{部分字})、其他官话方言;

文读型:赣_{个别方言}、闽(闽北_{部分字})方言。

刘勋宁(2005)曾根据清涧、永和两个方言的资料,指出支微入虞是历史上中原官话中曾经存在的层次,而随着文教势力的扩展影响到各地方言。上文的分析表明,支微入虞在汉语绝大部分方言中都是自身演变的产物,与所谓中原官话的影响并无关系。目前北方官话、西南官话、新湘方言都有少量蟹止摄合口字读入虞韵的白读音,相信是对早期官话支微入虞层的保留。少数赣方言(如黎川)和闽北方言稍显特别,共时系统中的支微入虞既有外来的,也有本地的。

5.3.2 支微入虞的音变性质

张琨(1992)、张光宇(1993a,1993b)、顾黔(2001:177—180)、丁邦新(2003:25—26)、王军虎(2004)、刘勋宁(2005)、王洪君(2006,2010)、王为民(2011)等学者都谈到了汉语方言支微入虞的问题。关于支微入虞的音变性质,也有一些学者发表过看法。如[*wi]和[*ju]的换位(张琨 1992:257)、*uei＞ui＞y 音变(张光宇 1993a:166,顾黔 2001:179,丁邦新 2003:26,王洪君 2006:80)、*iuei＞ui＞y 音变(王洪君 2010)、*jwij＞jwɨ 音变(王为民 2011:646)等。总的来说,由于各家对汉语方言支微入虞未做全面的描写分析,也就未能考虑到该音变所涉韵类、声类的复杂性,因此所提假设往往偏于一端,不及其余。下面就以上文的论述为前提,对历史文献和现代方言中该音变的性质做些分析。

前文提到,唐五代西北方音有止合三和虞韵混读的例子。罗常培(1933:44)所举四种汉藏对音资料里止合三、虞韵合并后的藏语方音读音如下:

(1)《千字文》:具 gu｜寓 'gu(虞);吹 cʻu｜累 lu(止合三);

(2)《大乘中宗见解》:殊 çu｜须 su｜具 kʻu｜愚 'gu(虞);水 çu｜轨 gu｜为 'u｜髓 su｜归 ku｜违 'u｜畏 'u｜谓 'u(止合三);

(3)《阿弥陀经》:须 su｜俱 ku｜树 çu｜数 ço(虞);

(4)《金刚经》:须 su｜住 ju｜数 çu｜具 gu｜喻 ju(虞);为 'u｜围 'u(止合三)。

另一方面,不和虞韵相混的止合三字在藏方音中标作[wi][we][uʼi]几种,如《千字文》:谁 çwi｜翠 tsʻwe｜随 suʼi｜威 ˙uʼi｜炜 'we｜

畏·u'i(罗常培 1933:43)。看来,作为《切韵》三等韵标志的[i]介音在唐五代西北方音中已经失落,"谁威"等字的韵母表现已大致相当于《中原音韵》的"齐微韵"*uei。前文曾经指出,早期韵图(如《切韵指掌图》)已明确地将蟹合一灰泰韵、蟹合三四祭齐韵、止合三支脂微韵字列于同一张合口图,说明它们在当时某个北方方言也合并了。合并后的音值想必不是带[i]介音的[iuei][iui]之类音(《切韵》时代的支脂微祭合口韵字都具有复合介音[iu]),因为汉语语音史上没有证据表明蟹合一字有这种细音读法;反过来,最有可能的就是读作[uei][ui]之类只带合口成分的韵母,汉藏对音忠实地反映了西北方音的这一现象。罗常培(1933:46)说:"由虞韵变来的 u 也许是[y]的替代,由'止摄'合口变来的 u,也许是[ui]的替代,从现代西北方音逆溯起来大概不至于十分错的。"罗先生的解释不太让人满意,学界普遍认为汉语语音史上韵母[y]到了明代以后才出现。① 更关键的是,既然上述四种对音材料很清楚地区分出止合三[ui/we/wi][u]两种不同的对音,足以说明当时止合三有两个不同的读音层。五代《开蒙要训》中止合三和虞韵字的互注,相信也是对实际语音的反映,而不是简单的[iu][ui]音近替代。

唐五代西北方音止合三[ui]和[u]作为不同的读音层,两者之间可能有演变关系,即:切韵 *iui/iuei>iui>ui(丢失[i]介音)>u(丢失[i]韵尾)。[u]也可能来自另一种音变类型,即:切韵 *iui/iuei>iui>iu(丢失[i]韵尾)>u(丢失[i]介音)。目前限于资料,还无法明说,但止合三的不同表现是肯定的,一种属支微入虞,一种则否。

对于现代方言里的支微入虞,我们不赞成简单的"换位说",也不能同意*uei/iuei>ui>y 之类音变过程的假设。如果[y]之前的音变阶段

---

① 明兰廷秀(1397—1470)《韵略易通》将"呼模"和"居鱼"两韵分开,似乎表明已有[u][y]之别了。

5.3 支微入虞的性质及相关问题

为[ui],如何解释虞韵(包括和虞韵合并的鱼韵)的读音呢?虞韵在历史文献(如日译吴音、朝鲜汉字音、日译汉音、汉越音等)和现代方言里都找不到读[ui]的材料,故而止合三、虞韵的合并只可能在[iu](或[y])阶段。因此,止合三、蟹合三四读入虞韵所反映的音变过程是:
*iuei>iui>iu(丢失[i]韵尾)> y,虞韵是:*iu>y。

《切韵》以后的汉语史文献中灰泰韵都读洪音,宋初韵图已与蟹合三四、止合三同图,音值近于[uei/ui]。通泰、晋、赣、徽、闽北方言的支微入虞还包括了蟹合一灰或泰韵字,需要做出解释。如果蟹止摄合口字读[uei/ui],将无法与虞韵[iu]发生合并。因此,我们主张区分汉语史上蟹止摄合口字的两种不同的演变方向:

1. 传统的汉语史文献所记录的北方某个(或某些)汉语为一类,该类方言到了唐末宋初的韵图时代,其蟹合一三四等与止合三字混并为[*uei],鱼虞韵也合为遇合三读[*iu],到了元代《中原音韵》,分别变作"支微韵"和"鱼模韵",两类互不干涉,这类方言没有支微入虞,现代粤方言基本上也属此类。

2. 唐五代西北方音、早期某个北方官话、大部分南方方言属于另一类,该类方言的止合三、蟹合三四、蟹合一在不同程度上读入虞韵,即所谓的"支微入虞"。其蟹止合口三四等字的演变规律为:*iuei>iui>iu>y,蟹合一的演变规律为:*uei>yei>yi>y。

三四等字的变化不难理解,介音、韵尾之间发生异化(dissimilation),要么介音消失变成[ui],要么韵尾消失变成[iu]。中古佳韵字在现代北京话有的读[ia]或[ie](佳街),有的读[ai](牌矮),也是介音[i]或韵尾[i]失落的不同结果。蟹合一由洪音变为细音,则要做一番考察。从音理上讲,这种音变有点类似于印欧语的 umlaut(我们称其作"元音隔音同化")。其音系规则可描写为:(King 1969:40)

$$V \rightarrow [\text{-back}]/\_\_C_1[\text{-consonantal}, +\text{high}, \text{-back}]$$

即如果某个音段为辅音(一个或以上)加前高元音(或滑音),那么辅音前的元音将发生前化,例如[u]在辅音后的[i]或[j]的影响下变成[y]。前英语的"镀金"[*'guldjan]、"老鼠复数"[*mu:si]分别变作了古英语的['gyldan][my:s],就是这类音变。汉语与印欧语的区别在于,后者是辅音隔开两类元音,而前者是三个元音同现,即韵尾的[-back]特征同化介音[u],使其失去[+back]特征而发生前化变为[y]。何以得知现代方言读入虞韵的蟹合一[y]之前会有[yei]的阶段呢?下面从表5-14看具有支微入虞层的方言(侯精一、温端政1993,顾黔2001,平田昌司1998,颜森1993,北京大学中文系语言学教研室2003):

表 5-14　几种汉语方言蟹止摄合口字的读音比较

		闻喜	南通	东台	姜堰	黟县	黎川	建瓯
醉	止合三	tɕy⁵	tɕjy⁵/tɕye⁵	tɕy⁵	tɕy⁵/tɕyəi⁵	tɵyei⁵	tɕy⁵	tɕy⁵
跪	止合三	khyei⁵	khue⁶	khuei¹	khuəi¹	tɵhyɛi³	khui³	ky⁶
类	止合三	lyei⁵	le⁶	ny⁵	ny⁵/nuəi⁵	luɛi⁶	ty⁶	ly⁵
胃	止合三	uei⁵	ve⁵	uei⁵	vəi⁵	vei⁵	ui⁶	y⁶
岁	蟹合三	suei⁵	ɕjy⁵/ɕye⁵	ɕy⁵/ɕyei⁵	ɕy⁵/ɕyəi⁵	ʃyei⁵	ɕy⁵	xyɛ⁵/sy⁵
桂	蟹合四	kyei⁵	kue⁵	kuei⁵	kuəi⁵	tɵyɛi⁵	kui⁵	ky⁵
堆	蟹合一	tyei¹	te¹	tɕy¹/tuei¹	ty¹/tuəi¹	tuɯ¹	ty¹	to¹
灰	蟹合一	xyei¹	xue¹	xuei¹	xuəi¹	xuaɯ¹	foi¹	xo¹
雷	蟹合一	lyei²	le²	ny²	ny²	luaɯ²	ly²/lɛu²	so⁵/lo⁵
最	蟹合一	tsuei⁵	tɕye⁵	tɕy⁵/tɕyei¹	tɕy⁵/tɕyəi⁵	tʃuaɯ⁵	tɕy⁵	tsuɛ⁵

表5-14所列为蟹合一参与支微入虞的晋、通泰、赣、徽、闽方言,比较灰泰韵的读音后可以发现,闻喜、南通、东台、姜堰几处方言的灰泰韵除了有和虞韵同韵的白读[y],还有一个[yei][yəi]之类的读音层,与北方官话灰泰韵[uəi][uei]之类的表现迥异,[yei]不可能借自权威方

言,因为权威方言不读这类韵母,因此它和[y]一样,是本地方言内部演变的产物。黟县方言"最"字的声母为[tʃ],虽然韵母为洪音韵,但可能是灰泰韵细音化的萌芽,因为舌叶音[tʃ]与细音韵相拼为常,它与后接韵母之间很容易滋生[j]或[i]。黎川"雷"读[ɛu]韵,这种细音韵的读法是灰韵字由洪变细的表征。建瓯"最"的[uɛ]也是一种中间阶段,它可能是本方言"岁"字[yɛ]韵的前身,最后和三等韵一同变为[y]。

蟹合一字的支微入虞作为一种结构性变化,必然呈现起始、过渡、定型等不同阶段,起始为未变的形式[uei],中间可能是[uəi][ui]等,也可能是[yei][yəi],后者可能最终变为[yi][y],于是和虞韵合并。前文已经提到,通泰、晋、赣方言的有些次方言将蟹合一入虞的字读作腭化音[tɕ],也能说明灰(泰)韵的韵母已由洪变细,否则不具有发生声母腭化音变的条件。

需要注意,在支微入虞的进程中,蟹合一是最后并入的韵类,这一点上文已经强调。蟹合三四和止合三与虞韵的合并可能在[iu]阶段,①也可能在[y]阶段;但是蟹合一大概不可能是在读[iu]的阶段并入,因为灰泰韵在汉语方言中看不到这种音值变化,反而可能是由[uei]向[y]的变化过程中,经历了[yei]的中间阶段,最后定型于[y]且与虞韵合并,这一点和支微入虞在辖字韵类层面的蕴涵关系若合符节。

5.3.3　从支微入虞看方言早期关系

晋、通泰、赣三大方言属于同一类型,即止合三、蟹合三四、蟹合一都在支微入虞之列,这种一致的创新,是否可以作为考察三者早期关系的指标,颇值得深究。以前学界从中古全浊塞、塞擦音在晋、通泰、赣、

---

① 在有些声母后面还可能是[u],比如山西闻喜、临猗方言的部分章组字念唇齿塞擦音、擦音声母[pf pfh f],如"水睡"都念[fu],遇合三字"输书"也念[fu]。唐五代西北方音的止合三字入虞,藏文对音也写作[u]。

客方言中不论平仄皆读送气音,由此提出这些方言可能同出一源,从文献记载、移民等材料也能发现些许蛛丝马迹(鲁国尧 1994)。但仅凭浊音清化平仄皆送气一点,似乎不一定能证明这种假设。因为"类型上的相同,有可能但未必就等于来源上的相同"(何大安 1988:100)。如果发现更多的类似于支微入虞的共同创新,或许可以对此论题有一些推进。

就支微入虞而言,客方言比赣方言显得保守。前文已经指出,蟹合一入虞不是每个大方言都具备的;从该音变形成的次序来看,也是蟹合一最后并入。因此,客、赣方言的该音变都是各自独立发展的,与"客赣同源"大概无涉。

如果将闽方言视作一个整体,那么在支微入虞的问题上,闽方言各次方言的差异十分明显,除了闽北,该音变在其他闽方言都只有零星的反映,而闽北方言内部高度一致,而且所辖韵类、声类都很丰富。如果做早期方言的构拟,可以为共同闽北方言构拟支微入虞,却无法追溯至"共同闽语"的阶段,支微入虞也可以作为区分闽北和非闽北方言的标准之一;同样,江苏、安徽境内的江淮官话在该音变上也截然不同,其中想必牵涉语言演变上的地理因素,还可能需要考虑方言形成的不同历史背景。

学界认为,"徽语的底子是吴语,从吴语中分化的年代可能晚至明末"(游汝杰 2000:104),同时又鉴于吴、老湘方言之间有不少平行的音韵演变,因此提出"吴湘一体"的看法(陈立中 2004,王福堂 2005:17—18)。从音系的结构性变化来看,合并的韵类越多,相对年代越晚,反之越早。因为语音演变需要时间,如果合并的韵类越多,理论上所需的时间应该越长;当然这只是个逻辑上的可能,针对具体韵类,分析时还需借助其他判断标准。就支微入虞而言,老湘方言除了止合三,只有祭韵参与,吴方言有祭齐两韵,徽方言有祭齐和灰三韵,因此其相对年代可按"老湘 → 吴 → 徽"来排列。三者在韵类分合上的差异,说明支微入虞格局的形成在三种方言分化以后,各有独立的后续演变。如果说吴、徽、老湘都来自同个早期方言,那么其共同阶段可能已有支微入虞了,只是所辖的韵类只有支脂微,或许还包括祭韵,因为这四韵是三个方言所共有的。

丁邦新(1982:258)曾提议"以汉语语音史为根据,用早期历史性的条件区别大方言,用晚期历史性的条件区别次方言",就本章讨论的支微入虞而言,属于《切韵》以后晚起的创新演变,可以作为大方言下面的次方言分类的条件,例如用来区分闽语下面的闽北与非闽北方言,以及早期可能同源的老湘、吴、徽方言。

不过,韵类合并固然属于音韵创新,但如果合并以后的结构在后世演变中又出现分化,这样形成的创新就无法作为判定方言早期关系的标准。好在此处讨论的支微入虞,是具有严格的类型蕴涵关系的音变,其韵类合并是按照"止合三 → 蟹合三四 → 蟹合一"的次序来的。①吴、老湘、徽三大方言都有支脂微祭参与音变,而不是支脂微灰(泰),是因为该音变是呈阶段性的,有规律可循。该音变可能会中断,比如入虞的韵类到止合三、蟹合三四为止(如吴、老湘),也可能包括蟹合一(如徽、通泰、闽北)。蟹合三在各大方言本来就都入虞韵,因此无法说早期有,中间消失了,后来又入虞了,所以吴、徽、老湘方言的共同阶段的支微入虞至少应包括支脂微祭。但无法肯定的是,那些目前没有灰(泰)读入虞韵的方言,是至今尚未产生,还是早期曾经有过,后来又消失了,毕竟从分到合再到分的"回头演变"是可能存在的(何大安 1988:35—37);我们只能说如果发生支微入虞,蟹合一必定最晚并入。

---

① 至于齐韵,由于常用字少,只能与祭韵两者取其一来讨论。灰或泰韵,两者也只能择其一来讨论,因为不少南方言灰、泰二韵有不同的演变规律,亦即灰泰有别;灰、泰都入虞韵的,前提自然是灰、泰已经合并了。

5.4 小结

本章主要围绕"支微入虞"展开讨论。第一，全面分析了现代方言中该音变的分布，包括各大方言里属于该音韵层次的例字来自中古哪些韵类，声母类型在共时平面的具体表现为何。第二，在此基础上探讨支微入虞作为一种结构性变化，它在中古韵类、声母类型两个层面所体现出的蕴涵关系。第三，从文白异读的角度说明汉语方言支微入虞的性质，同时讨论不同韵类是如何发生支微入虞这一音变的。此外，还简单讨论了支微入虞对于认识方言早期关系的意义及其局限性。下面列出五点结论：

（一）支微入虞作为《切韵》以后的创新音变，目前分布于吴、老湘、徽、通泰、赣、客、闽、晋以及中原官话、西南官话等方言。

（二）支微入虞在辖字韵类和声母类型上都体现出蕴涵关系。韵类层面，具有"止合三（支脂微）→ 蟹合三四（祭废齐）→ 蟹合一（灰泰）"的次序；声母层面，渐次按照"喉音（O）、舌尖前/舌面前/舌面中/翘舌/舌叶音（C）→ 舌尖中音（T）→ 舌根音（K）→ 唇音（P）"的阶段推进，与声母的调音部位密切相关。韵类合并是音系结构层面的蕴涵关系，不同声母辅音分阶段参与音变，则体现了语音学层面的蕴涵关系。

（三）支微入虞在绝大多数方言里都是内部音系的结构性变化所致，与权威方言的影响无关；某些赣方言、闽北方言等也能看到属于文读层的支微入虞，需要仔细辨别。

（四）从音变过程来看，需要分区蟹合一与蟹合三四、止合三两类不同性质的支微入虞，止合三、蟹合三四丢失[i]韵尾后入虞，可描述为：*iuei/iui＞iu＞y。蟹合一则由洪音变为细音，可描述为*uei/ui＞

yei>yi>y。蟹合一的这种变化音理上可以用"隔音同化"来解释,现实方言里也能找到蟹合一读[yei][yəi]之类的中间阶段。不少方言入虞的蟹合一舌齿音声母字读[tɕ],说明其声母的后接元音具有[＋前][＋高]的特征,可见灰(泰)韵已经由洪音变作细音。蟹止摄三四等在[iu][y]早晚两个阶段都可以入虞,但蟹合一只能在[y]的阶段入虞,这从另一个角度说明蟹合一相对于蟹止摄合三四来说,更晚与虞韵合并,符合该音变在韵类层面的蕴涵关系。

（五）支微入虞作为一种创新音变,可以此为侧面来观察方言间的早期关系,按照丁邦新用不同时代的条件进行方言分区的方案,支微入虞也可以作为方言分区的参考条件之一,比如赣、通泰、晋方言之间,客、赣方言之间,吴、老湘、徽方言之间等等。对于止合三、蟹合三四、蟹合一都参与音变的方言(如赣、通泰、晋),可以作为共同创新来讨论,但在对于部分韵类参与音变的方言之间的关系(如吴、老湘、徽),则需要考虑到合并以后再分化的可能,虽然"分→合→分"式的回头演变很罕见,但逻辑上的可能性不能排除。因此,只能凭止蟹合三来判定共同创新的意义,至于蟹合一,并入最晚,而且不见于所有现代方言,只能作为参考。

第六章 流摄韵母字的读音及其演变*

中古流摄包含一等侯韵和三等尤、幽韵。尤、幽韵既是重韵关系，同时二者又构成重纽的对立。按照邵荣芬(2008:85)的看法，尤、幽韵早期为重纽关系，"到了《切韵》时代，这个重纽韵的四等一类的主元音已经起了变化，所以《切韵》另立幽韵系。"因为重纽的构成仅限于唇牙喉声母，故而幽韵"镠稵稵愀"几个舌齿音字可以看作是从尤韵系不规则地变来的。幽韵没有很常用的字，因此我们主要关注侯、尤韵的问题。下文将着重讨论《切韵》侯韵字在南、北吴语中不同的共时表现，归纳其演变类型，并结合历史文献，讨论侯尤韵字(特别是唇音声母字)读音及其语音史背景。

6.1 侯韵字的读音及其演变类型

唐宋以后的韵图将《切韵》各字分为四等。一般的看法是，中古一等字带有后低元音，没有介音，二等带[ɣ](<*r)介音，三等带有[i]介音，四等带有前高元音[e]，并且四等不带[i]介音。侯韵的《切韵》音通常拟作[*ou](李新魁1991:118)、[*əu](潘悟云2000:87)或[*u](李荣1956:150)，舌位都较后较高。但是，一等侯韵在吴语及周边一些方言的表现却和其他一等韵相异。在吴语的众多方言中，侯韵读前高元音

---

* 本章的部分内容曾以《〈切韵〉侯尤韵在太湖片吴语中的演变》为题发表于《汉语史学报》2009年第八辑。

6.1 侯韵字的读音及其演变类型

或者带[i]介音之类的情况很普遍。

着眼于主要元音的具体音值,以[*əu]为比较标准,可将吴语中侯韵的主要读音划为下面五个类型(只按主要读音层来分类,各方言少数辖字的不同表现下文另外再论)。

(一)嘉兴型,该类型的吴语侯韵字今读为带前高主元音的[i][e][ei][eɯ]等形式。属于该类型的吴语包括:

北部吴语:昌化[i]、嘉兴、启东(四甲)、桐庐、海盐、湖州[e],常熟、昆山[ɛ]、吕四、常州、溧阳、童家桥、诸暨(端系字读[ei]、见系字读[ʏ])、长兴、安吉、富阳[ei],杭州[eɪ],无锡[ɛi],丹阳[ɛe],嵊县(太平、崇仁)、绍兴、苏州[ʏ];

南部吴语:广丰[eɯ],松阳[ɛu]。

具体情形可参看表 6-1:

表 6-1 嘉兴型吴语侯韵字的读音

	常州	苏州	桐庐	诸暨	昌化	广丰	松阳
母	məɯ³	mo⁶	m̩⁶	mɯ⁶	m̩⁶	moŋ⁴	mu⁴
斗	tei³	tʏ³	te³	tei³	ti³	təɯ³	tɛi³
头	dei²	dʏ²	de²	dei²	di²	deɯ²	dɛi⁶ 豆
走	tsei³	tsʏ³	tse³	tsei³	tsei³	tseɯ³	tsɛi³
漏	lei⁶	lʏ⁶	le⁶	lei⁶	lei⁶	leɯ⁶	lɛi⁶
狗	kei³	kʏ³	ke³	kʏ³	ki³	ku³	kɛi³
藕	ŋei²	ŋʏ⁶	ŋe⁶	ŋʏ⁶	n̠i⁶	n̠iɯ⁴	ŋɛu⁴
厚	gei⁶	ɦʏ⁶	ge⁶	gʏ⁶	gi⁶	xiɯ⁴	ɦɛi⁴ 后

(二)萧山型,该类型的吴语侯韵字今读带[i]介音,同时其高主元音的舌位偏高。属于该类型的吴语有:

北部吴语:萧山[io],新昌[ɯi],吴江盛泽[iɐi],吴江黎里[iɐɯ];

南部吴语:金华[iu]、黄岩[iʏ]。

表6-2 萧山型吴语侯韵字的读音

	萧山	新昌	盛泽	黎里	金华	黄岩
母	mo⁶	mɤ⁴	m̩⁴	m̩⁴	m̩³	miu³
斗	tio³	tiɯ³	tiɐu³	tieɯ³	tiu³	tiɤ³
头	dio²	diɯ²	diɐu²	dieɯ²	diu²	diɤ²
走	tɕio³	tɕiɯ³	tsiɐu³	tsieɯ³	tsiu³	tɕiɤ³
漏	lio⁶	liɯ⁴	liɐu⁶	lieɯ⁶	liu⁶	liɤ⁶
狗	kio³	tɕiɯ³	kiɐu³	kieɯ³	kiu³	tɕiɤ³
藕	ȵio⁶	ŋiɯ⁴	ŋiɐu⁶	ŋieɯ⁶	eu³	ŋiɤ⁶
厚	ɦio⁶	ɦiɯ⁴	ɦiɐu⁶	ɦieɯ⁶	kiu³	ɦiɤ⁶, dziɤ⁶

(三)上海型,该类型的吴语侯韵字今读主元音为[ə][ɤ]之类的央元音,既有单元音,也有复元音韵母。属此类的吴语有:

北部吴语:海门①、宜兴[uɐ]、海宁[ɤɯ]、奉化、平湖、桐乡[əɯ],象山[əɤ],上海、余姚、南汇、临安[ɤ],嘉善[ə],崇明[ɵ],湖州[øɯ],德清[ø],宁波[œø],鄞县[œy],临海[œ];

南部吴语:衢州[əi](端系字)/[ɤɯ](见系字),兰溪[ɤɯ],永康[əɯ],云和[uɐ],东阳、义乌、汤溪、龙游[ɯɐ],缙云[ɤ]。

表6-3 上海型吴语侯韵字的读音

	上海	德清	鄞县	衢州	云和	兰溪	龙游
母	mu⁶	mu⁶	mœy⁶	mu⁴	m̩³	m̩⁶	m̩⁴
斗	tɤ³	tø³	tœy³	təɪ³	təu³	tɤɯ⁵	təɯ³
头	dɤ²	dø²	dœy²	dəɪ²	dəu²	dɤɯ²	dəɯ²
走	tsɤ³	tsø³	tsœy³	tsəɪ³	tsəu³	tsɤɯ⁵	tsəɯ³
漏	lɤ⁶	lø⁶	lœy⁶	ləɪ⁶	ləu⁶	lɤɯ⁶	ləɯ⁶

---

① 《江苏省和上海市方言概况》(1960,以下简称《概况》)将侯韵的该层次记作[ɤ]。

续表

狗	kɤ³	kø³	kœʏ³	kɤɯ³	kəu³	kɤɯ⁵	kəɯ³
藕	ŋɤ⁶	ŋø⁶	ŋœʏ⁶	ŋɤɯ⁶	ŋəu³	ŋɤɯ⁶	ŋəɯ⁴
厚	ɦɤ⁶	ø⁶	ɦɤɯ⁶	ɦɤɯ⁶	gəu⁶	gɤɯ⁶	gəɯ⁴

(四)温州型,该类型的吴语侯韵字今读的主元音为[æ][ɐ][a]之类的低元音,或为单元音,或为复元音韵母。包括:

北部吴语:镇海[æɪ],定海[ai],宝山(罗店)[ʌʏ]、金坛[ɐʏ]、宁海[ɐɯ];

南部吴语:武义[ɑu],庆元、磐安[ɐɯ],平阳、乐清、瑞安(陶山)、文成、温州[au]。

表 6-4　温州型吴语侯韵字的读音

	定海	金坛	罗店	武义	磐安	平阳	温州
母	mai⁴	mo³	mu³	mu⁴	n̩³	mu³	ŋ̍⁴
斗	tai³	tʌʏ³	tʌɪ³	tɑu³	tɐɯ³	tau³	tau³
头	dai²	thʌʏ²	dʌɪ²	dɑu²	dɐɯ²	deu²	dəu²
走	tsai³	tsʌʏ³	tsʌɪ³	tsɑu³	tsɐɯ³	tsau³	tsau³
漏	lai⁶	lʌʏ⁵	lʌɪ⁶	lɑu⁶	lɐɯ⁶	lau⁶	lau⁶
狗	kai³	kʌʏ³	kʌɪ³	kɑu³	kɐɯ³	kau³	kau³
藕	ŋai⁴	ʌʏ³	ŋʌɪ⁶	ŋɑu⁴	ŋɐɯ³	ŋau³	ŋau³
厚	ɦai⁴	xʌʏ⁵	ɦʌɪ⁶	gɑu⁴	gɐɯ⁴	gau⁴	gau⁴

(五)江山型,该类型的吴语侯韵字今读的主元音为后高元音[ɯ][u]等,如:

北部吴语:余杭[ɐ],松江[ɯ];

南部吴语:江山、开化、玉山、常山[u]。

表 6-5 江山型吴语侯韵字的读音

	余杭	松江	常山	江山	开化	玉山
母	m̩³	mo³	m̩⁴ 舅~	moŋ⁴	m̩⁵	moŋ⁴ 丈~
斗	tɯ³	tɯ³	tu³	tu³	tu³	tu³
头	dɯ²	du²	du²	du²	du²	du²
走	tsɯ³	tsɯ³	tɕiɯ³	tsɯ³	tsɯ³	tsəɯ³
漏	—	lɯ⁶	lu⁶	lu⁶	lu⁶	lu⁶
狗	kɯ³	kɯ³	ku³	ku³	ku³	ku³
藕	ŋɯ³	ŋɯ⁶	n̠iɯ³	ŋɯ⁶	ŋɯ⁶	ŋəɯ⁴
厚	ɯ³	ɦɯ⁶	gu⁴	gu⁴	gu⁶	gu⁴

必须指出的是,由于同个方言的不同调查者在听辨能力、记音习惯上有所差异,因此音值记录也会有不同。上文所分吴语中侯韵主要读音的类型,只能是个大致的分类,而且事实上,按照实际读音而不是音类分合来划分类型,存在不小的局限性,而且有时很难处理。比如松阳的侯韵读[ɛu][ɛi],虽然与央元音[ə]相比,其舌位偏低,应归入温州型,但其听感上与[eu][ei]大概也没有太大的差异,这样的话,归入嘉兴型也并无不可。不过,因为本章意在运用比较方法,按照"共时的空间差异反映演变的时间序列"的原则,说明侯韵字在吴语中的各种演变方向,音值的细微差异并不影响我们对侯韵字语音演变的整体把握。

以上是按照吴语中侯韵的主要读音层而做的方言类型的划分。就音值表现本身来说,可谓纷繁复杂:韵母类型上有单、复韵母两类,主元音、韵尾舌位前后、高低各种形式都有。通过比较各方言的读音,以《切韵》侯韵 *əu 为起点,我们对侯韵字的历时音变做如下假设:

方向 1:主元音低化

1a(韵尾前化):əu>eu>ɛu>ʌu>ʌɣ ~ ɐɯ>ʌɯ>ɐi>ai

举例:切韵 *əu>eu>ɛu>ʌu>金坛 ʌɣ ~ 庆元 ɐɯ>罗店 ʌɯ>定海 ɐi>ai

1b(韵尾不变):əu>eu>ɛu>ʌu>ɐu>au>ɑu

举例:切韵 *əu>eu>ɛu>ʌu>ɐu>温州 au>武义 ɑu

方向 2:主元音高化

1a(韵尾前化):əu>eu>əɯ ~ ɤɯ>əɪ>ei>e ~ ɛ>i

举例:切韵 *əu>汤溪 əɯ ~ 兰溪 ɤɯ>衢州 əɪ>常州 ei>桐庐 e ~ 常熟 ɛ>昌化 i

1b(韵尾不变):əu>eu>iu

举例:切韵 *əu>eu>金华 iu

方向 3:韵尾失落

3a(元音高化):əu>ə ~ ɤ>ɯ>ʉ>u

举例:切韵 *əu>嘉善 ə ~ 缙云 ɤ>松江 ɯ>余杭 ʉ>江山 u

3b(圆唇化):əu>ə>ɵ>ø

举例:切韵 *əu>德清 ø ~ 崇明 ɵ>德清 ø

侯、尤韵唇音声母字的演变往往与主体层次不同,下文将和尤韵唇音字一并讨论。以下是择举四处情形略微特殊的吴语。

1. 溧阳、诸暨方言的侯韵按照帮端系、见系声母的不同,读音有所分化:(钱乃荣 1992a:128—132)

   溧阳:[ei](帮端系):亩 mei^3 | 某 mei^3 | 茂 mei^6 | 偷 thei^1 | 投 dei^2 | 楼 lei^2 | 叟 sei^3 ;

   [i](见系):勾 ki^1 | 抠 khi^1 | 口 khi^3。

   诸暨:[ei](帮端系):亩 mei^6 | 某 mei^6 | 茂 mei^6 | 豆 dei^6 | 楼 lei^2 | 叟 sei^3 ;

   [ɤ iɤ](见系):勾 kɤ^1 | 扣 khɤ^5 | 吼 hɤ^3 | 候 ɦɤ^6 | 口 khiɤ^3 | 欧 iɤ^1 | 呕 iɤ^3。

诸暨方言的侯韵见系字另外还有带介音的[iɤ]韵读法,它和见系的[ɤ]韵从辖字范围来看似乎有互补关系。

2. 富阳方言的侯韵字大致是帮端系和影晓母字为一类,见组声母字为另一类(徐越 2007:270):

[ei](帮端系、影晓母):牡 mei⁶ | 抖 tei³ | 楼 lei² | 走 tsei³ | 吼 hei³ | 厚 ɦei⁶ | 欧 ei¹;

[iʉ](见组):狗 kiʉ³ | 口 khiʉ³ | 藕偶 ŋiʉ⁶。

3. 长兴方言的侯韵主要读音层为[ei],但其影母、匣母字大多读作[ɿ],情形特殊(徐越 2007:270 记作[i]韵,但"厚"字的白读是 gei⁶)。例字如:侯猴喉候 ɦɿ2 | 后 ɿ⁶ | 欧 ɿ¹ | 呕 ɿ³。

4. 丹阳(童家桥)方言侯韵的主要读音层是[ei],和常州方言相同,但侯韵还有读[ʌɤ]的层次(唇音字大多属于该层次,除"茂"mei⁶),而且[ʌɤ]层次并不受声母条件限制,例如:亩某母 mʌɤ⁶ | 剖 phʌɤ¹ | 斗 tʌɤ³ | 豆 dʌɤ⁶ | 口 khʌɤ³,常州则没有此类情形。童家桥侯韵读[ʌɤ]是邻近江淮官话影响的结果。

尤韵与侯韵同属流摄,说明韵图时代两者的主元音仍然相同。从现代吴语来看,尤韵字与侯韵字总体上的读音差别是[i]介音的有无。当然,其中还有若干细节,比如:(1)舌齿音声母(知庄章组)三等字后的[i]介音往往会失落;(2)唇音声母字也不形成齐齿呼读法,即不与[i]介音相配,因此尤韵非组字多读洪音韵母。

尤韵字在吴语中的演变类型基本上可以结合一等侯韵字来看,为免重复,下面不再具体讨论,分别在表 6-6、6-7 中列出北部、南部吴语代表方言的尤韵今读,以见一斑。

表 6-6 北部吴语代表方言尤韵字的读音

海门	常州	常熟	嘉定	杭州	定海	临海
浮	fvəu²	vei²	vɛ²	vø²	vei²	vai²	vu²
谋	məu²	mei²	mɛ²	mii²	mei²	mai²	mæ²

6.1 侯韵字的读音及其演变类型

续表

纽	ŋəu⁴白	n̠ʑiɣɯ⁶	n̠ʑiɣɯ⁶	n̠ʑy⁶	n̠ʑiɣ³	n̠ʑiu⁶	ȵiəu³
流	ləu²白	lei²	liɣɯ²	ly²	lɣ²	liu²	liəu²
秋	tɕhiəu¹	tɕhiɣɯ¹	tshiɣɯ¹	tshy¹	tɕhɣ¹	tɕiu¹	tɕhiəu¹
袖	ɕziəu⁶	ziɣɯ⁶	ziɣɯ⁶	zy⁶	dʑɣ⁶	ziu⁶	ziəu⁶
绸	dzəu²	dzei²	dzɣɯ²	zø²	dzeɪ²	dʑiu²	dʑiəu²
愁	dzəu²	dzei²	zɐ²	zø²	dzeɪ²	dʑiu²	zœ²
周	tsəu¹	tsei¹	tʂɣɯ¹	tsø¹	tseɪ¹	tɕiu¹	tɕiəu¹
手	səu³	sei³	ʂɣɯ³	sø³	seɪ³	ɕiu³	ɕiəu³
九	tɕiəu³	tɕiɣɯ³	tɕiɣɯ³	tɕy³	tɕiɣ³	tɕiu³	ciəu³
牛	n̠ʑiəu²	n̠ʑiɣɯ²	n̠ʑiɣɯ²	n̠ʑy²	n̠ʑiɣ²	ŋai²	ŋœ²
有	iəu⁶~心	ɦiɣɯ⁶	ɦiɣɯ⁴	ɦy⁶	iɣ⁶	ɦiu⁶	iəu³

表 6-7 南部吴语代表方言尤韵字的读音

	金华	龙游	玉山	江山	武义	庆元	瑞安	温州
浮	vu²	vu²	vuə²	fuə²	vu²	fɣ²	vu²	vøy²
纽	n̠ʑiu³	n̠ʑiɯ⁴	ŋɯ⁴	ŋɯ⁴	n̠ʑiəu⁴	n̠ʑiɯ²	n̠ʑiau³	n̠ʑiau⁴
流	liu²	ləɯ²	lu⁶	lɯ²	liəu²	liɯ²	ləu²	ləu²
酒	tsiu³	tɕiəɯ³	tsəɯ³	tɕyə³	tɕiəu³	tɕiɯ³	tsəu³	tɕiəu³
修	siu¹	ɕiəɯ¹	səɯ¹	ɕiɯ¹	ɕiəu¹	ɕiɯ¹	səu¹	ɕiəu¹
昼	tɕiu¹	tsəɯ⁵	təɯ⁻³³	tu⁻⁴³	tɕhiəu¹抽	ʔdiɯ⁵	tsəu⁵	tɕiəu⁵
愁	ziu²	zəɯ²	ziɐɯ²	sɯ²	zɑu²	sɐɯ²	zau²	zau²
瘦	siu⁵	səɯ⁵	ɕiɐɯ⁵	ɕiɯ⁵	sɑu¹搜	sɐɯ⁵	sau⁵	sau³
周	tɕiu¹	tsəɯ¹	tsəɯ¹	tɕiu¹	tɕiəu¹	iɯ¹	tsəu¹	tɕiəu¹
手	ɕiu³	səɯ³	tɕhye³	tɕhyə³	ɕiəu³	tɕhye³	səu³	ɕiəu³
九	tɕiu³	tɕiəɯ³	kəɯ³	kɯ³	tɕiəu³	tɕiɯ³	tɕiau³	tɕiau³
牛	n̠ʑiu²	n̠ʑiəɯ²	ŋəɯ²	ŋɯ²	n̠ʑiəu²	ŋɐɯ²	ŋau²	ŋau²
有	iu³	iəɯ⁴	iəɯ⁴	iɯ⁴	ɦiəu⁴	uɣ⁴	ɦiau⁴	jiau⁴

6.2 对侯尤韵字演变问题的讨论

上文分析了吴语中流摄一等侯韵的基本今读音,通过比较方法,提出了《切韵》以后侯韵字在吴语中的演变类型。可以发现,侯韵字在现代吴语里与北方官话相比,明显有所不同。我们看一看汉语各大主要方言中侯韵的今读类型(北京大学中文系语言学教研室 2003):

表 6-8 汉语各大方言侯韵字的今读韵母

北京 武汉 济南	太原 长沙	扬州	合肥	苏州	温州	双峰	南昌 梅县	广州 阳江	福州	建瓯	厦门
ou	əu	ɤɯ	ɯ	ɤ	au	e	ɛu	ɐu	au白 eu文	e	ɔ白 au文

从表 6-8 可以看出,北京、武汉、济南、太原、长沙、扬州等官话区方言内部比较一致,同时跟上海型吴语的今读类型接近;双峰、南昌、福州、梅县等方言则与嘉兴型吴语的今读类型接近;广州、厦门等方言与温州型吴语的今读类型接近。这样看来,说吴语是汉语方言中侯韵字读音最为复杂的方言区,大概也不为过。那么,为何侯韵字有如此纷呈多样的表现,其形成原因如何呢?

郑张尚芳(2002b:91)曾举例说明侯韵读细音的现象在吴、粤、赣、徽语中可见;同时指出温州方言"头豆"等字在 19 世纪末读[iu],老派读[eu],新派读[əu],而且当地老文士的读书音为[au]。白读大多比文读古老,因此郑张先生认为,[iu]应当来自前中古侯韵 u>ɯu>əu 复化过程中最早增生的过渡音[ɯ]的遗存。

陶寰(2003)专门探讨了吴语及其他汉语方言里侯韵一等带介音的问题,陶文指出:侯韵带[i]介音或读前高元音在整个北部吴语的区域都有分布;南部吴语的该类现象虽然不算集中,但在台州片南部、金衢片的衢州及丽水地区一部分方言都能见到;瓯江片吴语侯韵大多读[au],但在永嘉、平阳、苍南等地的农村方言里的侯韵常用字还会有读前元音或带[i]介音。其他南方方言,比如和吴语邻近的通泰方言、徽语,以及很多客赣方言、老湘语(新化、双峰),还有闽语的各次方言区(邵将区、闽北、闽中),都有这种侯韵的读音层次。基于以上认识,陶文假设,侯韵在南方方言的该层次可能来自宋代北方汉语的[*eu],后来随着两宋之交北方移民的南下被带到南方,遂成为早期吴语及客赣等方言侯韵的主要今读层。

就闽语而言,最近戴黎刚(2005:62—68)分析了闽语流摄一等的历史层次,提供的材料也可以补充陶文所引闽语的例证。戴文提到,莆仙方言侯韵读[iau]的层次(贸剖斗楼口后),闽南泉州方言的该音类读为[io],但厦门方言与其对应的是[ɔ]层次,闽东福州方言则为[eu],并指出该音类代表的是较为晚近的文读层次。

综上,侯韵在汉语方言里的细音韵或带前高主元音的读法有文白之分:闽语表现为文读音,南部吴语的个别方言表现为白读,而在吴语等众多方言则作为各自的主要读音,并无文白对比可言。因此,着眼于现代方言(尤其是吴语)中侯韵字的今读表现,我们认为,《切韵》侯韵[*əu]在中古以后的标准音曾与[*eu]互为语音变体(因缺乏相应的文献资料,我们无法得知变体[*eu]形成的具体时间)。央[ə]本来是个不稳定的元音,因此被称为"混元音"(schwa),而且韵尾[u]也未必就是个真正到位的[u]。比如北京话复韵母[əu]的韵尾[u]就具有滑音的性质,发音比较含混,其实际音值也无法与单元音韵母[u]相提并论。南方方言如双峰[e]、梅县和南昌的[ɛ]、福州的文读音[ɛu],以及本章所讨论的嘉兴型吴语的侯韵字今读音,相信都与带前高元音的[*eu]有关;[*eu]如果继续低化,那么就像温州型吴语的音韵变化一样,会形成广州、阳江的[ɐu]和厦门的文读音[au]。至于扬州的[ɯ]，也就是跟江山型吴语(如松江方言)相同的变化。如此，侯韵字在南方方言的演变也得到了一致性的解释。其情形可用如下的音变过程来表示：

类型1：切韵 *əu ～ *eu>福州文读 ɛu

类型2：切韵 *əu ～ *eu>ʌu>广州、阳江 ɐu>厦门文读 au

类型3：切韵 *əu ～ *eu>əu>ei>双峰 e

类型4：切韵 *əu ～ *eu>ɛu>ɛi>梅县、南昌 ɛ

类型5：切韵 *əu>ə>合肥 ɯ

有两点必须再次强调：一、《切韵》时代侯韵字的具体音值我们无法得知，只能依靠历史比较法来拟定中古汉语的读音，从而解释现代方言、中古译音材料所反映出的相关变化。我们提出侯韵字在《切韵》以后有语音变体[*əu]～[*eu]，目的也是对现代北方、南方方言里侯韵字的音变差异做出合理的解释。二、上文所建立的音变过程，其依据为普遍性的音变规则，以及比较法所提倡的"空间差异反映时间序列"的基本原则，只是一种大致的勾勒，具体细节同样无法确知。

以下是我们对吴、闽语中侯韵字读音问题的几点看法：

（一）温州方言的白读细音[iu]、文读洪音[au]的情形只是个别现象，并无系统的音类条件可循，这类侯韵的细音读音可以解释为来自前中古层次；但是，该层次在吴、通泰、徽、客、赣、湘等方言均有广泛分布，也没有文白对比，而且细音的读法很丰富。如果说吴语等的侯韵该层次来自前中古时期，就与方言的实际情形不合。

（二）一般认为，闽语的文读层是来自中原汉语，该层次大概在宋代以后才进入闽方言。事实上，闽语有不少文读层的音类表现追溯至唐宋以后才较为合适，比如蟹、止摄合口在闽北方言文读为[y]韵(参看本书第五章)，以及通合三见系字在闽语的文读带[i]介音等，大概都反映了宋代的官话层次。

(三) 有的学者认为,杭州方言是吴语区的官话方言岛(Simmons 1992)。近来的研究表明,杭州方言中除了有大量的北方方言词汇,有不少音韵特征也跟北宋末年的临安地区的汴洛官话有关系(郑张尚芳 2007:219—226)。杭州方言的侯韵读[ei],和其他嘉兴型吴语相类似,说明这种前高元音的读法和官话有关系的可能性很大;当然,杭州方言的[ei]不一定是北宋末期北方官话的直接反映,但至少是和其他吴语一致的读音层。

(四) 对于上海型吴语中侯韵字的今读来源,有几种可能的解释:①现代吴语侯韵的[əu][e io]是同一层次的不同变体,亦即只有一个来源[*eu];②[əu]和[e][io]来源不同,前者直接承自《切韵》[*əu],后者来自北方侯韵变体[*eu]的后续演变;③吴语的此类[əu]是更早[e][io](<*eu)的后续变体,若是如此,就会造成*əu(切韵)>*eu(早期吴语)>əu(现代吴语)的循环演变,虽然不无可能,但似乎与理不合(陶寰 2003 也已指出了这种设想不合情理)。既然《切韵》侯韵*əu 与*eu 互为语音变体,那么不同的变体在早期吴语里具有不一样的演变方向,还是很容易理解的。

(五) 有些吴语方言的侯韵字读[e][ei],但尤韵字在不同声母后面,若不带介音,就读[e]类韵母,若带[i]介音,就可能读[iəu]类韵母,于是形成了[e]:[iəu]的层次对比(如常州方言:走 tsei[3] | 酒 tɕiɤɯ[3]),需要说明的是:

1. 某个吴语方言的尤韵出现[e][əu]两个层次,是有声母条件可循的。无锡方言的尤韵精组字后面的[i]介音失落,因此也读成[ei](走 酒 tsei[3])。按照判定层次来源的原则,既然呈互补分布,可认为是具有音变关系的同源层次。

2. 启东吕四的侯韵读[ei],尤韵读[ei iei],如:走 tsei[3] | 酒 tɕiei[3] | 抽 tshei[1] | 秋 tɕhiei[1] | 搜 sei[1] | 休 ɕiei[1]。尤韵精组字[tɕiei]声母腭化以

前应来自更早的*tsiei,从音类关系上讲,吕四的情况代表了尤韵字尚未因声母条件而出现读音分化的阶段。同为毗陵小片的常州方言,其尤韵的[iɤɯ]和吕四的[iei]形成对应①。[iei]的主元音[e]因为受前高的介音[i]、后高的韵尾[u]的双重影响,往央元音的方向演变,即:*ieu>iɨu>iəu。

6.3 从汉语史看侯尤韵唇音字的读音

侯韵帮组的常用字除了滂母"剖"之外,其他就是"某亩牡母拇戊茂贸"等明母字;尤韵非组的常用字有"否富浮谋矛妇"等。

侯尤韵帮系字的主要读音,自然是和其他声组的侯尤韵字同韵的层次,例如嘉兴[e],常熟[ɛ],常州[ei],杭州[eɪ],萧山[io],黎里[ieɯ],上海[ɤ],余杭[ɐ],苏州[ɣ],海门[əu],桐乡[əɯ],宁波[œø]等,无须赘述。接下来看侯尤韵帮系字与其相异的表现。

侯韵明母字在吴语中普遍有个读声化韵[m̩]的层次。以北部吴语为例,包括:启东(四甲)、溧阳、靖江、江阴、常州、海门、苏州、常熟、吴江(黎里)、昆山、上海、嘉定、松江、南汇、宝山(周浦)、嘉兴、嘉善、平湖、海盐、海宁、湖州、余杭、德清、桐乡、富阳、诸暨、长兴、余姚、嵊县(太平)、桐庐、余姚、绍兴、镇海、宁波、鄞县、奉化、象山、定海等。从辖字看,多是"亩母拇姆"(宝山霜草墩"姆亩"读n⁶,稍显特殊)。音节化的形成源于*mu>m̩的音变,即高元音[u]在鼻音声母后形成声化韵。

有些方言的侯韵帮组字和模韵字合流,如"母拇"在海门、常熟、上

---

① 据卢今元(2007:1)的描述,就地理位置而言,吕四地处"淮南江北海西头",位于南通县的东端。它与长江南岸的毗陵小片吴语在地理上不相连,在音韵特征上保留较多的早期面貌,也在情理之中。

海、嘉定、海宁等方言都读[mu]，在桐乡读[məɯ]。侯韵帮组"剖"字在很多吴语读[pʰu]，也是读入模韵，例如上海、嘉兴、昆山、海盐、德清、桐乡、安吉、宁海等。上文所说的北部吴语普遍存在的侯尤韵明母字读声化韵，其实也是大多数方言并入模韵的表现，因为其早期形式就是[*mu]。

从汉语史的资料来看，《切韵》将"母茂"归入侯韵，将"覆阜"归入尤韵，在当时被认为是"吴音"。《慧琳音义》卷一"大唐三藏圣教序"在"覆载"条下说："上敷务反，见《韵英》，秦音也；诸字书音为敷救反，吴楚之音也。"同书卷四"大般若波罗蜜多经"卷三百六十三"茂盛"条下云："上莫侯反吴楚之音也。《韵英》音为摸布反"（周祖谟 1966b：478—480）。这些材料反映了两方面的问题，一是当时的吴语侯尤韵帮系字读音和《切韵》一致；二是当时的秦音，即某个北方方言，其侯尤韵帮系字读入模韵。唐代李涪《刊误》认为，陆法言《切韵》"嘉谋"音"嘉矛"，又有"浮"音伏矛反，这是不对的，亦即"谋、浮"应该不同韵才是。这表明李涪所说的河南洛阳音"浮、谋"不同韵，这又显示了北方方言的侯尤韵可能另有读音。从中晚唐的诗文押韵来看，当时流摄的帮系字和遇摄（模鱼虞韵）相叶的材料很多，如柳宗元、白居易、李贺、卢仝、李商隐、杜牧、皮日休等人的诗作。反映唐代北方方言的敦煌变文里，流摄唇音字"不牟谋缶妇负母否富覆"已普遍与遇摄字相押（唐作藩 1991：183）。由此，现代吴语中侯韵帮组字和模韵同韵，反映了唐代以来北方汉语的层次，并非源于早期吴语的自身演变。

有些吴语方言的流摄帮系字和果摄同韵。常州的侯韵帮组字读[əɯ]（剖 pʰəɯ¹ | 母 məɯ³），和歌韵以及鱼韵庄组字同韵；无锡"母亩"读məɯ⁴，和常州的情形类似。宜兴"母拇姆亩牡"读[mɒ]，也是和歌韵合流的层次，但该方言[ɒ]层次还包括模韵的明母来母字以及鱼韵庄组字（幕墓 mɒ⁶ | 虏 lɒ⁶ | 初 tsʰɒ¹ | 所 sɒ³ | 锄 zɒ²）。德清"母"字读

mu⁶，[u]则是该方言歌韵、模韵合韵的层次（拖 thu¹｜饿 βu²｜壶 βu²｜苏 su¹）。定海的侯韵帮组字读[au]（剖 phau¹｜某亩戊茂贸 mau⁶），从音值上看似乎是和豪韵合并，其实不然，该层次是和歌韵相同的层次（破 phau⁵｜磨 mau⁶｜歌 kau¹｜过 kau⁵｜卧 ŋau⁶）。其他甬江小片，如奉化"某"mʌɷ⁶，镇海"某"maɷ⁶、"剖"phaɷ¹，也是和歌韵同韵。杭州"某亩拇母"读 mu⁶，和模韵同韵，而"谋"mou²、"剖"phou¹，则和歌韵同韵。长兴的歌韵、模韵的主要读音层已经合并为[u]（波 pu¹｜补 pu³｜姑锅 ku¹｜都多 tu¹），其侯韵明母字"母拇"读 mu⁶，也读入这一层次。海宁"母"字读 mɷu⁶，[ɷu]也是歌韵、模韵的合并层（篓 lɷu²｜路 lɷu⁶｜左祖 tsɷu³）。

侯韵帮组字在吴语方言还有和麻韵同韵的现象。例如苏州（母拇）、松江（某母）、嘉善（牡）、平湖（母）、嵊县（母拇某）的侯韵明母字读[mo]；"剖"字在绍兴、萧山、象山等吴语方言读[pho]，也是和麻韵合流。

尤韵明母"矛"字来自上古幽部，在现代汉语大多数方言都和效摄豪韵"毛"字同音（张琨 1995:354），无须赘述。苏州方言的侯尤韵明母字读[æ]，和豪韵同韵（茂牡 mæ⁶）；"贸茂"在吴江黎里读[ɑɔ]（吴江盛泽读[ɑɑ]），绍兴方言读[ɑɒ]也是与豪肴韵同韵的层次。宜兴"剖"字读phau¹，是和效摄、歌韵帮组字合流的层次（保 pau³｜波 pau¹｜毛矛 mau²）。其他方言如温州、平阳（吴语）、黟县（徽语）及广东从化方言（粤语）等也反映"谋亩牡茂贸"和"毛"同韵的现象（参看上文所引张琨 1995）。

侯尤韵唇音字在北部吴语各方言有诸多与主要读音层之外的读法，表现为与各自方言的模韵、歌韵、麻韵、豪韵等合流，其中的原因何在？其实，这都是上文所述唐代以来流摄帮系字和模韵同韵的层次在现代吴语中的扩散音变所致。

6.3 从汉语史看侯尤韵唇音字的读音

本书第二章在讨论吴语果摄韵母的演化类型时曾指出,歌韵字和麻、模、侯、豪等韵一起发生了链式音变:

歌韵 *ɑ>o>ɔ>u>ou>əu>au;

麻韵 *a>ɔ>o>u>ou>əu;

模韵 *o>ɔ>u>ou>əu;

侯韵 *u>ou>əu>au;

豪韵 *ɑu>au。

从语音演变的逻辑过程来看,侯尤韵帮系字在唐代北方汉语可能读[*mu],而后在不同的吴语方言因演变速率不同,有些方言裂化后可能和歌韵合流,也可能裂化后再低化而与豪韵合并;或者演变滞后,停留于[*u]韵,遂与麻韵后来的高化形式同韵。总之,处于音变链的不同环节,就揭示了不同的韵类合并关系。

特别要指出的是,上海嘉定的"某亩文牡文茂贸"的韵母为[iɪ](汤珍珠、陈忠敏 1993:47),这种前高化演变似乎很特殊[①]。张琨(1995:355)看到了嘉定方言的侯韵明母[iɪ]与灰韵明母字同韵,但对其历史来源未做解释。我们认为,要弄清该层次的性质,观察的角度实非张先生提到的灰韵,而是《切韵》寒桓韵字在嘉定方言中的演变。张琨(1985a)还曾利用《概况》(1960)所记嘉定方言的材料,讨论过寒桓韵各类声母字的演变[②],即:寒韵见系等声母和桓韵舌尖音声母字读[ø],帮系声母字读[iɪ](搬 piɪ¹),见系等声母字读[uɪ](官 kuɪ¹)。这样我们就看到寒桓韵内部在不同声母后的两个读音层:合口的[ø]和开口的[iɪ]。按照历史层次分析的一般原则:同个韵类的在不同声母后的各种层次,如果没有明显的外源痕迹,理应视作同一层次的不同变体。再看嘉定方言的

[①] 另据张洁(1997:139)的材料,萧山"拇大~指头"读[mi],是读入止摄开口的层次。
[②] 《概况》的记音习惯和我们所采用的汤珍珠、陈忠敏(1993)有不一致之处,为了统一起见,我们在引述时略做调整。

侯韵字,除明母之外,其他声母的侯韵字读[ø]韵:斗 tø⁵｜首 sø³｜狗 kø³｜藕 ŋø⁴。那么显然可以得到下面的平行演变:

表 6-9　嘉定方言寒桓、侯尤韵的读音比较

	圆　唇		展　唇	
	韵母	例字	韵母	例字
寒桓韵	ø	审 tshø⁵	iɪ	搬 piɪ¹
侯尤韵	ø	首 sø³	iɪ	谋某 miɪ⁵.

表 6-9 能够清晰地反映嘉定方言的寒桓、侯尤在音类分合上的关系,既然寒桓的[ø][iɪ]只是同一层次的两类条件变体,那么侯尤韵读[ø][iɪ],前者是侯尤韵的基本读音,后者当然也很难说是外来的,而应该是该方言侯尤韵的自身演变层。也就是说,嘉定方言侯尤韵唇音字读[iɪ],同样是自身音韵结构的演化所致,与上文讨论的吴语方言那些非基本层次的性质不同。

总的来说,作为侯尤韵帮系字非主体的演变层次,北部吴语的大多数方言侯韵(某)和尤韵(谋)一般会有不同的读音。毗陵小片的一些方言和其他吴语有些不同,金坛、丹阳、童家桥、靖江的"姆亩某谋"都读作[ʌɤ],溧阳读[ʌɯ]。我们认为这个层次是受官话影响的晚起层次。

6.4　小结

本章主要分析了中古流摄的一等侯韵字在吴语方言中的今读韵母,并根据其具体音值将吴语划分为嘉兴型、萧山型、上海型、温州型、江山型五种不同的类型加以讨论;同时参看其他南方方言,提出北方、南方方言在侯韵字演变上的不同之处。另外,本章还探讨了侯尤韵唇音声母字的读音问题及其语音史背景。下面是四点基本结论:

(一)侯韵字在吴语中的元音变化有主元音高化、低化两种不同的

方向,其中又有各种演变的次类型。

(二)侯韵字读细音韵不仅见于吴语,还见于通泰、徽、客、赣、老湘语等南方方言,而且也是闽语流摄字的文读音。我们认为,《切韵》侯韵在中古以后曾经出现过[*əu]～[*eu]两个读音变体,后者对南方方言产生了不小的影响。

(三)侯尤韵唇音字在各地吴语中今读音的表现纷呈,但其实都与早期文献所载唐代北方汉语的音韵现象有关系,即当时侯尤韵读入模韵的层次,后来作为文读音,影响了早期历史阶段的吴语;又因为各个次方言演变的迟速有别,于是表现出和不同韵类的分合关系。

(四)吴语次方言内部虽然有较强的一致性,但每个方言毕竟都有各自的音韵结构,内部各音类之间的演变关系也会有所差异,需要做出细致的辨析。像嘉定方言侯韵唇音字的演变,便是符合自身音韵演变规律的内源性层次,与其他方言侯韵明母字的读音层次来源不同。

第七章 寒韵字演变特征的时代性与地域性*

7.1 引言

7.1.1 《切韵》和吴音

隋代陆法言所编《切韵》(601)在汉语语音史上无疑具有重要的地位。之前各家韵书取舍有所不同,审音又欠精细,出于"因论南北是非,古今通塞,欲更捃选精切,除削疏缓"的目的,于是促成了《切韵》的编纂。不过,晚唐以后此书却被斥为吴音,如李涪(陇西人)《刊误》就曾指摘道:"然吴音乖舛,不亦盛乎?上声为去,去声为上。"说《切韵》不分上、去声字,是吴音的流露。实际的情形是《切韵》的全浊上声字到晚唐已变作去声,而与全浊去声字合并了(周祖谟 1966b),李涪因缺乏语音变化的观念,才会有此误解。同样,李氏指摘《切韵》分东锺和"谋浮"的音韵地位,也是没有必要的(李荣 1985a)。

那么《切韵》到底有没有吴音成分?该问题牵涉到对《切韵》性质的认识。这方面相关的研究论著已非常丰富,如周祖谟(1963)主张《切韵》是"公元六世纪南北士人通用的雅言",但同时也承认其分韵大多依

---

* 本章的主要内容曾以《〈切韵〉寒韵字的演变特征与现代吴语》为题发表于《中国语文》2011 年第 4 期。

据南方的韵书(夏侯该《韵略》)和字书(顾野王《玉篇》),因而有"折衷南北之异同而定"的痕迹。邵荣芬(2008:1)认为《切韵》"所吸收的方音特点主要是金陵话"。张琨(1979)证明了《切韵》中元、痕(魂)相押、鱼虞有别是南方方言的特点①。可见,持"单一音系论"或"综合音系论"的学者多少都承认《切韵》含有南朝金陵音的成分②。

以上认识主要来自对历史文献的分析,近年来又有学者根据现代方言,提出了重新审视《切韵》的想法。如丁邦新(1995)认为《切韵》时代有江南(金陵)、河北(邺下)两大方言,因此应分别拟测金陵、邺下两种音系,前者演变为现代吴、闽、老湘、北赣方言及日本吴音,后者则与官话、南赣、新湘、客、粤方言及日本汉音、汉越语等资料有关。梅祖麟(2001)根据吴语处衢片的资料,说明吴、闽语的鱼虞、支脂之别来自金陵《切韵》。本章尝试说明,除了鱼虞、支脂之、仙先等韵类分合,吴、闽语寒韵字的读音特点也是观察南朝《切韵》与现代方言历史关系的重要途径。

7.1.2 《切韵》中的寒韵字

北宋陈彭年等编《广韵》(1008)卷首平声之韵目第二十五至第二十八依次为"寒·桓·删·山"。尽管各家对于《切韵》韵类有不同的构拟,但几乎都承认有后[$^*ɑ$]、前[$^*a$]的对立,亦即果(假)、蟹、效、山、宕(梗)、咸诸摄的一等韵(及果、宕摄的三等韵)的主元音读[$^*ɑ$],相应的二等韵读[$^*a$]。麦耘(1995:102)曾经利用现代方言、梵汉对音、韵图、宕摄入声字的读音等材料说明,《切韵》时代的寒韵字更可能读作圆唇

---

① 实际上鱼虞有别并非只见于南方方言,比如唐代长安方音的鱼和虞读音也是不同的。

② 《切韵》所代表的金陵书音,其特点一在于保守,二是有吴方言的影响。(麦耘 1995:116)至于金陵的读书音与白话音之间的差别,相信不会太大,具体理由可参看丁邦新(2003b:3)的论述。

的[*ɒn]①。实际上,从类型学、标记论的角度来看,世界语言的前元音往往倾向于不圆唇,后元音则经常是圆唇元音,也就是说前不圆唇、后圆唇元音都是无标记的(Hock 1988:21)。人类的口腔呈前宽后窄的喇叭形,后腔与前腔相比,可活动的空间要小一些,从而可辨别的音少于前腔的音。不圆唇的[ɑ]与圆唇的[ɒ]在舌位、音色上很接近,因此将寒韵拟作[*ɒ]或[*ɑ]大致无别。

从现代音系学的角度看,可将中古汉语的声母划为钝音性(grave)、锐音性(acute)两类。唇音(帮系)、软腭音(见系)属于钝音,齿龈音(端知系)属于锐音。由此,《切韵》一等寒韵字的特点包括:(1)声母不论钝/锐都读成合口的[*ɒn];(2)有别于二等山删韵字[*an]。

张琨(1985b)曾经详细讨论过《切韵》中读后[*ɒ](张文拟作[*ɑ])的一等韵、读前[*a]的二等韵在现代方言中的演变情形。张文提出,"前[*an]包括《切韵》山删韵,……《切韵》寒韵舌头音声母字也读入[*an]韵,……后[*ɑ]包括《切韵》寒韵字(舌头音声母字除外)"②。下文将具体说明,目前一些吴语方言的寒韵白读层,仍然将寒韵舌齿音声母字读作后[*ɑ],同时和《切韵》二等山删韵的舌齿音声母字不同音。

汉语方言间的层次包括两类:(1)源自内部演变的自源层次,可以有连续式、离散式音变两个次类型;(2)源自语言接触的外源层次,亦即在同一方言中具有不同音类来源的叠置式层次(徐通锵 1991:348—377,王洪君 2006)。有学者主张只把第二类叫做层次,而把第一类称为演变阶段或音变关系。本章在使用层次概念来分析吴、闽方言的读

---

① 故宫藏唐写本王仁昫刊谬补缺《切韵》("王三")共一百九十五韵,并无桓韵,天宝本《唐韵》才由寒韵分出桓韵。按照《切韵》"同一韵目下主元音相同"的原则,当时寒、桓韵字的差别在于后者的声母有无合口介音[u]。多数学者认为,到了北宋《广韵》时代,桓韵字[*uɒn]因合口介音的影响发生 *uɒn>on 之类的音变,于是独立一韵。

② 可参看张琨(1985b/1993:90)的相关讨论。

音层次时，一般只将那些不同音类来源的、由叠置式音变造成的层次（如文白异读）称作层次，必要时也会使用自源/外源层次的说法。

7.2 寒韵字在吴语中的南朝与晚唐层次

7.2.1 读音层次 I 及其与《切韵》的关系

就韵母而言，现代吴语中寒韵字的-n 韵尾多已失落，其韵腹或为单纯元音（如苏州），或带鼻化色彩（如绍兴）①。现代吴语的寒韵字至少有两个历史层次：

1. 层次 I，音类分合上表现为一等寒韵不按声母的锐/钝条件分化，同时有别于二等山（删）韵；音值上寒韵读作合口的[*ɒn]，山删韵读作开口的[*an]。这种分类格局和音值表现和南朝《切韵》等汉语史文献资料保持一致。

2. 层次 II，音类上表现为寒韵锐音声母字和山删韵字合流为一类，寒韵的钝音声母字为另一类（多数方言还和一等合口桓韵字同韵）；音值上前者读开口的[*an]，后者读合口的[*uan]。

从现有的材料来看，层次 I 表现丰富的方言位于吴语的东北、西南两端，北端为南通的海门、启东四甲和崇明（旧属南通，1958 年后划归上海市），这几个方言均位于长江以北、濒临东海，地理位置偏僻，为北部吴语区的东北角，内部一致性较强，所以学界有时将其统称为"崇启海"方言。南端为浙南的常山、江山、开化、玉山，为南部吴语区的西南角，方言面貌也同样保守。下面表 7-1 先列出七个吴语方言中寒韵字

---

① 寒韵的入声曷韵在现代方言中的行为大多与寒韵舒声不同。就吴语来说，多数方言的锐音声母字读[aʔ]，钝音声母字读[oʔ]或[aʔ]。山删韵的入声黠鎋韵一般都读[aʔ]（有些方言的黠韵唇音字受声母的影响读作合口的[oʔ]），因此下文一般只涉及舒声字的问题。

的读音(上、下行分别标出了白、文读)①：

表7-1　吴语七个方言寒韵的层次Ⅰ及山删韵、桓韵字的读音

		海门	崇明	四甲	江山	常山	开化	玉山
寒韵	单端	tø¹ 单	tø¹ 单	tm̩³ 掸	tɔ̃¹	tō¹ ~数	toŋ¹ 单	tō̄¹
		tæ⁵ 且	tæ⁵ 且	tæ¹ 单		tā¹ 筒~	tā⁵ 且	
	摊透	thø¹	thø¹ ~派	thm̩¹	thɔ̃¹	thō³	thoŋ³ 摆~	thō̄¹
		thæ¹	thæ¹ ~~生	thæ¹				
	弹定	dø⁶	dø⁶ 子~	dæ⁶	dɔ̃² ~琴	dō⁶ 棉花	doŋ² ~琴	dō̄² 弹
			dæ⁶ ~珠		dā² 子~	dā⁴ 子~	dā⁶ 子~	dā⁶ 蛋
	难泥	nø²	ɦnø²	næ²	nɔ̃²	nō²	noŋ²	nō̄²
	拦来	lø²	ɦlø² 拦	lm̩²	lɔ̃²	lō² 拦	loŋ²	lō̄²
		læ²	ɦlæ² 兰	læ²		lā² 兰	lā² 拦	
	赞精	tsø⁵	tsø⁵	tsæ⁵	—	tsā⁵	tsā⁵	tsā⁵
	餐清	tshø¹	—	tshæ¹	tshā¹	tshā¹	tshā¹	tshā¹
		tshæ¹						
	伞心	sø³	sø³	sæ³	sɔ̃³	sō³ 雨~	soŋ³	sō̄³
						sā³ 降落		
桓韵	短端	tø³	tø³	tm̩³	ti¹	ti³	tui³	ti¹ 长~
	酸心	sø¹	sø¹	ɕm̩¹	ɕi¹	ɕi¹	sui¹	ɕi¹
山删韵	盏庄	tsæ³	tsæ³	tsæ³	tsā³	tsā³	tsā³	tsā³
	山生	sæ¹	sæ¹	sæ¹	sā¹	sā¹	sā¹	sā¹
	产生	tshæ³	tshæ³	tshæ³	sā⁻⁴³ ~母	tshā³	sā³ ~母	tshā³
	栈崇	dzæ⁶	dzæ⁶	dzæ⁶	dzā⁶	dzā⁶	dzā⁶	dzā⁶

---

① 短横用来表示此处缺少可比较的字音材料，非文白叠置或原因待考的异读则用逗号隔开，下文同此。

7.2 寒韵字在吴语中的南朝与晚唐层次

续表

寒韵	干见	kø¹	kø¹	km̩¹	kɔ̄¹	kō¹	koŋ¹	kɒ̄¹
	看溪	khø⁵	khø⁵	khm̩⁵	—	—	—	—
	岸疑	ŋø⁶	ɦŋø⁶	m̩⁶	ɔ̄⁶	ɦō⁶	oŋ⁶	ŋɒ̄⁶
	安影	ø¹	ø¹	m̩¹	ɔ̄¹	ō¹	ā¹	ɒ̄¹
	汉晓	xø⁵	hø⁵	xm̩⁵	xɔ̄⁵	xō⁻⁴⁵	xoŋ⁵	xɒ̄⁵
	寒匣	ɦø²	hɦø²	ɣm̩²	ɔ̄³³~假	gō²	goŋ²	ɦɒ̄⁴
	汗匣	ɦø⁶	hɦø⁶	ɣm̩⁶	gɔ̄⁶	gō⁶	goŋ⁶	ɦɒ̄⁶
桓韵	官见	kue³	kue³	km̩³	kyɛ̄¹	kuʌ̄¹	kuā¹	kuā¹
	欢晓	xø¹, xue¹	hue¹	xm̩¹	xyɛ̄⁻⁴³	xuʌ̄¹	xuā¹	xuā¹
山删韵	办并	bæ⁶	bæ⁶	bæ⁶	bā⁶	bā⁶	bā⁶	bā⁶
	间见	kæ¹	kæ¹	kæ¹	kā¹	kā¹	kā¹	kā¹
	眼疑	ŋæ⁴	ɦŋæ⁴	ŋæ⁴	ŋā⁴	ŋā⁻²²~镜	ŋā⁶	ŋā⁴
	限匣	xɣæ⁶	hɦæ⁶	ɣæ⁶	ā⁶	ɦā⁶	ā⁶	ɦā⁶
	板帮	pæ³	pæ³	pæ³	pā³	pā³	pā³	pā³
	奸见	kæ¹	kæ¹	tɕii¹	kiā¹	tɕiē¹	tɕiē¹	kā¹
	颜疑	ŋæ²	ɦŋæ²	ŋæ²	ŋā⁻³³~色	ŋā²	ŋā²	ŋā²

我们发现,表 7-1 所列吴语的寒韵锐音声母字有两个读音层次的叠置,具体表现有两类:

(1)类,某个字音出现文白层次的不同。先看北部吴语(白读、文读用斜线隔开,斜线前为白读),如四甲:滩摊 thm̩¹/thǣ¹ | 拦 lm̩²~车;一种童车/lm̩² | 栏 lm̩²/lǣ² | 掸 tm̩³/tǣ³;海门:拦栏 lø²/læ² | 餐 tshø¹/tshæ¹。调查者也明确标出了其文白之别。崇明除了表 7-1 所列"摊弹"的文白异读,还有"滩"thø¹海~/thæ¹~簧戏。正如王洪君(2006:66)指出的,汉语方言中文白异读的出现,是因为自源音系和外源音系的字音音类分合关系有不同。从音类分合关系上看,寒韵锐音声母字

的白读层属于一等寒韵锐/钝声母字不分韵的层次,同时有别于二等山删韵,此即本节讨论的寒韵字的层次 I,属自源层次,与南朝《切韵》一致;文读层则为寒韵锐音声母字与其钝音声母字有别,且与山删韵合流的层次。从音值上说,白读层为合口读法,文读层为开口读法,后者即寒韵字的层次 II,属外源层次,与晚唐以后的官话一致。

江山、常山等浙南吴语某些字为一字多音,也显示了文白层次的不同,如常山"单"有 tō¹、tā¹,"伞"有 sō³、sā³ 两读,开化"拦"有 loŋ²、lā² 两读。调查报告虽未标明何为白读、何为文读,但我们可以从词汇风格色彩来判断,如常山"伞"字在"雨伞"一词中读 sō³,在"降落伞"一词中读 sā³,前者较口语化,为白读层,后者偏书面化,为文读层。更重要的是,从音类分合关系来看,常山的[ō]、开化的[oŋ]层次与海门、崇明等北部吴语的白读层次对应,亦即寒韵层次 I;常山、开化等的[ā]层次与海门、崇明等的文读层次对应,亦即寒韵层次 II。

(2) 类,字音无文白异读音类。从辖字字音的角度,可将寒韵锐音声母字分作两类,一部分字与有文白异读的字音的白读层同音,另一部分字则与有文白异读的字音的文读层同音。对于(2)类这样缺少文白异读的字音,需要将其所属某个音类与其他有文白异读的字音的自源、外源音类相匹配。这项工作可以按照以下原则进行:(王洪君 2006:68)

  有异读白读音类+(有同音关系的)无异读音类=白读层音类
  有异读文读音类+(有同音关系的)无异读音类=文读层音类

如此,(2)类实际也包含两个层次,一为和白读层同音的寒韵层次 I,如海门的[ø]、江山的[ō],代表自源音系,一为和文读层同音的寒韵层次 II,如海门的[æ]、江山的[ā],代表外源音系。层次 I 和《切韵》格局相同,层次 II 对应于晚起的唐末北宋官话。

表 7-1 已经列出了部分代表字的读音,下面列出寒韵锐音声母的

7.2 寒韵字在吴语中的南朝与晚唐层次

其他例字：

海门　层次 I:丹 tø^1｜掸~帚 tø^3｜滩 thø^1｜叹炭 thø^5｜檀 dø^2｜蛋 dø^6｜散 sø^3；层次 II:坦 thæ^3｜但 dæ^6｜兰 læ^2｜烂 læ^6。

崇明　层次 I:丹 tø^1｜掸 tø^3｜瘫 thø^1｜叹炭 thø^5｜蛋 dø^6｜散 sø^5；层次 II:旦 tæ^5｜坦 thæ^3｜但 dæ^6｜兰 læ^2。

四甲　层次 I:掸 tm̩^{3}｜；层次 II:丹 tǣ^{1}｜掸 tǣ^{3}｜瘫 thǣ^{1}｜坦 thǣ^{3}｜叹炭 thǣ^{5}｜檀弹 dǣ^{2}｜难 nǣ^{2}｜烂 læ^6｜餐 tshǣ^{1}｜伞散 sǣ^{3}。

江山　层次 I:丹 tɔ̄^{1}｜旦 tɔ̄^{5}｜滩 thɔ̄^{1}｜炭 thɔ̄^{5}｜栏兰 lɔ̄^{2}｜散 sɔ̄^{3}；层次 II(无其他例字)。

常山　层次 I:丹 tō^1｜滩 thō^1｜炭 thō^5｜檀 dō^2｜栏 lō^2｜烂 lō^6｜散 sō^3；层次 II:旦 tā^1｜蛋 dā^4｜但 dā^6。

开化　层次 I:丹 toŋ^1｜滩 thoŋ^1｜坦平~ thoŋ^3｜炭 thoŋ^5；层次 II:蛋但 dā^6｜兰拦 lā^2。

玉山　层次 I:丹 tō^1｜滩 thō^1｜拦兰 lō^2｜散 sō^3；层次 II:但 dā^6。

从辖字数量上看，层次 I 往往要多于层次 II。可见，作为自源音系的白读层还是这些吴语寒韵字的主要特征，呈现出保守的面貌。内部高度一致的崇启海方言，其寒韵文白层的辖字范围并不完全一致，启东、四甲文读层的辖字数量已超过白读，可见文读替换旧有白读的步伐已经加快。下文将看到，绝大多数吴语已无法在寒韵锐音字中找到类似于这七个吴语的明显的层次叠置，而只有和文读层即层次 II 一致的晚近官话层次。

以上说明了海门型吴语的寒韵白读层是和南朝《切韵》的分韵格局保持一致的保守层次，即锐、钝声母不分化均读合口，同时有别于二等山删韵的开口读法。可用表 7－2 说明(白、文读用斜线隔开)：

表 7-2　海门型吴语寒韵层次 I 与山删韵、桓韵字的音类分合格局

韵类		切韵拟音	海门	崇明	四甲	江山	常山	开化	玉山
寒韵	锐音声母	*ɒn	ø / æ	ø/æ	m̩/æ	ɔ̃ / ā	ō / ā	oŋ / ā	ɒ̄ / ā
	钝音声母		ø	ø	m̩	ɔ̃	ō	oŋ	ɒ̄
山删韵		*an	æ	æ	æ	ā	ā	ā	ā
桓韵	锐音声母	*uɒn	ø	ø	m̩	i	i	ui	i
	钝音声母		ø / ue	ue		yE	uʌ	uɑ̄	uā

由表 7-2 可见，从音类分合的角度来看，这些吴语的寒韵锐音白读层、钝音声母字一类，寒韵锐音文读层、山删韵字一类，南部吴语的桓韵锐、钝声母字也分作两类。值得注意的是，海门型北部吴语在桓韵字的发展上不完全一样：崇明的桓韵锐音与寒韵锐音白读层合流，桓韵钝音字自成一类，海门的桓韵钝音字除了具有崇明的特点，另外还有个寒锐白读、寒钝、桓锐、桓钝合并的层次；启东四甲也是四个音类合并。这就带来一个问题，海门、四甲的寒韵锐音字白读层的合口读法是否有可能来自寒、桓合并、同读合口的层次呢？这种可能应予排除，理由有以下四点：

第一，上文对海门型吴语文白异读层次的分析表明，海门、四甲的这种现象并非遍及全部吴语，它不见于浙南吴语，崇启海方言内部也不普遍，崇明的寒（锐/钝）、桓（锐/钝）没有完全合并，海门方言也是如此。这就清楚地表明，此类读音趋同是一种未完成的、进行中的音变。

第二，如果寒韵锐音字读合口来自晚起的寒、桓合并层，为何海门不是文读层来自寒、桓合并层，而是保守的白读层，不好解释。

第三，海门型吴语的文读层，尚且未与本方言的桓韵字完全合并，还保持着寒（锐）、桓（锐）的开、合对立，其他大部分吴语也是如此。很难理解，海门、四甲会有如此脱轨的非正常变化。

7.2 寒韵字在吴语中的南朝与晚唐层次

第四，从积极的方面来看，《切韵》寒[*ɒn]、桓[*uɒn]仅在于介音之别，主元音本就具有合口性，再加上介音 u 的合口性，寒、桓在后世出现趋同音变，音理上并不困难。当然，能不能变是一回事，会不会变是另一回事，绝大部分吴语（包括其他方言）就没有这种变化。因此，海门寒韵锐音声母字白读层的合口读法，并非来自寒、桓不分且读合口的晚起层次，而是一种保守体现（吴语桓韵字的变化较为复杂，限于篇幅，此处不做详论）。

与《切韵》同时代的历史文献，特别是可能反映吴地方音的下面的几种资料中，其寒韵字的表现也是如此。

1. 日本吴音代表了公元 5—6 世纪的吴语语音，其锐/钝声母的寒韵字无分化迹象，一律读成[an]，而山摄二等读[en]（少数读[an]，三等仙、四等先韵也读[en]，另有原因），例如（沼本克明 1995）：干 kan｜寒 gan｜旦 tan｜难 nan｜艰谏 ken｜眼颜 gen｜山删 sen｜栈 zen。由于源语和借语在音系上可能存在差异，译音材料未必能够准确地反映某些细微的语音区别，如《切韵》寒韵字主元音的合口性在日译吴音中并未体现，但其音类分合关系无疑和《切韵》相一致。

2. 南朝时吴郡人（今苏州）顾野王的《原本玉篇》中有大量的反切，反切系联的结果显示寒（桓）韵独立（周祖谟 1966c：349、382），而且未见其内部有依声母不同的分韵现象，如"单"丁安切、"蘭"力干切、"韩"胡丹切、"寒"何丹切。这四个被切字分属锐、钝系声母，而分别用钝、锐声母字做反切下字，可见其韵母并没有分化。

3. 上面两点主要说明寒韵字读合口是从南朝延续至今的保守层次，而《切韵》一等寒、二等山（删）之别，也主要是对南方读音的沿袭。王仁昫刊谬补缺《切韵》韵目下的小注说明，其编定参考了吕静《韵集》、夏侯该《韵略》、阳休之《韵略》、李季节《音谱》和杜台卿《韵略》共五家韵书，其中吕静代表了魏晋北方的押韵习惯，夏侯该《韵略》则代表稍晚南方的读音传统，两者是《切韵》分类的主要来源（张琨 1979/1987：30）。就山摄诸韵而言，平声方面，吕静、夏侯该都分立二等删韵与寒韵；上声,吕静产与旱同,夏侯该别;去声,吕静谏与翰同,夏侯该别。可见,《切韵》的分类更多地照顾了南方的分韵特点①。从寒韵字后来的演变看,也是北方官话率先开始了寒、山删韵合流的进程,而南方方言则呈现出不同程度的保守面貌。

7.2.2 读音层次 II 及其与晚唐以来官话的关系

海门型吴语中寒韵锐音字的白读层属保守的自源层次,文读层则是晚近的外源层次,对于无异读的该音类字,大多数字的读音和白读音对应,还有一些与文读音对应,这也是层次叠置的一种形式。除了上述七个吴语,其他大部分吴语只有与江苏海门、浙江常山的文读层一致的寒韵层次 II,同时还有极个别字依然有文白层次叠置的痕迹。

表 7-3 吴语的寒韵层次 II 及山删韵、桓韵字的读音

		太平	常熟	苏州	海盐	绍兴	宁波	黄岩	金华	庆元	温州
寒韵	单端	tā¹	tɛ¹	tE¹	tɛ¹	tæ¹	tE¹	te¹	ta¹	ʔdā¹	ta¹
	摊透	thā¹	thɛ¹	thE¹	thɛ¹	thæ¹	thE¹	the¹	tha¹	thā¹	tha¹
	弹定	ɦɪā²	dɛ²	dE²	dɛ²	dæ²	dE²	dɛ²	ta²	tā²	da²
	难泥	lā²	nɛ²	nE²	ne²	næ²	nE²	ne²	na²	nā²	na²
	拦来	lā²兰	lə²～牢,拦住 lɛ²阻～	lE²	lɛ²	læ²	lɛ²	lɛ²	la²	lā²	la²
	赞精	tsā⁵	tsɛ⁵	tsE⁵	—	tsæ⁵	tsE⁵	tsɛ⁵	tsa⁵渍	tsā⁵	tsa⁵
	餐清	tshā¹	tshø¹ tshɛ¹	tshø¹ tshE¹	tshe¹	tshæ¹	tshɛ¹	tshe¹	tsha¹	tshā¹	tsha¹
	伞心	sā³	sɛ⁵	sE³	sɛ³	sæ³	sE¹	sɛ³	sa³	sā³	sa³

---

① 邵荣芬(2008:10-13)以《切韵》音系是"活语言的音系而不是什么杂凑的体系"认识为前提,认为从《切韵》分韵多本之夏侯《韵略》并不能得出前者是南不从北的结论,但同时也承认南方韵书有"分韵精或粗的不同",亦即南方押韵的传统。从南北朝诗人用韵来看,寒删虽偶有同用,但删韵的独立性是主要的;再结合其他资料,说明当时的南、北方言中寒、山删韵读音均有别,尤以南方较为明显。

7.2 寒韵字在吴语中的南朝与晚唐层次

续表

桓韵	短端	tō³	tɵ³	tø³	tə³	tō³	tø³	tø³	tɤ³	ʔdai³	tø³
	酸心	sō¹	.sɵ¹	sø¹	sə¹	sō¹	sø¹	sø¹	sɤ¹	sai¹	sø¹
山删韵	盏庄	tsā³	tsɛ³	tsE³	tsɛ³	tsǣ³	tsE³	tsɛ³	tsɑ³	tsā³	tsa³
	山生	sā¹	sɛ¹	sE¹	sɛ¹	sǣ¹	sE¹	sɛ¹	sɑ¹	sā¹	sa¹
	产生	tshā³	tshe³	tshE³	tshe³	tshǣ³	tshE³	tshe³	suɑ³	sā³	sa³
	栈崇	—	dzɛ⁶	zE⁶	ze⁴	dzæ⁴	—	—	dzɑ⁶	tsā⁶	dza⁶
寒韵	干见	kē¹	kɵ¹	kø¹	kə¹	kē¹	ki¹	kɛ¹	kɤ¹	kuā¹	ky¹
	看溪	khē⁵	khɵ⁵	khø⁵	khə⁵	khē⁵	khi¹	khɛ⁵	khɤ⁵	khā⁵	khø⁵
	岸疑	ŋē⁵	ŋɵ⁶	ŋø⁶	ɦə⁶	ŋē⁶	ŋe⁶, ŋE⁶	ɦie⁶	ɤ⁶	ŋā⁶	jy⁶
	安影	ŋē¹	ɵ¹	ø¹	ə¹	ē¹	Ei¹	ɛ¹	ɤ¹	uā¹	y¹
	汉晓	xē⁵	xɵ⁵	hø⁵	hə⁵	hē⁵	he⁵	hɛ⁵	xɤ⁵	xuā⁵	øy⁵
	寒匣	ɤē²	ɦɵ²	ɦø²	ɦə²	ɦē²	ɦEi²	ɦie²	ɤ²	kuā²	jy²
	汗匣	.ɤē⁵	ɦɵ⁶	ɦø⁶	ɦə⁶	ɦē⁶	ɦEi⁶	ɦie⁶	ɤ⁶	xuā⁶	jy⁶
桓韵	官见	kō¹	kuɵ¹	kuɵ¹	kuə¹	kuø̄¹	ku¹	kuø¹, kue¹	kuɑ¹	kuā¹	ky¹
	欢晓	xō¹	xuɵ¹	huɵ¹	huə¹	huø̄¹	xu¹	xuø¹, xue¹	xuɑ¹	xuā¹	øy¹
山删韵	办並	ɦvā⁵	bɵ⁶	bE⁶	be⁶	bǣ⁶	bE⁶	be⁶	bɑ⁶	pā⁶	ba⁶
	间见	kā¹	kɛ¹	kE¹	kɛ¹	kǣ¹	kE¹	kɛ¹	kɑ¹	kā¹	ka¹
	眼疑	ŋā³	ŋe⁶	ŋE⁶	ɛ⁴	ŋǣ⁴	ŋE⁶	ȵie³	a³	nā⁴	ŋa⁴
	限匣	ɦzī⁵	ɦe⁶	ɦE⁶	—	ɦǣ⁶	ɦE⁶	ɛ³	a⁶	xā⁴	ɦa⁴
	板帮	pā³	pɛ³	pE³	pɛ³	pǣ³	pE³	pɛ³	pɑ³	ʔbā³	pa³
	奸见	tɕī¹	kɛ¹	kE¹	kɛ¹	kǣ¹	kE¹	kɛ¹	kɑ¹	kā¹	ka¹
	颜疑	ī²	ŋe²	ŋE²	ɦe²	ŋǣ²	ŋE⁶	ȵie²	a²	ŋā²	ŋa²

由表 7-3 可见,这些吴语中寒、山删韵字之间的音类分合关系为:一等寒韵字的锐音声母字与二等山删韵字的韵母已经合流,音值上绝大多数为开口读法;钝音声母字则依然为《切韵》时代的读音格局,一般

读作合口。请看表7-4：

表7-4 吴语寒韵的层次 II 及山删韵、桓韵字的音类分合格局

韵 类		切韵拟音	太平	常熟	苏州	海盐	绍兴	宁波	黄岩	金华	庆元	温州
寒韵	钝	*ɒn	ē	ɵ	ø	ə	ē	i/e/ɛɪ	ie	ɤ	uā	y
	锐											
山删韵		*an	ā	ɛ	E	ɛ	ǣ	E	ɛ	ɑ	ɑ̄	a
桓韵	锐	*uɒn	ō	ɵ	ø	ø	ø̄	ø	ø	ɤ	ai	ø
	钝			uɵ	uø	uø̄	u	uø,ue	uɑ	uɑ̄	y	

从发音部位来看,锐音性的舌齿音声母调音部位在前腔,钝音性的软腭音声母调音部位在后腔(钝音系的唇音声母字在汉语史上表现得可开可合),因此,在后接元音的性质上,锐音声母与前元音[a]、钝音声母与后元音[ɒ]相配是发音和谐的表现。这可以视作寒韵锐音声母字由《切韵》时代的后[*ɒ]变作前[*a]的动因。

关于寒韵的层次 II,还有三点细节需加交代:

(一)虽然苏州型吴语几乎只有层次 II 的读法,个别北部吴语的寒韵锐音字至今仍有类似于海门、常山的白读层(层次 I)。如常熟:掸~帚 tɵ³ | 拦 lɵ²~牢;拦住/lɛ²阻~ | 瘫 thɵ¹~子;瘫痪的残疾人/thɛ¹~痪 | 餐 tshɵ¹/tshɛ¹。在我们的调查中发现,若仅凭"拦""瘫"这样的单字,发音人只会分别读作 lɛ²、thɛ¹,但若调查词汇,如"拦牢"(拦住)的"拦"就读 lɵ²,"瘫子"的"瘫"就读 thɵ¹,可见其白读音已隐藏很深,文读几乎已全部替换了白读,本地人也想不到其本字了[①]。再如"餐"字:常州tshɵ¹野~/tshɛ¹~~饭 | 上海、苏州 tshɵ¹/tshɛ¹;"掸"字:上海、苏州 tɵ³/tɛ³。[②] 嘉定方言(个人

---

① 最近袁丹(2010)提供了非常详细的常熟吴语的字音材料,其中ая方言表示瘫痪者的"瘫子"[thɵ¹ tsəʔ⁰]并未记出本字。离常熟不远的崇明"瘫"字至今还读成合口的 thɵ¹。

② 上海话材料可参阅许宝华、汤珍珠(1988:87,89)。汪平(1996:116)和张家茂、石汝杰(1987:24)都记录了苏州方言"掸"字的又音 tɵ³。钱乃荣(1992a:140)所记上海话"掸"字只有开口读法。

7.2 寒韵字在吴语中的南朝与晚唐层次

调查)寒韵锐音字读合口的字稍多,例如:掸 tɵ³ | 摊滩许家~、:地名 thɵ¹ | 蛋 dɵ⁶ | 餐 tshɵ¹ | 散~装 sɵ³ | 伞 sɵ⁵。吴语学界一般认为上海方言的发展受苏州、宁波等江浙吴语的影响较大,纵然上海的寒韵锐音字的层次I读法借自别的吴语,同样说明其他北部吴语有此类白读层。如此,至今在海门型吴语中仍然较为丰富的白读层,是早期吴语的一项普遍特征。

(二)本章考察寒韵字的读音层次,最重要的是以分析文白异读层次为基础,观察其与相关音类分合,并参考汉语语音史,确定层次的年代与来源。现代吴语的寒韵层次 II 的音类分合上表现为寒韵锐音字与山删韵合流,且有别于寒韵钝音字。音值表现上,各方言寒韵锐音字通常读开口,钝音字读合口;同时,某些方言在音值上有若干变异,如寒韵钝音字在有些方言中变成开口读法(如泾县厚岸[ɛ]、繁昌城关[ī],宁波[i]、龙游[ie]),也有一些方言的寒韵锐音字读作合口(石台横渡[ɒn]、金华[ɑ]、庆元[ã])。必须强调,虽然有些方言的音值有所变化,但寒韵字的音类分合关系并未改变,仍然属于层次 II。探讨语言的历史演变,重要的是音类分合,而非共时的音值形式。

(三)需要注意,此处所说的层次不应包括以语音为条件自然演化的不同阶段,如见系细音声母腭化而洪音声母不腭化(王洪君 2006:65)。同个音类的不同读音若以某种语音条件在共时平面呈互补分布,并非层次叠置。据钱乃荣(1992a),宁波方言的寒韵钝音字有[i](干ₖ看ₖₕ)、[ɛɪ](安按案ʔ寒ₙ)①、[e](汉ₕ岸ŋ)三个韵母。庆元的寒韵钝音字大多读[uã]韵(肝ₖ汉汗ₓ安。),少数读[ã]韵(岸ŋ)。文成有三种带不同介音的韵母[yø](岸汉汗)、[uø](肝ₖ)、[ø](安。寒ɦ)。龙游有[ie](肝ₖ汗ɦ)、[ei](岸寒安。汉ₓ)两种韵母。通过观察不难看出,韵母的分化实

---

① 徐通锵先生调查、整理的《宁波方言调查字表》(1980)将"安"字记作[e]韵。

际上反映了以声母为条件的音变,呈互补分布,亦即寒韵钝音字的各种读法都是同个层次的条件变体,与本章所论的寒韵字的层次叠置并无关系。

我们认为,苏州型吴语中寒韵层次 II 与晚唐至北宋以后的北方官话有关,这种设想有文献和方言两方面的证据,具体见以下四点:

(一) 北宋邵雍所著《皇极经世·声音唱和图》是探讨晚唐宋初北方官话语音的重要资料,其代表的方言可能是中原汴洛官话。该书的第十二音图将"安"(寒韵钝音字)和"丹山"(寒韵锐音字、山韵字)分别列在"开"(一等)、"发"(二等)两行。说明当时某个北方话的寒韵字在锐音声母后已由《切韵》[*ɒn]变入二等[*an](雅洪托夫 1980/1986:193)。

(二)《集韵》一书成于北宋初,与《广韵》相比,除了增字加注、篇幅扩大之外,对实际语音有着更忠实的反映,比如三四等韵的合并、重纽的消变,及一些小韵的重置等。该书将《广韵》寒韵上(旱)、去声(翰)的部分小韵中的端、精组锐音声母字移至合口桓韵上(缓)、去声(换),从而寒韵上、去声韵就只留有喉牙音声母字。同时,虽然桓韵内部有寒韵字移入,但从反切下字来看,移入的寒韵锐音声母字与原桓韵的锐音声母字仍然不混,如"散旦"为开口,"算锻"为合口字。这实际上也反映了当时北方官话的寒韵锐音字和钝音字已经分化为开、合两类了。

(三) 杭州方言是北宋汴洛官话南移与当地吴语接触形成的产物。杭州方言的寒韵字不论锐/钝,都和山删韵一并读[ɛ](单 tɛ^1 | 看 khɛ^5 | 山删 sɛ^1),有别于周边的吴语方言,因此不可能来自吴语的影响。从汉语史来看,该格局在《中原音韵》已经形成。因此最有可能的是,北宋早期《声音唱和图》代表的中原官话到了两宋之交已经有所变化,其寒韵字已经是锐/钝不分且读开口[*an],同时此种汴音随北方移民南下到了临安。需要说明的是,罗杰瑞(Norman 1979:272)和丁邦新(1995:

417)两位都主张汉越音与晚唐以来的北方官话有关。但据我们的观察,汉越音的寒韵锐钝声母字都已和山删韵合流。例如(Thieêu-Chửu 1991):单 đan｜餐山删 san｜间奸 gian｜寒翰 hàn｜旱限 hạn｜颜 nhan｜斑 ban｜办伴 bạn｜端 doan｜乱 loạn｜宽 khoán。俨然是与《中原音韵》、杭州音及广西平话一致,而有别于北宋初的中原官话。因此,汉越音中寒韵字的读音层次恐怕无法溯至晚唐。

(四)吴语的主体层次是晚唐至北宋南下的北方官话,江淮官话通泰片的底层是吴语。粤、赣、客家方言与晚唐以来的北方方言有直接的渊源关系(游汝杰 2000:105—109),这些方言都有寒韵字锐/钝分韵的现象;《切韵》一等韵(寒 *ɒn｜覃 *əm｜谈 *ɒm)的入声字在现代官话中还依然可见锐/钝分韵的痕迹(如北京话"达 da²割 kɤ¹｜踏 tha⁴合 xɤ²｜塔 tha³磕 khɤ¹"),这都表明历史上的官话寒韵舒声字也曾有过锐/钝分韵的阶段。

7.3 寒韵字在闽语中的南朝与晚唐层次

丁邦新(1988)曾主张闽语的前身是南北朝时期的吴语。梅祖麟(1994、2001)说吴语、闽语、北部赣语都保存了南朝江东方言的痕迹。如鱼虞、仙先之别是南朝江东方言在吴、闽语中的遗存,晚唐以后以长安音为代表的北方官话对南方方言的影响也有迹可寻(Norman 1979)。既然寒韵字在北部、南部吴语里有两个层次分别对应于南朝《切韵》和晚唐官话,那么与吴语有着密切联系的闽语是否也有类似的情形? 张光宇(1989:66)已经提到,"山摄二等删、山韵与一等寒、桓韵在闽方言白读有别;在文读,删、山、寒一致而与桓区别。"即闽语寒韵字的白读层与吴语的层次 I 相当,声母无论锐/钝都来自《切韵》的[*ɒn],

并且与山删韵[*an]有别。从表7-5看些具体的例字①。

表7-5 闽语寒韵字的层次Ⅰ及桓韵、山删韵字的读音

		厦门	潮州	潮阳	漳平	建瓯	建阳	永安
寒桓韵	单端	tūā¹白	tūā¹白	tuā¹	tuā¹被~	tuiŋ¹	tueiŋ¹	tum¹
	散心	sūā⁵白	sūā⁵	suā⁵	suā⁵零~	suiŋ⁵	sueiŋ⁵	sum⁵
	肝见	kūā¹白	kūā¹	kuā¹	kuā¹	xuiŋ¹	xueiŋ¹	hum¹
	寒匣	kūā²白	kūā²白	kuā²	kuā²	kuiŋ²白	xueiŋ²	kum²
	端端	tūā¹	tueŋ¹	tuā¹	—	tuiŋ¹	tueiŋ¹	tum¹
	官见	kūā¹白	kueŋ¹	kuā¹	kuā¹	kuiŋ¹	kueiŋ¹	kum¹
山删韵	办帮	—	phōi⁶	paī⁶	—	paiŋ⁶	paiŋ⁶	pī⁵
	间见	kıŋ¹	kōi¹	kaī¹	kēi¹~里;房间	kaiŋ¹	kaiŋ¹	kī¹
	山生	sūā¹白	sūā¹	suā¹	suā¹	suıŋ¹	sueiŋ¹	sum¹
	斑帮	—	pōi¹	paī¹	—	paiŋ¹	paiŋ¹	pī¹
	板帮	—	pōi³	paī³	—	paiŋ³	paiŋ⁴	pī³

通过比较可知，以上所举闽南、闽北、闽中几个方言的寒韵字符合吴语层次Ⅰ的特点：(1)锐/钝不分且都读作合口；(2)二等山删韵字与一等寒韵有别。注意闽南、闽北方言的庄组字和寒韵同韵（如表7-5中的"山"字），是由于《切韵》庄组声母[*tʂ-]（有的学者拟作[*tʃ-]）的特殊性质导致了韵母的合口化演变。《切韵》的山摄二等韵*an在现代闽语多仍读作开口，如潮阳[aī]，建瓯、建阳[aiŋ]，永安[ī]，漳平[ēi]，厦门[ıŋ]。其音变过程可大致表述为：*ain>aī>ēi>ī，*ain>aiŋ>eiŋ>ıŋ。潮州方言的合口韵[ōi]来自*aī>ōi，桓韵字读[ueŋ]是一等（桓韵）与二等合口字（删韵）相混的晚起层次，如潮州方言"宽"字读khūā¹白/khueŋ¹文。

---

① 本章所引闽语材料来源：厦门、潮州、建瓯、福州（北京大学中文系语言学教研室2003；杨秀芳1982），漳平（张振兴1992），永安（周长楫、林宝卿1992），苍南（秋谷裕幸2005b），潮阳（张光宇1989），建阳（李如龙2001），邵武（李如龙1991）。

7.3 寒韵字在闽语中的南朝与晚唐层次

另外,从音类分合上看,将闽语和吴语的层次 I 相比,两者桓韵字的变化并不完全相同,闽语该层次的桓韵字与寒韵(锐/钝)字同变,开化等浙南吴语该层次的桓韵与寒韵(锐音白读、钝音)没有平行演变,海门等北部吴语只有桓韵锐音字与寒韵同变。如果严格从《切韵》出发,寒[*ɒn]、桓[*uɒn]本来不同,既然起点不同,作为早期层次,音变结果理应不同,所以如果在比较一等寒韵与二等山删韵的音类关系基础上,再加上与桓韵的比较,开化等浙南吴语的情形倒是最近于《切韵》面貌的,闽语、海门等北部吴语已略显创新,可以算是稍晚于《切韵》的变化。上文已经说过,寒、桓的韵母本来都具有合口性,出现合口化的自然演变也在情理之中(如启东四甲)。相比寒、山韵而言,学界对桓韵在整个汉语史中的演变还缺乏完整的认识,因此桓韵大致只能用作参考。

其他的南方方言,很难找到类似于吴、闽语的寒韵字的南朝层次。就目前所知,湘西乡话也有零星表现。如沅陵麻溪铺(杨蔚 1999:62—65):炭 thoŋ⁵ | 弹 doŋ² | 栏拦难 loŋ² | 伞 soŋ³ | 散 soŋ⁵ | 干~净 koŋ¹ | 干~湿 khoŋ¹ | 单 tō¹ | 寒 xō¹。寒韵字在[oŋ][ō]两个读音层上都为锐钝不分且读圆唇元音,同时和山摄二等有别(山 sɛ¹ | 颜 ŋo¹ | 盏 tsæ³ | 眼 ŋæ³)。学界对这类方言的现状和历史研究都不是很充分,因此它和《切韵》之间的源流关系目前还无法细说。

表 7-6 闽语寒韵字的层次 II 及桓韵、山删韵字的读音

		厦门	潮州	潮阳	漳平	福州	苍南	邵武
寒桓韵	单端	tan¹ 文	taŋ¹ 文	taŋ¹	tan¹	taŋ¹	tē¹	tan¹ 丹
	散心	san³ 文	tshaŋ² 残	—	san³ 胃气~	san³	sē³ 伞	san³
	干见	kan¹ 文	kaŋ¹	kaŋ¹	kan¹ 杆	kaŋ¹	kē¹	xon¹ 肝
	安影	an¹ 文	aŋ¹ 文	aŋ¹	an¹ 平~	aŋ¹	ē¹	on¹
	端端	tuan¹ 文	tuaŋ² 团	tuaŋ³ 短	tuan¹ 人名	tuaŋ¹	tø̄¹	ton¹
	观见	kuan¹	phuaŋ² 盘	kuaŋ¹	kuan¹ 参~	kuaŋ¹	khuē¹ 宽	—

续表

山删韵	办 帮	pan⁶	paŋ⁵ 扮	paŋ⁶	pan⁶	—	bai⁶	phan⁶
	间 见	kan¹ 文	kaŋ¹	kaŋ¹	kan¹ 中~	kaŋ¹	kāi¹	kan¹ 垦
	山 生	san¹ 文	—	saŋ¹	san¹ 人名	saŋ¹	sē¹	san³ 产
	板 帮	pan³	paŋ³ 文	paŋ³	pan³	paŋ³	pāi³	pan³
	删 生	san¹	saŋ¹	saŋ¹	san¹	saŋ¹	dzē⁶ 栈	san⁶ 疝

表7-6所列厦门等几个闽南方言，其寒韵字的文白异读明显:寒韵锐/钝声母字都读[uan]，属于白读层，而文读层则是寒、山韵均读为[an]，合口桓韵读[uan](<切韵[*uɒn])，这和吴语的演变层次Ⅱ相当。福州等闽东方言(包括浙南的苍南、泰顺闽语)的寒韵字缺少类似于闽南方言的文白对比，其主体层是寒山合并的[*an]。注意闽南、闽北的文读层与闽东方言的主体层虽然也属官话层次，但其寒韵不按锐/钝声母分韵，与山删韵全面合流，而吴语的层次Ⅱ表现为 *ɒn 寒韵钝音: *an 寒韵锐音、山删韵 的层次对比。可以设想，吴语寒韵字的层次Ⅱ来自晚唐—北宋初的北方官话，稍晚一点的官话寒、山韵已经完全合并了，这种官话在北宋末年进入临安，形成了今天杭州方言的独特面貌，同时也作为权威方言进入闽地，成为厦门方言的文读层或福州方言的主体层。邵武方言"基本属于客赣方言，但它又具有闽方言的某些特点"(陈章太、李如龙1991:341)，其寒韵字的表现与吴、客、赣方言的层次Ⅱ一致，从此点来看，也属非闽语的特征。

7.4 小结

以上根据近年来发表及个人调查的资料，分析文白异读的层次、观察音类分合关系，同时参考汉语语音史，提出了北部吴语、南部吴语和闽语的寒韵字分别有两个层次，层次Ⅰ为海门、常山等七个北、南吴语和闽语中寒韵锐音声母字的白读层,音类上与寒韵钝音声母字同韵,且有别于二等山删韵,该层次与南朝《切韵》的格局大体一致;层次 II 则为海门型吴语、闽语中寒韵锐音声母字的文读层,也是见于其他吴语的层次,音类上与寒韵钝音声母字不同,且与二等山删韵合并,该层次和晚唐-北宋以来的北方官话保持一致。由此,为吴、闽语历史关系的探讨提供了另一个观察角度,同时也对张琨(1985b)关于现代方言中寒韵舌齿音声母字只读同山删韵字的看法做了补正。

从移民史来看,太湖流域地区(如苏州、绍兴、杭州、宁波等)是接受南朝、晚唐、北宋末几个时期北方移民潮的重镇,权威官话的影响可想而知,这些地区的方言材料也已很多。寒韵字的《切韵》特征在这些吴语里已难觅踪迹,在吴语区东北、西南角落两端的方言却还清晰可见。较边缘的海门、启东、崇明等吴语相对于上海、苏州方言来说并不引人注意,大量浙南吴语的翔实材料也是近年来才陆续得以刊布,吴语寒韵字的保守层次呈对角线的区域式分布,既颇有兴味,又耐人深思。另外,通常认为,"吴闽有密切关系的材料主要集中在浙南,而北部吴语则相对的少见"(丁邦新 2006:4),但最近的研究表明,从虚词史来看,北部吴语与闽语同样具有深层的历史联系(郑伟 2010)。本章的论述表明,除了鱼虞、覃谈有别等已有的研究以外,寒韵字的层次 I 也是北、南吴语和闽语对《切韵》成分的共同保留(the shared retention)。今后在做吴、闽语比较时,北部吴语的材料应给予一定的重视,实际调查中也可以有意识地关注文白异读的历史含义。

第八章 曾梗摄韵母字的读音及其演变[*]

关于《切韵》曾梗摄韵母在汉语方言中的演变,已有一些学者述及。如李荣(1996)看到,梗摄字主要元音今读为[a],是吴、赣、客、粤、湘、闽、徽诸方言的共同特征。张光宇(1990)也专门讨论过梗摄字在南方方言的演变。前引李荣先生的文章曾指出,苏州方言梗摄二等白读作[a],文读作[ə],三四等作[i]。平田昌司(1995a)曾撰文说明梗摄三四等白读低元音、文读高元音的情形在日本汉字音里也有所反映。

本章拟在前贤研究的基础上,从分析吴语太湖片里曾梗摄字的读音入手,兼及江淮官话、南部吴语等邻近方言,依次讨论:(1)从等次、韵尾等角度说明曾梗摄字的文白异读的具体表现(如梗摄字文白异读的类型、曾摄由特字体现出的白读);(2)曾、梗摄唇音字的韵母表现,以及该层次与宋元以来中原官话、南系官话的关系;(3)曾、梗摄的特字读音层、例外音变等。

8.1 曾梗摄字的文白异读

8.1.1 北部吴语梗摄舒声字的文白异读

从汉语语音史来看,梗摄诸韵的合并,在中唐时期就已经比较明

---

[*] 本章的部分内容曾以《吴语太湖片曾梗摄字的读音及其演变》为题发表于《南开语言学刊》2010年第2期。

显,曾摄并入梗摄读[*əŋ]大约发生在宋代(周祖谟 1966d:622)。从现代方言来看,梗摄字在南方地区普遍具有文白异读,具体表现为白读的主元音较低,文读的主元音较高(张光宇 1990:103)。如果着眼于音类分合,白读层表现为曾梗分立,文读层表现为曾梗合流,后者便是北方官话曾梗摄的演变模式。吴语太湖片的曾梗合并层受声母影响音值有所分化,大致说来,曾开一读[əŋ əʔ];曾、梗开三因为[i]介音在知系声母后失落也读[əŋ əʔ],帮组、见系受[i]介音影响而高化读[iŋ əŋ];梗开二绝大多数字读[əŋ əʔ],其中见组个别字(硬)和影晓组(杏行幸茎樱)读[iŋ];梗开四青韵字《切韵》读前高元音[*eŋ *ek],后来继续高化,在各类声母后几乎都读作[iŋ iəʔ]。梗摄的白读层为[aŋ aʔ]或[iaŋ iaʔ],和曾摄不混,介音[i]的出现与否跟上述文读层的声母条件一致。曾摄除了个别特字有[aŋ]的层次,没有文白异读,跟北方官话的演变平行。

至于曾梗摄的合口,常用字不多。《切韵》曾合一舒声字[*uəŋ]"弘"在吴语中读[oŋ],一等入声[*uək]"国或"读[uəʔ](如平湖)、[oʔ](如余杭),三等入声*iuək"域"读[yəʔ](如昌化)、[yʔ](如临安)、[ioʔ](如湖州)等。梗合二"矿"字,目前各地方言大多和北京话一样读[uaŋ],规则读音在北京话应该是 kuŋ³,改读也只发生在上个世纪的初期,后来才推行至全国。其他如"横"字在北部吴语也多有[uaŋ]的白读。耕韵舒声"轰宏揈"、青韵(该韵合口入声无字)"莹荥迥"非口语常用字,其读音往往和北京话一致;耕韵入声在吴语中一般读作[uaʔ](如"划"字)、[uoʔ]或[uəʔ](如"获"字),清韵入声"役疫"有[ioʔ](如海盐)、[iəʔ](如常州)、[yoʔ](如海门)、[yəʔ](如桐庐)等读法,情形简单,不再赘述。因此,下文讨论的主要是曾梗摄开口字的音韵演变。

和曾摄相比,梗摄字的演变情形要复杂许多,为便于讨论,下面先看梗摄的读音问题。吴语太湖片梗摄字的文白异读,要从等次、韵尾两个角度观察,才能对其有完整的认识。梗摄包括两个二等韵(耕庚₂)、两个三等韵(清庚₃)和一个四等韵(青),并且各自包括舒声、入声两类韵母。梗二等的舒声普遍有[aŋ]类白读(有的方言为[ɑŋ āĀ]等类似形式),个别方言的元音偏高,如松江、嘉善读[ɛ],盛泽读[æ]。先看梗二舒声字在该片吴语里文白异读的情形[①]:

表8-1 北部吴语代表方言梗二舒声字的文白异读

	常州	苏州	嘉兴	萧山	桐庐	湖州	杭州	鄞县
猛庚	moŋ³	mā⁴	mĀ⁴	mā²	maŋ³	—	moŋ³	mā²
	məŋ³	mən³	—	mən²	məŋ³	men³	mən³	—
生庚	saŋ¹	sā¹	sĀ¹	sā¹	saŋ¹	sā¹	sən¹	sā¹
	səŋ¹	sən¹	—	sən¹	səŋ¹	—	—	—
硬庚	ŋaŋ⁶	ŋā⁴	ŋĀ⁶	ŋĀ⁶	ŋaŋ⁶	ŋā⁵	ŋAŋ⁶	ŋā⁶
	ɦiŋ⁶	—	—	iŋ⁵	—	—	ŋən⁶	—
棚耕	boŋ²	bā²	bĀ²	bā²	baŋ²	bā²	boŋ²	bā²
	—	bən²	—	—	—	bən²	—	—
争耕	tsaŋ¹	tsā¹	tsĀ¹	tsā¹	tsaŋ¹	tsā¹	—	tsā¹
	tsəŋ¹	tsən¹	tsən¹	tsən¹	tsəŋ¹	—	tsən¹	—
耕耕	kaŋ¹	kā¹	kā¹	kā¹	—	—	—	kā¹
	kəŋ¹	kən¹		kən¹	kəŋ¹	ken¹	kən¹	—
樱耕	aŋ¹	ā¹		ā¹	aŋ¹	ā¹	—	ā¹
	iŋ¹	in¹	in¹	iŋ¹	—	—	in¹	—

另外,梗摄二等在北部吴语里除了有[aŋ]的白读,很多方言的帮组字另外还有[oŋ]的白读[②],就辖字数量而言,似乎以邻近官话的毗陵小

---

① 若无白读或文读形式可比,或者缺少材料,在表8-1中用短横来标示。其中上行为白读,下行为文读,下同。

② [oŋ]是官话的曾梗合并层(ˑəŋ)的后变形式,该层次在吴语中形成的时间较早,对于后来进入的官话层[əŋ]来说,[oŋ]又变成白读(即为老文读)。

片吴语为多。如常州：猛 moŋ³ | 孟 moŋ⁶ | 萌 moŋ² | 碰 phoŋ⁵ | 棚 boŋ² | 彭 boŋ²。其他方言如：丹阳童家桥、靖江、四甲、江阴、余杭、德清、桐庐、萧山、宁波、鄞县、杭州等。至于该层次的来源，下文再论。

梗三、梗二的情形差别颇大，后者的白读音地域分布、辖字范围都很广泛，而前者的低元音白读虽然还见于绝大多数吴语，但只在个别字上有所体现。

表 8-2 北部吴语代表方言梗三舒声字的文白异读①

	常州	苏州	嘉兴	萧山	桐庐	湖州	杭州	鄞县
明庚	məŋ²	mən²	—	məŋ²	—	—	—	—
	miŋ²	min²	min²	miŋ²	miŋ²	min²	mɪn²	miŋ²
迎庚	ȵiŋ²	—	—	—	—	—	ȵin²	—
	ɦiŋ²	ȵin²	ɦin²	ȵiŋ²	ȵiŋ²	ȵin²	ɦin²	ȵiŋ²
映庚	—	—	—	iā⁵	—	iā¹	—	—
	iŋ⁵	in⁵	ɿŋ⁵	iŋ⁵	iŋ⁵	—	ɪn⁵	iŋ⁵
精清	tɕiŋ¹	tsin¹	tsɿŋ¹	tɕiŋ¹	tɕiŋ¹	tɕin¹	tɕɪn¹	tɕiŋ¹
声清	—	sā¹骂~~	sā¹	sā¹	—	—	—	—
	səŋ¹	sən¹	səŋ¹	səŋ¹	sen¹	sən¹	—	ɕiŋ¹
盛清	—	zā⁶姓	—	zā⁶姓	—	—	dzən²	—
	zəŋ²	zən⁶茂~	zəŋ²	dzəŋ²	zəŋ²	zen²	zən²	ziŋ²
赢耕	ɦiŋ²	ɦin²	ɦɿŋ²	ɦiŋ²	ɦiŋ²	ɦin²	ɦin²	ziŋ⁶

由表 8-2 可见，梗三舒声字"明明母(~天)"和"映影母 声书母 盛禅母"有文白异读。其他"明"字有白读 məŋ²/mən² 的吴语还有：宜兴、海门、上海、松江、平湖等。早期官话中和曾摄合流的梗三韵母为[*iəŋ]，后来受[i]介音影响，在帮组、见系声母后发生音变 *iəŋ＞iɪŋ＞iŋ，在知系声母后则[i]脱落读[əŋ]。白读音往往反映了更早时期的语音面貌，因此

---

① 表 8-2 中"盛"字《切韵》有平、去声两读，此处关注其韵母表现，故一并列出。

"明"字读[aŋ]表明早期吴语的梗三[i]介音曾在明母后脱落,而目前读[iŋ]的形式是官话渗透的结果。"映声盛"白读主元音为[a]的吴语还有:

映①:余杭、长兴、昆山、镇海、德清 iā¹ | 无锡、上海、南汇、安吉、海宁、象山 iā⁵ | 新昌、宁海 iā³ | 嘉善 iɛ̄⁵ | 嵊县太平 iaŋ⁵ | 定海iɑŋ⁵ | 余姚 iā⁵ | 松江 iɛ̄⁵ | 绍兴 iaŋ⁵;

盛:余杭、新昌、镇海 dzā⁶ | 长兴、海盐 zā⁶ | 海宁 zā²;

声:余姚、诸暨 sā¹ | 无锡、昆山、吴江黎里、宝山霜草墩、上海、嵊县双林、海盐 sā¹ | 海门 saŋ¹ | 宜兴、江阴 sʌŋ¹ | 松江 sɛ̄¹ | 盛泽 sǣ¹。

由此,北部吴语"映"[iaŋ]、"声盛"[aŋ]因声母条件的不同,前者保留三等介音[i],后者则较早失落,主元音同为[a],是处于同一白读层次的条件变体,虽然梗三舒声在北部吴语尚有白读音的就几个字,但同样是南方话梗摄的存古表现,颇值得注意。

至于梗开四青韵舒声,在北部吴语已无法看到低元音的白读,只有前高元音的文读音,这显然跟北部吴语与官话方言邻近,历史上持续不断地受其影响有关。在浙南吴语(如平阳)、湘语(如双峰、衡阳)、客赣(如永定、临川)等具备更多古老音韵层次的方言中,青韵还保持了低元音的白读(张光宇1990)。表8-3列出青韵字的主体层读音,以见一斑:

表8-3 北部吴语代表方言梗四舒声字的读音

	常州	苏州	嘉兴	萧山	桐庐	湖州	杭州	鄞县
瓶	biŋ²	biŋ²	biŋ²	biŋ²	biŋ²	biŋ²	bɪŋ²	biŋ²
顶	tiŋ³	tiŋ³	tiŋ³	tiŋ³	tiŋ³	tiŋ³	tɪŋ³	tiŋ³

---

① 注意"映"字读[iaŋ]类低元音还有两种可能,一是此字《广韵·荡韵》有"乌朗切"的又读,训作"映睒不明",一是因偏旁"央"产生的误读,但现代吴语都不读上声,而且"映"也非生僻字,缺少误读作"央"的条件。因此我们将其低元音的读法视作存古的层次。

青	tɕhiŋ^1	tshin^1	tshɿŋ^1	tɕhiŋ^1	tɕhiŋ^1	tɕhin^1	tɕhɪn^1	tɕhiŋ^1
经	tɕiŋ^1	tɕin^1	tɕin^1	tɕiŋ^1	tɕiŋ^1	tɕin^1	tɕɪn^1	tɕiŋ^1
形	ɦiŋ^2	ɦin^2	ɦiɲ^2	ɦiŋ^2	ɦiŋ^2	ɦin^2	ɦɪn^2	ɦiŋ^2

8.1.2 北部吴语梗摄入声字的文白异读

入声字的语音表现就与舒声不同了：梗二、三等入声几乎都有低元音[aʔ iaʔ]的白读层，梗四入声除了个别方言，均无白读音。请看例字：

表 8-4 北部吴语代表方言梗摄入声字的文白异读

	常州	海门	苏州	德清	萧山	桐庐	杭州	定海
百二	—	paʔ^7	pɑʔ^7	paʔ^7	paʔ^7	pʌʔ^7	paʔ^7	pɐʔ^7
	poʔ^7	—	pəʔ^7	—	—	—	—	—
拆二	tshaʔ^7	tshɑʔ^7	tshɑʔ^7	tshaʔ^7	tshaʔ^7	tshʌʔ^7	tshaʔ^7	tshɐʔ^7
	—	—	—	—	tshəʔ^7	—	—	—
客二	khaʔ^7	khɑʔ^7	khɑʔ^7	khaʔ^7	khaʔ^7	khʌʔ^7	khaʔ^7	khɐʔ^7
	khəʔ^7	—	khəʔ^7	—	—	—	—	—
麦二	—	maʔ^8	mɑʔ^8	maʔ^8	maʔ^8	mʌʔ^8	—	mɐʔ^8
	moʔ^8	—	—	—	—	—	məʔ^8	—
剧三	dʑiaʔ^8	tɕhiaʔ^8 四甲	—	dʑiaʔ^8				
	—	dʑyoʔ^8	dʑiəʔ^8	—	dʑieʔ^8	dʑiəʔ^8	dʑieʔ^8	dʑiəʔ^8
掷三	—	dzaʔ^8	—	zaʔ^8 嘉兴	—	dzʌʔ^8	—	—
	dzəʔ^8	dzəʔ^8	zəʔ^8	zəʔ^8	dzəʔ^8	dzəʔ^8	—	dʑiəʔ^8
赤三	—	tshaʔ^7	tshaʔ^7	tshaʔ^7	tshaʔ^7	—	—	—
	tshəʔ^7	tshəʔ^7	tshəʔ^7	—	tshəʔ^7	tshəʔ^7	tshəʔ^7	tɕhiəʔ^7
碧三	piəʔ^7	piəʔ^7	piəʔ^7	pieʔ^7	pieʔ^7	piəʔ^7	pieʔ^7	piəʔ^7
益三	iəʔ^7	iəʔ^7	iəʔ^7	ieʔ^7	ieʔ^7	iəʔ^7	iəʔ^7	iəʔ^7
踢四	thiəʔ^7	thiəʔ^7	thiəʔ^7	thieʔ^7	thieʔ^7	thiəʔ^7	thieʔ^7	thiəʔ^7
吃四	tɕhiəʔ^7	tɕhiəʔ^7	tɕhiəʔ^7	tɕhyoʔ^7	tɕhieʔ^7	tɕhiəʔ^7	tɕhioʔ^7	tɕhiəʔ^7

说明：

1. 文读层的音值表现。如常州等唇音声母字"百麦"读[oʔ]，和上述 oŋ＜*əŋ 一样，是早期官话层的演变形式。有些吴语的梗摄入声字如"剧"海门读[yoʔ]（＜yəʔ＜*iəʔ），主元音发生高化及圆唇化，有的方言如萧山、杭州等"剧碧"读[ieʔ]（＜*iəʔ），是主元音高化并前移的结果。①

2. 梗摄入声的低元音白读在二、三等还有明显的保留。

3. 从文白读的层次对比来看，梗二的白读层比梗三更加稳固，基本尚未被官话型文读[əʔ]覆盖；梗三入声则不然，非但白读层的辖字范围渐少，而且很多方言已经只见文读音了。

4. 几乎在所有的北部吴语里，梗四入声都只有文读音的地盘。桐庐话"笛狄"读 diʌʔ⁸，是梗四、宕三入声的合并层（恰 tɕhiʌʔ⁷｜药 ɦiʌʔ⁸）以及梗、曾有别层（力 liəʔ⁸｜暱 ȵiəʔ⁸），属罕见的例外。注意南汇话的梗四入声也读[iʌʔ]，但它是曾三和梗三四等合流的官话文读层（逼碧壁 ʔbiʌʔ⁷｜即迹绩 tsiʌʔ⁷｜熄惜析 siʌʔ⁷｜吃 chiʌʔ⁷｜忆液 ɦiʌʔ⁸），[iʌʔ]来自更早的官话层 *iəʔ。

8.1.3 从特字看曾摄字的文白异读

曾摄字区分文白异读的汉语方言比较少见，"黑克测"粤语文读[ɐk]、白读[ak]，"刻"客语文读[et]、白读[at]（刘镇发 1997/2001：140），但这种零星表现，似乎也仅限于入声。曾摄字在吴语中几乎没有白读可言，其主体层就是官话型的[əŋ]，一三等及不同声类后音值又稍有分化：

---

① "吃"字主元音读[o]，有学者认为是其声母由溪母转为彻穿母、受卷舌声母的影响所致。我们觉得似乎不必如此解释，因为梗三四等其他见母字也有撮口化的演变。

表 8-5　北部吴语代表方言曾摄字的文白异读

	常州	苏州	嘉兴	萧山	桐庐	湖州	杭州	鄞县
朋₁	baŋ²	bā²	bā²	bā²朋	baŋ²,boŋ²	bā²	—	bā²
	bəŋ²	bən²	—	bəŋ²	bəŋ²	—	boŋ²	—
等₁	təŋ³	tən³	tən³	təŋ³	təŋ³	ten³	tən³	təŋ³
肯₁	khəŋ³	khən³	khən³	khəŋ³	khəŋ³	khen³	khən³	khəŋ³
凭₃	biŋ²	bin²	bin²	biŋ²	biŋ²	bin²	bɪn²	biŋ²
蒸₃	tsəŋ¹	tsən¹	tsən¹	tsəŋ¹	tsəŋ¹	tsen¹	tsən¹	tɕiŋ¹
北₁	poʔ⁷	poʔ⁷	poʔ⁷	moʔ⁸默	—	poʔ⁷	pɔʔ⁷	poʔ⁷
	—	—	—	məʔ⁸默	pəʔ⁷	—	—	—
特₁	dəʔ⁸	dəʔ⁸	dəʔ⁸	dəʔ⁸	dəʔ⁸	dəʔ⁸	dəʔ⁸	daʔ⁸
逼₃	piəʔ⁷	piəʔ⁷	piəʔ⁷	pieʔ⁷	piəʔ⁷	piɪʔ⁷	piɪʔ⁷	piɪʔ⁷
极₃	dʑiəʔ⁸	dʑiəʔ⁸	dʑiəʔ⁸	dʑieʔ⁸	—	dʑiəʔ⁸	dʑiɪʔ⁸	dʑiɪʔ⁸

　　曾开一"朋"字有低元音白读[aŋ]的吴语有：宜兴、江阴、无锡、常州、苏州、昆山、霜草墩、罗店、周浦、上海、松江、黎里、盛泽、嘉兴、双林、杭州("崩白读"poŋ¹)、绍兴、诸暨、崇仁、宁波、吴江、海门、临安、平湖、海盐、海宁、湖州、德清、安吉、长兴、桐庐("崩白读"paŋ¹)、南汇、嘉定、嵊县、象山、镇海、宁海、鄞县、黄岩、金华等。据我们观察，该层次在浙南吴语并不普遍。有些方言从音值看倒是低元音，但通过音类关系的比较后会发现，它们都并非我们所说的白读层次。如"朋"字磐安读[ɐn]、云和[ɛ]、庆元[ā]都是各方言曾梗合流的官话型层次(如云和：朋 bɛ² | 能 nɛ² | 彭 bɛ²；庆元：朋 pā² | 肯 kā³ | 更 kā¹)。可见，是曾梗合并层后来经历了 *əŋ>ɐŋ>ɐn>aŋ 一类音变。磐安话鼻尾前移 ɐŋ>ɐn，庆元话则鼻尾使元音鼻化后脱落 aŋ>ā，云和话鼻化后继而消失 ɛŋ>ɛ̃>ɛ①。

---

　　①　汉语方言中一二等字合流的现象并不少见，但这是一等后[*ɑ]和二等前[*a]两种音类的合并，而此处所论为"特字"表现，两者性质迥异。况且，一二等字合流多见于官话方言，而吴语的一二等有另类的演变(张琨 1985b/1993:120)。梗、曾有别，以及"朋剩"读同梗摄白读层，往往在非官话方言中才见，故而无法将一二等合流与此相提并论。语言变化中的一切规律都有例外，而例外往往涵另一规律。有一个可能是"朋"字早期另有耕韵的异读，而《广韵》失收，但北部吴语还有保留。事实上，《切韵》有些登韵字的确有耕韵的又音，如"橙"字有都邓切、宅耕切两读("橙~子"苏州、德清 zā²，常熟 dzaŋ²，奉化 dzæŋ²，为耕韵读法)。"棚"字有步崩、薄萌两读。"朋"是"棚"的声符，也不排除有此种情形。

同时，曾开三蒸韵的个别字白读为[aŋ]，也是跟梗摄白读同韵的层次。如"剩~下"在北部吴语中的读音如下：苏州、昆山、上海、嘉定、黎里、霜草敦、长兴、海盐、德清读 zā⁶，嘉兴读 zā⁶，桐乡读 dzā⁶，盛泽读 zǣ⁶，松江读 zē⁶。应特别注意萧山方言"塍"（《广韵·证韵》"稻田，畦也，畔也"）出现于地名"新塍镇"时念 zā⁶。地名的读法往往保留古音，可见蒸韵字在吴语的低元音白读由来已久。

吴语的"梦"字也是三等读入二等白读的典型例字："梦"中古为三等东韵去声，现代规则读音应是 moŋ⁶，但北部吴语的很多方言和梗摄的低元音白读同韵。例如：海门 maŋ⁶｜上海、南汇、周浦、嘉定、平湖、松江、黎里、常熟 mā⁶｜嵊县双林 mā²｜新昌 mō⁶｜宁波 mɔ̄⁴｜奉化、定海、鄞县、镇海 mɔ̄⁶。另外，湖州、嘉兴、德清、桐乡、长兴、余杭、安吉、富阳、临海、仙居、天台等吴语的三等鱼韵"女"字在"女儿"一词中读入二等麻韵。温州话三等之韵"驶"字读 sa³，读入二等皆韵。

8.2 从方言和文献看曾梗摄韵母字的圆唇读音

上文提及，吴语太湖片曾梗摄帮组字有白读[oŋ oʔ]，其来自早期官话层[*əŋ *əʔ]的后变形式，实则为老文读；该层次还见于浙南吴语，不过南、北吴语的情形稍异：该层次在北部吴语的舒入韵均见大量分布，但在浙南似乎多见于阳声韵，仅个别方言有读圆唇韵母，如遂昌（北 pɔʔ⁷｜墨 mɔʔ⁸）、常山（北 poʔ⁷）。（曹志耘 2002:270）舒、入两类韵在汉语语音史上有不同的演变途径，是常见现象；①语言接触过程中本地白

---

① 比如古汉语到现代北京话，阳韵字主元音一直为[a]，而入声铎韵则从[*a]变到[uo]或[o]了。

读和外来文读的此消彼长,也和音节结构(如韵尾)的关系密切,上文所论吴语太湖片梗摄三、四等字的文白异读,入声韵就比阳声韵更好地保持了白读层(梗四的舒声白读已荡然无存,而桐庐话的入声还有零星保留),这些都是方言语音史中值得关注的问题。

梗开二在唇音声母后读[oŋ][oʔ]也见于江苏、安徽境内的江淮官话,例字如下[①]:

表 8-6　江淮官话部分方言梗二帮组字的读音

	南通	海安	泰兴	扬州	合肥	全椒	天长	无为
彭	$ph_{\Lambda}\eta^2$	$ph\eta^2$	$ph\eta^2$	$phon^2$	$ph\eta^2$	$ph\eta^2$	$phon^2$	$phon^2$
猛	$m_{\Lambda}\eta^3$	$mo\eta^3$	$m\eta^3$	mon^2	$m\eta^3$	$mo\eta^3$	$mo\eta^3$	$mo\eta^3$
白	$phoʔ^8$	$phɔʔ^8$	$phɔʔ^8$	$pɔʔ^7$	$pɐʔ^7$	$pəʔ^7$	$poʔ^7$	$poʔ^7$
棚	$ph_{\Lambda}\eta^2$	$ph\eta^2$	$ph\eta^2$	$phon^2$	$ph\eta^2$	$ph\eta^2$	$phon^2$	$phon^2$
麦	$moʔ^8$	$mɔʔ^8$	$mɔʔ^8$	$mɔʔ^8$	$mɐʔ^8$	$məʔ^7$	$moʔ^7$	$moʔ^7$

从目前的材料来看,梗摄帮组的[oŋ oʔ]类读音多见于部分吴语和江淮官话;而且,该层次在吴语、江淮官话同样都是曾梗合流的层次:

表 8-7　吴语、江淮官话部分方言曾摄帮组字的读音

	常州	杭州	常山	遂昌	扬州	泰兴	合肥	无为
北	$poʔ^7$	$poʔ^7$	$poʔ^7$	$pɔʔ^7$	$pɔʔ^7$	$pɔʔ^7$	$pɐʔ^7$	$poʔ^7$
朋	$bo\eta^2$	$bo\eta^2$	$bo\eta^2$	$bɔ\eta^2$	$phon^2$	$ph\eta^2$	$ph\eta^2$	—
墨	$məʔ^8$	$moʔ^8$	$mɛʔ^8$	$mɔʔ^8$	$mɔʔ^8$	$mɔʔ^8$	$mɐʔ^8$	$moʔ^7$

据我们所知,江苏通泰片的绝大多数方言和安徽的全椒、定远、天长、无为、当涂等地的江淮官话具有该层次。该层次还见于以下吴语:宜兴、无锡、昆山、苏州、上海、松江、嘉定、嘉兴、诸暨、平湖、长兴、绍兴、

[①] 表 8-6 所引江淮官话的材料引自北京大学中文系语言学教研室(2003)、顾黔(2001)和孙宜志(2006)。若该方言在所引材料中缺少圆唇韵母的形式,则列出其他相应读音,以便比较。

富阳、余杭、萧山、桐乡、海盐、嘉善、宁波、定海、象山、鄞县等。

部分西南官话,如武汉、成都的曾梗摄唇音也有读[oŋ]的现象(迸 poŋ⁵ | 绷 poŋ¹ | 棚 phoŋ² | 盟萌 moŋ² | 猛 moŋ³)。《汉语方音字汇》(北京大学中文系语言学教研室 2003:333)注明"盟"读[oŋ]是新读音。[oŋ][oʔ]来自下列音变:*ɡŋ>oŋ/P_、*ək>əʔ>oʔ/P_。[ə]在唇音声母后面圆唇化为[o]在汉语南、北方言都很常见。

曾梗摄在吴语、江淮及部分西南官话读圆唇元音的层次,应来自早期某种北方方言。有些曾摄、梗摄的唇牙喉音字在《中原音韵》(1324 年)里庚青、东钟两韵并收,其中唇音字有:崩绷烹平声阴 | 棚鹏萌平声阳 | 艋蜢上声 | 迸孟去声,这大概反映了一种语音演变(杨耐思 1990:115—119)。稍前的《古今韵会举要》(自序作于 1292 年)将"觥盲横宏朋弘"等字列入公字母韵,也表示有读入东钟部的圆唇音。刘晓南(1999:120—124)认为这说明了庚青部一些牙喉音合口及唇音字"在向东钟部演变,时间约在宋元前后。"刘书继而通过对宋代福建文士用韵的观察,发现曾摄入声德韵"北国墨得"等字在唐宋通语里也曾发生过向屋烛演变的音变。南宋《事林广记》(陈元靓编)所载《辨字差殊》有"墨音木""北音卜""国音谷"三条,前两条表明宋元时期浙、闽地区的一种南方标准音里,曾、通两摄的一等唇音入声字相混(平田昌司 2005:169—170)。南宋赵彦卫《云麓漫钞》里说道:"国墨北惑字,北人呼作谷木卜斛,南方则小转为唇音。北人近于俗,南人近于雅。"明万历时沈宠绥(江苏吴江人)在《度曲须知·宗韵商疑》中说:"凡南北词韵脚,当共押周韵(按即《中原音韵》),若句中字面,则南曲以《正韵》(按即《洪武正韵》)为宗,而'朋'、'横'等字,当以庚青音唱之。北曲以周韵为宗,而'朋'、'横'等字,不妨以东钟韵唱之。"又说"崩、横"诸字"收入东钟韵者,皆北音也"。沈氏明确指出了曾梗摄帮组读圆唇韵母实为"北音"的特点。明末徐渭《南词叙录》(1599 年)载:"凡唱最忌乡音。吴人不辨

清、亲、侵三韵；松江支、朱、知；金陵街、该，生、僧；扬州百、卜；常州卓、作，中、宗，皆先正而后唱可也。"游汝杰(1997:250—251)曾据此说明[m n ŋ]韵尾在明末吴语里已经混并。引起我们注意的除了游先生所说的早期吴语韵尾的归并，还有当时扬州话不辨"百卜"的现象。"卜"为三等屋韵，"百"为二等陌韵。屋韵的主元音自《切韵》以来一直是[o]，"卜"在明末的扬州话很可能读[pɔʔ]，"百"字当然也与其同音，现代扬州话"百"就读[pɔʔ]，说明这项音变至少在四百多年前的江淮官话区、吴语区已明确发生。

因此，我们有理由将吴语、江淮官话曾梗摄唇音的圆唇层次和宋元以来的北方方言相联系。南部吴语读圆唇韵母的多见于舒声字，和北部吴语、江淮官话情形不同，这个外源层次对入声字的影响并不深，此点体现了南部吴语的保守性。由此，还能比较为何北部吴语的梗二舒声、入声都能较好地保存低元音的白读，而梗摄三等却只有入声字还可见完整的白读层。这都说明入声字比舒声字更不容易受外来层次的影响①。

至于曾梗摄在吴语、江淮官话的合流问题，还需做些解释。唐五代的西北方音已可见德韵与陌(麦)韵的混并。到了元代周德清的《中原音韵》，曾梗二摄已全面合流，舒、入声分别归为庚青、齐微诸韵部。曾开一和梗开二的舒声在官话方言已并作为[əŋ]，曾摄在中古以后就读[*əŋ]，无须解释；梗开二[*ɐŋ](耕)、[*aŋ](庚)后来合流也变作[əŋ]。至于入声(德陌麦)的分合演变，在各地方言就颇不一致了。徐通锵(1991:385—389)曾经指出，北京、兰州和济南的文读层德、陌麦韵合流

---

① 可以再举官话一例为证。北京话梗开二、曾开一入声至今仍有文白异读。前者白读为[ai]韵(择tʂai² 白 tsɤ² 文)，后者白读为[ei]韵(贼tsei² 白 tsɤ² 文)，各自的文读就是曾梗同韵的层次[ɤ]。至于曾、梗摄舒声，除了"颈"字 gěng、jǐng 两读以外，几乎已不见文白异读了。石汝杰教授在本书的评审意见中提到，民国时期的《国语辞典》和早期的《新华字典》里面还保留着多个类似的两读。现在看不到这些是因后来的规范化工作给从词典里驱赶出去的，口语里还应该有遗留。

读[ɤ]，与歌、戈韵（即《中原音韵》的"歌戈"韵）叠置合流，这可以视为现代方言梗摄文读音的来源。徐先生继而认为，这一文读扩散波的发源地可能是在黄河流域和长江的中上游地区，由西向东，向南北两翼扩散。徐先生的看法若结合官话方言的区系问题会更易理解。

吕叔湘(1985)较早提出区分历史上南北系官话的想法，后来又有一些学者陆续加以推阐。例如李荣(1985b)曾根据入声在汉语方言中是否分化为标准，将江淮官话、西南官话归为一类，又因为晋语至今还保留入声，把晋语从官话里分出。罗杰瑞(Norman 1997)在该文基础上，进一步提出南系官话曾经在更靠北的黄河流域流行，晋语、江淮官话很可能形成一个连续的、保留入声的方言区。着眼于本章的论题，似乎可以得到类似的结果，即晋语（部分）、江淮官话和西南官话的德、陌（麦）相混，都体现了南系官话的演变特点。关于南系官话的具体性质等问题，尚待深入研究，但南系官话和早期的中原官话显然有某种继承关系。根据移民史的资料，北宋前后，大批中原士庶因躲避战乱而南迁至长江中下游地区，当时停留于江淮地区的约有三分之一。鉴于历史、语言的众多材料，学界便有了"近代汉语中南方系官话方言的直接源头是北宋灭亡前后移民带去的中原方言"的主张（黎新第 1995：119）。此外，明代官修《洪武正韵》显示德、陌（麦）不分，和所谓南系官话的演变模式相同，据朱元璋《洪武正韵·序》所言，此书"壹以中原雅音为定"，此点也可见南系官话、中原官话之间的历史渊源。

8.3 梗臻深摄韵母字的圆唇化

8.3.1 梗摄开口字的合口化

上文讨论的都是曾、梗摄字在吴语里的规则演变，以下两类音韵现象可视之为例外音变。

（一）"梗"字读合口，该字的合口读音在吴、客、赣语分布很是广泛。(李荣 1996:2)吴语方言有(傅国通等 1985:63—64)：富阳、象山、宁海、江山、诸暨、余姚、寿昌 kuā³｜桐庐、分水、萧山、开化、建德、宁波、兰溪 kuæ̃³｜桐乡、孝丰、临安、绍兴、嵊县、新昌 kuaŋ³｜东阳、义乌、庆元、龙游、云和、景宁 kuɛ³｜上虞、镇海、定海、淳安 kuɑ̄³｜昌化、武义、天台 kuɑ³｜广丰、上饶、宜平 kuɛ̃³｜遂昌、龙泉、杭州 kuaŋ³｜奉化 kuā³｜临海 kuɑŋ³｜仙居 kuɐ³；黄岩 kūŋ³｜永康 kuaɪ³｜青田 kue³｜泰顺 kuœ³｜常山 kuən³。

（二）撮口化音变。例如：丹阳：省 ɕyən³｜嘉定：幸 ɦyɪŋ⁶｜南汇：盈 ɦyn²｜嘉定：赢 ɦyɪŋ²｜宁海：贞 tɕyŋ¹｜启东四甲：醒_{白读} ɕyɛ̃³｜桐庐：擤_{白读} ɕyŋ³。

该类撮口化的今读都来自中古以后的梗曾合并层，音变的起点为[*iəŋ]。注意丹阳方言的庄组字大多读齿龈塞擦音[ts]，另有部分字读龈腭塞擦音[tɕ]：爪 tɕya¹｜壮 tɕyaŋ⁵｜帅 ɕya⁵｜刷 ɕyaʔ⁷，由此"省_{节~}"的[y]介音是由[tɕ]滋生的特征，与二等韵有无介音的问题无关。"盈赢贞"均为三等字，自当有[i]介音，容易发生*iəŋ＞yəŋ 之类的音变。中古梗四青韵的主元音[*e]前容易滋生[i]介音，进而可能低化再变圆唇(*eŋ＞ieŋ＞iəŋ＞yəŋ)。

常州方言"惜_{可~}"读 ɕyoʔ⁷，和海门"剧"dʑyoʔ⁸ 的音变平行。此外，"吃"字在众多吴语中读作合口，如：余姚、镇海 tɕhyoʔ⁷｜嵊县、宁波、奉化、鄞县、德清、上虞、宁海 tɕhyoʔ⁷｜定海 tɕhyɐʔ⁷｜杭州 tɕhioʔ⁷。关于"吃"字读圆唇元音，郑张尚芳(2007:223)认为，元音的撮唇变化只有声母由溪母变为穿母读[tʃh]时才能发生(朝鲜《老乞大》谚文"吃"字声母记作[tʃh])。既然其他吴语的例子表明"剧惜"等字也有*iəʔ＞yəʔ＞

yoʔ,想必韵母的演变未必都和声母的语音性质有关。

8.3.2 深臻摄开口字的合口化

众所周知,《切韵》收[n](臻摄)、[m](深摄)和[ŋ](曾梗摄)的字在现代吴语已经混并。合流后的深、臻摄字也可能有此类合口化音变。其中深开三字(*iəm/*iəp)读合口或撮口韵的有:

启东四甲:琴擒禽 dʑyẽ² │ 寻文读 覃 zyẽ²;

常州:寻文读 zyəŋ²;

宜兴:寻浔覃 zyəŋ²;

金坛:寻 tɕhyəŋ²;

绍兴:森 suō¹(以上舒声);

宜兴:入 zyəʔ⁸;

丹阳:入 ɦyeʔ⁸;

丹阳童家桥:入 ȵyoʔ⁸/ɦyoʔ⁸/ʒyoʔ⁸;

金坛:入 luəʔ⁸;

靖江:入 ɦyoʔ⁸/ɕzyoʔ⁸;

溧阳:入 szye⁸;

宁波:十什~物 拾入习白读 集 zɥəʔ⁸

鄞县:集辑习十什拾入 zɥœʔ⁸(以上入声)。

臻开三字(*iən/*iət)读合口或撮口韵的有:

四甲:尽白读进老派 晋 tɕyẽ⁵ │ 芹白读 dʑyẽ² │ 疹秦 zyẽ² │ 肾慎 zyẽ⁶;

金坛:衬 tɕɥəŋ⁵;

常州:秦 zyəŋ² │ 晋 tɕyəŋ⁵ │ 津 tɕyəŋ¹;

宜兴:秦 zyəŋ² │ 津 tɕyəŋ¹;

绍兴:衬趁 tshuō⁵;

镇海:真珍 tsɥəŋ¹ │ 疹诊 tsɥəŋ³ │ 身申伸 sɥəŋ¹ │ 神晨辰人仁

zɥaŋ² | 肾慎忍认 zɥəŋ⁶；

鄞县：镇振 tsɥəŋ⁵ | 晨辰神人 zɥəŋ² | 认刃忍 zɥəŋ⁶（以上舒声）；

金坛：瑟 suəʔ⁷；

德清：乞讫 tɕhyoʔ⁷；

定海：室 ɕyoʔ⁷；

宁波：室失 sɥəʔ⁷ | 实日 文读 zɥəʔ⁸；

宁海：膝失室 ɕyøʔ⁷ | 日 ɕzyøʔ⁸；

鄞县：失室 sɥœʔ⁷ | 实日 zɥœʔ⁸（以上入声）。

可见，深、臻摄开口三等韵的龈腭/齿龈音（知庄章精组）、软腭音（见组）声母字在北部吴语都有从开口变为合口或撮口的现象。梗摄开口各等韵读圆唇的有晓、影组字，以及知、精组个别字。就音值而论，介音与声母的类型相配：龈腭塞擦音（[tɕ]类）、声门音（[ɦ]类）声母后接[y]介音，齿龈塞擦音（[ts]类）声母后接[u][ɥ]介音。

综合考量上述中古诸韵摄的开口字读为合口的原因，似乎不止一端，大致有以下三点：

1. 东南方言中"梗"字读[uaŋ]的现象很是普遍，当然也有些南方方言和北方一样读作开口。"人寻淋"等字在汉语方言中也有开合两派读音，张光宇（2004）曾以"双线演变"来解释，即此类开合之别《切韵》前便已有之，后来各地方言分途发展，而韵书只载其一。

2. 韵图时代的章庄组声母合流为照组，知组在宋代以后也跟照组合并读[tʃ]，此类龈后音的圆唇音势易导致韵母由开变合[①]。

3. 权威方言和本地方言的接触想必也是梗深臻摄开口字出现合

[①] 请参阅郑张尚芳（2007：223）。虽然各家对《切韵》以来知庄章声母的音值有不同的构拟方案，但对其带有卷舌色彩则意见一致。张琨（1985a：218）也指出："《切韵》舌面音声母（知系章系）可能读成卷舌音，卷舌音与合口成分似乎有些因缘。"

口化演变的因素之一。因为这些韵摄带合口或撮口介音在官话色彩较重的吴语里表现尤为显著。郑张尚芳(2007:222—223)就曾举例说明，除了杭州，其他浙江方言中章庄组字也有丰富的由开变合的层次。我们也曾注意到,毗陵小片的吴语(如启东四甲、常州等)里"秦津晋薹"诸字有着不同程度的读作撮口呼韵母的现象,该片吴语紧邻江淮官话,而江淮官话很可能跟北宋以来南系官话有继承关系[①];带[ɥ]介音的读音形式在各吴语方言中属文读,而在常州、杭州、衢州话等分布特别广泛。常州话是毗陵小片吴语的代表方言,和江淮官话相邻,杭州方言则是保留了丰富的宋代汴洛官音成分的吴语,衢州话的官话色彩也较浓重。

请注意,上面所说的梗臻深诸摄由开口读入合口的现象,只属于"部分音变",也就是或并非一定是该音类所有的字都参与音变,可以看作是以词汇为条件的扩散式音变,具体原因很难说定,上面已做了分析,不再赘述。

8.4 小结

汉语南方方言是在旧有的百越民族语言的基础上,与不同时期的北方汉语持续接触、融合的产物,所蕴涵的层次复杂,相互间又可能发生各种影响,因此,探讨南方方言的演变,既需利用层次分析法,辨明各类读音层次,同时还需通过跨方言比较,参照汉语语音史,考察该方言与周边方言以及中原汉语的层次对应。上文在这种研究思路下,考察了吴语太湖片曾梗摄字音韵演变的具体情形。下面列出本章的四点结论:

(一)吴语太湖片梗摄各等字虽然都可见低元音白读,但依等次、

---

① 请参阅黎新第(1995)、沈钟伟(2008)等先生的相关论述。

韵尾不同而表现各异:二等舒声的白读保留最完整,三等舒声仅有零星几字有白读音,四等舒声的白读层已无踪迹可寻;梗二三等入声白读层的辖字及分布地域都还很广泛,梗四入声的白读在个别方言还有所体现。看来,语音演变中入声比舒声更不容易受到异源文读层的影响,这一规律从特字层次在南部、北部吴语中的表现也能得到反映。

(二)吴语"朋鹏剩塍"等字和梗摄白读同韵,这种一三等韵读入二等韵的特字层次,在现代吴、闽方言有较多的例子。

(三)吴语及邻近江淮官话的曾梗摄唇音字有读圆唇韵母的层次,该层次可追溯至宋元以来的中原官话,而后成为南系官话的音韵特征之一,并在其后裔方言得以保留。

(四)吴语的梗摄开口三等字有读合口(及撮口)的例外音变,该层次同样还见于臻、深等韵摄字。形成这类层次的原因,需要从双线演变、语音机制、官话影响多方面去理解。

第九章 从比较音韵论杭州音系的性质*

1987年及新版《中国语言地图集》所列的吴语分区中,杭州方言都被单独划作一个小片,与太湖片的其他五个小片并列。傅国通等(1986:4)认为杭州方言在音韵方面的特点有以下七项:(1)见开二声母只有舌面[tɕ]读法;(2)日母"儿耳二"字只读[əl],没有鼻音读法;(3)微母没有[m]的读音;(4)"鸟"字读 niɔ³;(5)有很多带[ɥ]介音的韵(舍碎税 sɥei⁵ | 社罪穗 dzɥei⁶ | 揣 tshɥɛ¹ | 帅 sɥɛ⁵ | 村春 tshɥən¹ | 桑双 sɥaŋ¹ | 窗 tshɥaŋ¹ | 染软 ɥõ³);(6)山合一二等,合三知庄章组,咸山开三知章组,今全读[uõ]。如:搬 puõ¹ | 团 duõ² | 官关 kuõ¹ | 闩 suõ¹ | 专 tsuõ¹ | 占 tsuõ⁵ | 展 tsuõ³ | 缠 dzuõ²;(7)"夺"字读 doʔ⁸,"落鹿绿"读 loʔ⁸,四字同韵。

杭州音系的性质问题是目前学界的分歧所在。赵元任(1928)最早提出杭州方言是吴语和官话混合形成的"吴音官话",后来的吴语专家大多表示赞同。如鲍士杰(1988)认为,杭州方言的形成是北宋末年宋室从汴梁迁至临安,而由大批中原人民南移的结果;宋代官话与当时吴语的交融是造成目前杭州城区话与周边吴语不同的主导因素。游汝杰(2000:65)指出,杭州方言的字音没有白读,只有文读一类,"在吴语区,杭州方言的半官话性质显得非常突出"。美国学者罗杰瑞(Norman 1997)则提出了不同看法,他认为塞音、塞擦音三分不能用来区分吴语

---

* 本章的主要内容曾以《从比较音韵论杭州语音的历史层次》为题发表于《中国语言学集刊》2011年第5卷第1期。

和非吴语,因为该特征为存古而非创新,无法据此将杭州方言划入吴语;同时参照:(1)日母、微母非鼻音化,(2)全浊上变去,(3)第三人称代词用"他"几项标准,主张杭州方言是个"保守的官话"。史皓元(Simmons 1992、1999)从杭州声调模式、词汇的官话性质等方面对罗氏的观点表示支持。项梦冰(2007:192—194)鉴于杭州方言微、日母字有文白分层的现象,认为将其阻塞音三分的特征当作吴语的表现是方便而且妥当的,因此杭州方言可以和官话相区别。需要特别指出两点:(1)老派杭州方言的微母字并无 m-的白话音,如"蚊~子"只读 vən²,而不会读成 mən²。① 微母读[m]应借自邻近的吴语,属晚起现象,此条不能作为杭州方言为吴语的证据。(2)语音史的文献显示,北宋官话的浊声母已开始清化,吴语的塞音三分格局不太可能承继自官话,而应作为保留《切韵》时代声母分类的表现。

笼统言之,杭州音系兼具保守和创新双重性质。就音韵来说,除了塞音、塞擦音三分格局、保留浊音,学界对其保守性质似乎未多留意;至于创新,也仅限于列举几点官话影响的表现,对元音、介音演变的层次来源及性质较少涉及。郑张尚芳(2007)的观察角度扩大,专论杭州音系十大官音特征,其中包括声母六项(①日母止摄读[ɭ],②日母非止摄读[z],③微母读[v]或合口零母,④见系二等读[tɕ],⑥从母读[dz]或[dz],⑦疑母多读零声母)、介音一项(⑤章庄系开口变读合口)、韵母三项(⑧覃谈寒韵不分,⑨曾一、梗二相混,⑩鱼虞合并),较多注重声母。史皓元(Simmons 1999)有专章讨论杭州方言,也只提到了假摄二三等读[a],"水"字读[uei]两点有别于吴语的官音特征(郑张尚芳 1999:17—18)。总体来说,还有进一步深入讨论的余地。运用比较方法,参

---

① 此点承蒙游汝杰教授见示。据游先生告知,他在杭州城内生活了近二十年,并且完整记录过杭州的老派音,未曾发现微母读[m]的现象。

照汉语语音史,可以发现杭州音系的音韵层次比已知的更加丰富:除了承自南朝《切韵》的保守层次,以及《切韵》后发生于早期共同吴语的创新层次,主要则是晚唐以后的北方官话。

9.1 杭州方言与《切韵》

由音韵层面观之,汉语方言的保守通常是指对《切韵》甚或更早时期面貌的保留。《切韵》承袭了东汉以来的"洛阳旧音",反映东晋南朝金陵、洛下的书音系统。将《切韵》的分类格局与当时带有吴音色彩的文献(如《玉篇》《经典释文》的反切等)相比较,再参考诸如《切韵·序》"江东取韵,与河北复殊"、《经典释文·叙录》"方言差别,固自不同,河北江南,最为巨异"之类的记录,不难想象《切韵》与金陵吴语关系之紧密。正由于此,近来有学者提出有区分金陵《切韵》与邺下《切韵》之必要(丁邦新 1995)。杭州音系中以下三项特征至今似乎未被谈及,均来自金陵《切韵》,即和南朝吴语(江东方言)有关。

(一)蟹摄一等咍、泰韵字的元音对立。《切韵》将咍 *əi、泰 *ɑi 两韵分立。梁朝顾野王(苏州人)《玉篇》的全部反切保留在日本空海的《万象名义》中,反切系联的结果显示,当时吴音的咍(灰)和泰韵也是分作两类的(周祖谟 1966c:393)。因此,咍、泰不混是南朝吴语的音韵特点,目前很多吴语方言仍然保留咍、泰对立的迹象。现代杭州方言受宋代汴洛官话影响太深,此类现象消失殆尽,只有"赖~孵鸡"字的读音 lɑ⁶ 还透露出早期吴语的痕迹(参看鲍士杰 1998:60),这一读音和咍韵字(来 lɛ²)的韵母有所区别,同时也和其他吴语,如苏州方言的咍[ɛ]:泰[ɑ]对比格局平行。

(二)蟹摄二等佳韵字读[a]。潘悟云(2002:54—56)参考了日译吴音、古汉越语及闽语白话音的材料,并且比较吴语各地方言的表现,

9.1 杭州方言与《切韵》

大致勾勒了佳韵字在吴语中的演变途径:《切韵》时代的佳韵 *æi 在浙南吴语里有些变成[ai](如玉山),有的则失落韵尾[i]读成[æ]或[a](如永强[ɛ],温州[a])。共同吴语的佳韵 *ai 大致有如下的变化: *ai ＞ ɛ ＞ a ＞ ʌ ＞ ɑ ＞ ɒ。因此杭州及其他吴语的佳韵读[a],大概不应来自北方官话,而是佳韵的《切韵》读音特征在方言中的后续演变。表9-1列举北部吴语代表方言中佳韵字的今读:

表9-1 北部吴语佳韵字的读音

	金坛	江阴	上海	常州	苏州	嘉兴	湖州	绍兴	桐庐	鄞县
蟹	hɛe³	hæ³	hʌ³	xɑ³	hɒ³	ha³	ha³	ha³	ha³	ha³
解	kɛe³	kæ³	kʌ³	kɑ³	kɒ³	ka³	ka³	ka³	ka³	ka³
鞋	xɛe²	ɦæ²	ɦʌ²	ɦɑ²	ɦɒ²	ɦa²	ɦa²	ɦa²	ɦa²	ɦa²

北方官话中佳韵字的演变有别于吴语,如北京话的佳韵一般读[ai uai][①],见开二读[ia](佳)或[iɛ](街)。京剧上口字"街解界鞋蟹"等还要念作[iai],归入"怀来"辙。(周殿福1980:215)由此,北方官话的演变模式为 *iai＞ia、*iai＞iɛi＞iɛ,和吴语的表现不同。目前杭州音系中佳韵字大多读[ɛ][iɛ],亦即和官话读音一致,但还有少数几个字读[ɑ],例如:簰撑~摆渡 bɑ⁶ | 推 ŋɑ³ | 蟹 hɑ³ | 解锯开 kɑ³ | 揩 khɑ¹ | 懈倦怠 gɑ⁶,理应视作南朝吴语以来固有的音韵层次,和《切韵》有渊源关系。

(三)"蟹"字读阴上调。"蟹"字《切韵》胡买切,属匣母上声蟹韵。曹宪《博雅音》呼买切,晓母上声蟹韵,后者很可能反映了隋朝江东一带的方音,而它正是今天众多南方方言(包括吴语)的读音来源。"蟹"字在北方官话读去声,而南方大部分都读上声:(斜线前为文读,后为白读)

---

① 注意"罢"字读 pa⁵ 可能反映了该字还有麻韵的异读。《切韵》有些字有麻、佳韵的异读,吴语很多方言"罢"读 bo⁶,也读入麻韵。

去声读法：北京、西安ₓ、太原 ɕiɛ⁵ | 济南 ɕiɛ⁵ | 厦门 hai⁶/hue⁶ | 福州 xa⁶ | 建瓯 xai⁶；

上声读法：合肥 ɕiɛ³ | 扬州 ɕiɛ³/xɛ³ | 苏州 hɑ³ | 温州 ha³ | 长沙、南昌、阳江、梅县 hai³ | 广州 hai⁴ | 潮州 hoi⁴。

以上所列为《汉语方音字汇》（北京大学中文系语言学教研室 2003）中各大汉语方言"蟹"字的读音。其中成都（西南官话）的文读为 ɕiɛi⁵、白读为 xai³，双峰（老湘语）的文读为 ɣa⁶、白读为 xa³、xɛ³。可以看出，去声是文读，上声是白读，前者来自晚近的北方官话，后者是早期南方方言的固有层次。杭州方言读阴上调，自然属于早期吴语的那一类读音，与晚近的汴洛官音无涉。

9.2 杭州方言与近代官话

北宋末年有较大规模的中原移民南下，多数进入了太湖流域的苏州、杭州、绍兴、金华等重要城市，其中大部分涌入南宋的首都临安（今杭州），当时的临安由于战乱而丧失了三分之二的本地居民，北方汴洛官话对杭州音系的影响可想而知[①]。以下所论音系特征，来自晚唐至北宋以来的北方官话。南下官话对于杭州及周边吴语的作用，相信在不同的历史时期都会存在。

（一）麻三字读[i]的层次及其后续演变。杭州音系中麻韵三等字有三类读音（鲍士杰 1998，徐越 2007）：(1)精组字读[iɑ]，如：笡 tɕhiɑ³ | 斜 dziɑ²；(2)章组读[ɥei]（个别读[ɿ]），如：遮 tsɥei¹ | 车 tshɥei¹ | 蛇 zɥei² | 奢赊 sɥei¹ | 舍 sɥei³ | 社射 zɥei⁶ | 蔗 tsɿ⁵；(3)精组以母字读[i]，

[①] 李新魁（1991:21）曾指出："北宋亡后，宋室南渡，朝廷从汴京迁到杭州来。这个时期，中原共同语也随着宗室的南移、军队和一般居民的流徙而流传到杭州一带。这就进一步加强了中原共同语在南方的传播。"

如：写 ɕi³｜姐 tɕi³｜. 野 i³｜爷 ɦi²。徐越（2007：191）认为[i]是杭州方言早期读书音的层次，我们觉得是合理的。郑张尚芳（2007）关注的是介音层面的问题，对（1）类层次的合口读法做出了很好的解释，但是未曾谈及韵母[ɥei]的来源。我们认为，(2)类的[ɥei]是早期官话麻三[*i]在杭州方言中的后续演变，南渡汴洛官音的麻三韵在早期杭州方言曾经有读[i]之类的层次。麻三读[i]的现象同样见于江淮官话，如安徽省舒城、六安、全椒、当涂、滁州、定远、含山、青阳、无为等方言，举例如表 9-2（孙宜志 2006：192—193）：

表 9-2 安徽江淮官话麻韵三等字的读音

	舒城	六安	全椒	当涂	滁州	定远	含山	天长	青阳	无为
斜	sei²	sei²	ɕi²	ɕie²	ɕi²	ʃʅ²	ɕiɛ²	tshei²	ɕie²	ɕie²
姐	tɕi³	tɕi³	tɕi³	tʃʅ³	tɕi³	tʃʅ³	tɕi³	tsei³	tɕie³, tɕi³	tɕi³
写	sei³	sei³	sei³, ɕi³	ʃʅ³	ʃʅ³	ʃʅ³	ʃʅ³	sei³	ɕie³, ɕi³	ɕi³
借	tsei⁵	tsei⁵	tsʅ⁵	tʃʅ⁵	tɕi⁵	tʃʅ⁵	tʃʅ⁵	tsei⁵	tɕi⁵	tɕi⁵
谢	sei⁵	sei⁵	sei⁵, ɕi⁵	ʃʅ⁵	ɕi⁵	ʃʅ⁵	ʃʅ⁵	sei⁵	ɕi⁵	ɕi⁵
遮	tʂei¹	tʂei¹	tʂi¹	tʂɤɯ¹	tʂe¹	tʂi¹	tʂɛ¹	tsei¹	tse¹	tʂi¹
蛇	ʂei²	ʂei²	ʂi²	ʂɤɯ²	ʂe²	ʂi²	ʂe²	sei²	se²	ʂi²
扯	tʂhei³	tʂhei³	tʂhi³	tʂhɤɯ³	tʂhe³	tʂhi³	tʂhe³	tshei³	tshe³	tʂhi³
舍	ʂei³	ʂei³	ʂi³	ʂɤɯ³	ʂe³	ʂi³	ʂe³	sei³	se³	ʂi³
社	ʂei⁵	ʂei⁵	ʂi⁵	ʂɤɯ⁵	ʂe⁵	ʂi⁵	ʂe⁵	sei⁵	se⁵	ʂi⁵
蔗	tʂei⁵	tʂʅ⁵	tʂʅ⁵	tsa⁵	tʂʅ⁵	tʂi⁵	tʂɛ⁵	tsa⁵	tsəʔ⁵	tʂʅ⁵
射	ʂei⁵	ʂei⁵	ʂi⁵	ʂɤɯ⁵	ʂe⁵	ʂi⁵	ʂe⁵	sei⁵	se⁵	ʂi⁵
惹	zุei³	zุei³	zุi³	zuəʔ³	zุe³	zุi³	zุɛ³	zei³	ze³	zุi³
爷	i²	zʅ²	i²	ʒʅ³	i²	ʒʅ²	ʒʅ²	ʒʅ²	i²	i²
野	i³	zʅ³	i³	ʒʅ³	i³	ʒʅ³	ʒʅ³	ʒʅ³	i³	i³
夜	i⁵	zʅ⁵	i⁵	ʒʅ⁵	i⁵	ʒʅ⁵	ʒʅ⁵	ʒʅ⁵	i⁵	i⁵

比较各地方言的读音，有以下三点值得注意：

1. 安徽江淮官话的麻三字读[i]辖字范围因方言而异。定远、含山、全椒、无为四处在精组、章组、以母后都有读[i]的层次；滁州、当涂、青阳方言的精组、以母读[i]；天长、六安、舒城方言只有以母字读[i]。

2. 麻三[i]的共时形式反映其经历了几种音变方式。(ⅰ)舌尖化：*i＞ɿ/Tsˉ、Tʃˉ，*i＞ʅ/Tʂˉ(全椒：借tsɿ｜蔗tʂʅ)。(ⅱ)前显裂化：*i＞ei＞e(ɛ)("舍"字：定远ʂi＞六安ʂei＞滁州ʂe/含山ʂɛ。因为麻三读[i]应来自[ie]，滁州[ʂe]、含山[ʂɛ]也有来自[ie]的可能)。

3. 促声化。如青阳、无为、桐城的"蔗"和当涂的"惹"字都读作入声韵。

吴语、江淮官话麻三字读[i]的特征跟元明以来的南系官话有关(沈钟伟 2008)。韵图时代的章庄组合流为照组，宋代以后知照组又并作[tʃ](郑张尚芳 2007)，它在杭州方言中受声母撮口音势的影响，于是麻三章组字发生音变：*tʃi＞tsyi＞tsɥi＞tsɥ°i＞tsɥei。这种音变和上述江淮官话的情形类似。麻三精组字早期读*tsi，后来声母发生腭化读[tɕi]，与章组麻三字出现分化①。注意杭州音"蔗"字读tsɿ⁵和江淮官话一样，也来自[i]的舌尖化。

(二) 蟹摄各等的全面合流。《切韵》时代的蟹摄一二三四等读音不同。比较吴语各地方言，或许可以重建早期吴语中蟹摄四个韵类的音值。从南朝顾野王(苏州人)《玉篇》的反切系联结果来看，当时吴地方音的一等重韵咍、灰韵大概已无分别(周祖谟 1966c：368)，也许表明当时的吴语两韵已混并，因此可以将其一并考虑。从现代保留咍、泰韵对立的现代方言来看，早期吴语的某一阶段咍(灰)、泰韵的元音对比可

---

① [i]到[ei]的裂变在吴语中比较常见。据英人 Montgomery(孟国美)的 "*Introduction to the Wenchow dialect*"(温州方言导论)(1893 年)，该书记录的 19 世纪末温州话中，止摄字在舌齿音声母后还读[i]，而在现代温州话韵母已变成[ei](制纸 tsei｜池 dzei｜匙 zei)。

能是 *ɑi：ɑ，二等佳韵是 *ai，佳、皆韵在吴语里已看不出区别①。《切韵》的四等齐韵一般拟作 *ei 或 *ɛi，共同吴语也应该与此接近。至于三等祭韵，现代吴语似乎还有和止摄不混的痕迹。如浙南武义的止摄开口知章组声母字读[i]（枝 tɕi¹｜止指 tɕi³｜志 tɕi⁵｜治 dʑi⁶｜时 ʑi²｜视 ʑi⁶），而蟹摄则有读[ie]的层次（制 tɕie⁵｜世 ɕie⁵）；温岭方言读[tɕi]的只有祭韵字，止摄字读[tsɿ]，这可能显示了早期吴语的止、蟹开三有别（张琨 1985a：217），由此可将共同吴语阶段的祭韵拟作 *ie。

表 9-3 共同吴语蟹摄开口各等的读音拟音

蟹开一	咍灰 *ɑi 泰 *ɑ	蟹开二	佳皆 *ai
蟹开三	祭 *ie	蟹开四	齐 *ɛi

杭州音系中蟹摄开、合口字的一二等合流、三四等字合流，和官话方言（如北京话）的归并模式相同。例字请见表 9-4（声调略去）：

表 9-4 杭州方言蟹摄开口各等字的读音

蟹开一	来 lɛ 改 kɛ 太 thɛ 蔡 tsɛ	蟹开二	街 tɕie 柴 dzɛ 买 mɛ 排 bɛ 败 bɛ
蟹开三	世 sɿ 币 bi	蟹开四	梯 thi 米 mi
蟹合一	灰 huei 倍 bei 罪 dzɥei 内 nuei 最 tsɥei	蟹合二	怀 ɦuɛ 拐 kuɛ 画 ɦuɑ 快 khuɛ
蟹合三	岁 sɥei｜卫 ɦuei	蟹合四	桂 kuei

（三）通摄屋三、烛韵字的韵母。通摄字在吴语方言里的基本今读是[oʔ]（洪音字）、[ioʔ yoʔ]（细音字）。另外，部分吴语的入声屋、烛韵还有[yeʔ]或[yəʔ]（[tɕ]组声母后，个别方言在[k]组声母后也有此类读音）之类的读音。读[yeʔ]的有：丹阳、宜兴、溧阳、金坛、无锡、嵊县太平；读[yɪʔ]的有：上海、松江；读[yəʔ]或[yɤʔ]的有：常州、奉化、象山、鄞

---

① 可参看本书第三章对麻韵和佳韵字的讨论。

县、镇海、苏州,嘉兴等。从表9-5看些例字(声调略去):

表9-5 北部吴语通合三入声字的读音

	菊屋三/见	曲烛/溪	局烛/群	轴屋三/澄	蓄屋三/晓	欲烛/以
丹阳	tɕyeʔ	tɕhyeʔ	dʑyeʔ	——	ɕyeʔ	ɦyeʔ
上海	tɕyɪʔ菊鞠掬	tɕhyɪʔ曲蛐	dʑyɪʔ	——	ɕyɪʔ蓄畜旭	ɦyɪʔ育郁毓煜欲
南汇	ɟyœʔ菊鞠掬	——	——	——	——	——
苏州	tɕyøʔ菊鞠掬	——	——	——	——	yøʔ郁;忧~
嘉兴	tɕyɤʔ菊鞠掬	tɕhyɤʔ	——	——	——	yɤʔ毓育浴欲
新昌	tɕyɷʔ	tɕhyɷʔ	dʑyɷʔ	ȵyɷʔ肉玉	ɕyɷʔ	ɦyɷʔ狱
宁波	tɕyøʔ菊鞠掬	tɕhyøʔ曲蛐	dʑyøʔ	dʑyøʔ	ɕyøʔ	ɦyøʔ浴狱:文读
鄞县	tɕyəʔ	tɕhyəʔ	dʑyəʔ	dʑyəʔ	ɕyəʔ	ɦyəʔ育狱欲

以上吴语方言中屋三、烛韵的读音层次来自官话。可从以下三个方面来观察:

1. 就汉语语音史而言,《切韵》通合三入声屋韵*iok、烛韵*iuk 到了《中原音韵》时代归入鱼模韵*iuʔ(有些学者认为当时的入声依然存在,其语音性质可能是个喉塞尾),目前众多北方方言屋三、烛韵读[y]显然来自早期的*iuʔ>iu>y。吴语的基本读音层是《切韵》型的屋三、烛韵的合并形式[ioʔ],例不烦举。《经典释文》、玄应反切、朱翱反切等材料已将东、冬韵混而不分,可见吴语的[ioʔ]代表了唐代以后的官话层 I;而表9-5所示的另一层次和北方官话的[y]对应,亦即代表了元代以后的官话层 II。显然,这种前后相继、不同年代的官话方言分阶段进入了吴语。表9-5显示,《中原》*iuʔ在吴语方言又有*iuʔ>yʔ> yəʔ>yeʔ>yɪʔ(也可能[e]受圆唇介音[y]的影响由[yeʔ]变[yøʔ])的语音演变。

2. 就当地人的语感而言,读[yøʔ]的总是读书音,如据《宁波市志·方言》(俞福海1995)的记录,宁波"狱浴"ɦyøʔ[8] 是文读音,"浴"的

白读音为 ȵyoʔ⁸。白话音往往比读书音的年代更早，文白对比的情形与汉语语音史提供的讯息一致。

3. 必须指出，有些吴语的屋三、烛韵读[yoʔ]，不一定就是文读。因为[yoʔ]层次除了移借自官话，也有自身演变的可能。如浙江桐庐并无[ioʔ][yoʔ]的层次对比，只有来自官话 I 的[*io]，该层次的介音[i]受主元音[o]的影响而圆唇化为[yoʔ]，表面上和有些吴语的官话层 II 同形，实际上来源不同。表 9-5 所列的嘉兴型方言则既有基本读音层[yoʔ]，又有文读层[yʮʔ]。

杭州音系中屋三、烛韵有的读[ɕoʔ iɕoʔ]（唐代官话层 I），如：福 foʔ⁷ | 缩 soʔ⁷ | 肉 zoʔ⁸/ȵioʔ⁸ | 育 ɦioʔ⁸，有的读[yɪʔ]（元代官话层 II），如：菊 tɕyɪʔ⁷ | 轴 dʑyɪʔ⁸ | 畜 ɕyɪʔ⁷ | 郁 yɪʔ⁷ | 育 ɦyɪʔ⁸。有些字有[ioʔ][yɪʔ]两读（如"曲"①），因此应归入嘉兴型方言。

（四）侯尤韵的韵母读[ei]。侯尤韵在北部吴语的读音无非三类：前高元音类[e]/[ei]、齐齿韵类[io]和后高元音类[əu]。前两类读音层在吴语、江淮官话通泰片、徽、客赣、湘、粤语等东南方言中均有分布。侯韵带[i]介音或读前高元音除了在北部吴语分布广泛，南部吴语如台州片南部、金衢片的衢州及丽水地区一部分方言，永嘉、平阳、苍南等地的农村方言里的侯韵常用字也会有读前元音或带[i]介音的形式。闽语区的邵将、闽北、闽中等次方言也有此类读音。如莆仙话侯韵读[iau]（贸剖斗楼口后），闽南泉州话读[io]，对应于厦门话的[ɔ]，闽东福州话则为[eu]，该音类在闽语中代表的是较为晚近的文读音②。南方方言的文读音几乎都来自北方官话，客、赣、粤方言的形成和宋代以来

---

① 先合四屑韵（切韵 *uet）、江开二觉韵（切韵 *ok）的元音演变在杭州及其他一些吴语中也加入此行列，与屋三、烛韵有平行演变，如杭州音系中"缺确"也有[ioʔ][yɪʔ]两读。该问题须另文详论，此处不做探讨。

② 最近我们在吴语区做田野调查，发现苏州郊区王市（为常熟市海虞镇所辖，当地读[jaŋ² zl⁶]）的老派读书音中，"复"字读作尤韵的 vʌ⁶，而非入声屋韵三等。

的官话关系甚密(游汝杰 2000:105—109),因此有理由相信,侯尤韵读前高元音或齐齿韵,可能来自晚唐以来的北方官话[①]。

杭州音系中侯尤韵读[ei],如:谋 mei² | 牡某 mei³ | 浮 vei² | 头 dei² | 走寻 tsei³ | 臭 tshei⁵ | 勾 kei¹ | 厚 ɦei⁶ | 欧 ei¹,和其他吴语的[e]类型相一致。杭州方言的[ei]可能直接就反映了南渡临安的汴洛官话:ei＜eɯ＜eu＜切韵*(i)əu,也可能和其他吴语共同经历了音变:切韵*(i)əu＞eu＞eɯ＞ei。不管是何种可能,无疑都源自官话。

(五)曾、梗摄唇音声母字的韵母[oŋ oʔ]。吴、赣、客、粤、湘、闽、徽等诸东南方言的共同特征之一,便是梗摄二等多读作低元音,与曾摄一等不混(李荣 1996)。汉语语音史的资料显示,宋代以后的北方官话中,曾、梗摄已然开始合流。于是众多南方方言的梗摄字便有了文白异读的现象,白读为低元音,与曾摄有别,文读则相反。北部吴语中的梗二舒、入声的白读层普遍可见;梗三舒声的白读只在"声盛"等字中得以保存,梗三入声的白读则还比较完整;梗四舒、入声字在北部吴语则几乎已无白读形式。同时,吴语、江淮官话中曾梗摄的[əŋ əʔ]在唇音声母后面会变成圆唇元音[oŋ oʔ],请看表 9-6 中的例字:

表 9-6　部分吴语、江淮官话曾梗合并层的读音

		常州	杭州	常山	遂昌	扬州	泰兴	天长	无为
白	梗开二/陌	boʔ⁸	bɐʔ⁸	bɛʔ⁸	biaʔ⁸	poʔ⁷	phoʔ⁸	poʔ⁷	poʔ⁷
北	曾开一/德	poʔ⁷	poʔ⁷	poʔ⁷	poʔ⁷	poʔ⁷	poʔ⁷	poʔ⁷	poʔ⁷
麦	梗开二/麦	moʔ⁸	mɐʔ⁸	mɛʔ⁸	miaʔ⁸	moʔ⁸	moʔ⁸	moʔ⁷	moʔ⁷
墨	曾开一/德	məʔ⁸	moʔ⁸	mɛʔ⁸	moʔ⁸	moʔ⁸	moʔ⁸	moʔ⁷	moʔ⁷
彭	梗开二/庚	boŋ²	boŋ²	boŋ²	biaŋ²	phoŋ²	phoŋ²	phoŋ²	phoŋ²

---

① 温州话等部分南部吴语侯韵的细音白读可能来自前中古时期的汉语,可参看郑张尚芳(2002b:91)。

续表

猛	梗开二/庚	moŋ³	moŋ³	moŋ³	miaŋ⁴	moŋ²	mɔŋ²	moŋ³	moŋ³
棚	梗开二/耕	boŋ²	boŋ²	boŋ²	biaŋ²	phoŋ²	phɔŋ²	phoŋ²	phoŋ²
朋	曾开一/登	bəŋ² 文	boŋ²	boŋ²	bəŋ²	phoŋ²	phɔŋ²	——	——

表 9-6 所列杭州音及吴语、江淮方言的该层次来自宋元以来的北方官话。从汉语语音史来看,部分曾梗摄的牙喉音、唇音字在《中原音韵》(1324 年)里庚青、东钟两韵并收,其中唇音字有:崩绷烹 平声阴 | 棚鹏萌 平声阳 | 艋蜢 上声 | 迸孟 去声,这大概反映了一种语音演变(杨耐思 1990:36—38)。而之前的《古今韵会举要》(自序作于 1292 年)将"觥盲横宏朋弘"等字列入公字母韵,也表示有读入东钟部的圆唇音。刘晓南(1999:202—204)认为这说明了庚青部部分牙喉音合口及唇音字"在向东钟部演变,时间约在宋元前后。"刘先生继而观察宋代福建文士用韵,发现曾摄入声德韵"北国墨得"等字在唐宋通语里也曾发生过向屋烛演变的音变。南宋陈元靓编《事林广记》所载《辨字差殊》有"墨音木""北音卜""国音谷"三条,前两条表明当时浙、闽地区的一种南方标准音里,曾通二摄一等唇音入声字相混(平田昌司 2005)。南宋赵彦卫《云麓漫钞》也说:"国墨北惑字,北人呼作谷木卜斛,南方则小转为唇音。北人近于俗,南人近于雅。""墨音木"即杭州的"墨木"读 mɔʔ⁸,"北音卜"即杭州的"北卜"读 poʔ⁷,这两条陈元靓、赵彦卫都曾提及;杭州音:国 kuoʔ⁷ | 谷 kɔʔ⁷,虽与陈氏"国音谷"不尽一致,但两者主元音仍相同。注意杭州音系中曾、梗摄帮组舒声字同读合口的[oŋ],但入声字并未完全合并:曾摄入声字已合口化,梗摄入声依然独立。南部吴语的曾梗合并现象不甚普遍,常山的情形与杭州类似,舒声合并而入声不合并,遂昌则舒、入声均无合并迹象。可见,合口的音值只是表面现象而已,音类的分合才能真正反映方言间的历史关系。

(六) 蟹、止摄合口字缺少[y]韵读法,亦即缺少所谓"支微入虞"的现象。《切韵》蟹、止摄合口的灰泰祭齐支脂微诸韵在吴、闽、徽、通泰、客赣、山西、西南官话等现代方言中都有不同程度的读作[y]韵的层次（称作"支微入虞"更妥，可参看本书第五章的讨论）。该音变在现代方言中所辖韵类、声母条件因地而异，但综合看来，实际包括了蟹合一灰泰、三祭、四齐及止合三支、脂、微韵[①]。这七个韵在《中原》同属齐微韵 *uei。支脂微祭齐韵在南、北吴语都有读[y]的层次。见系二三四等声母在北部吴语几乎都已腭化[②]，这些韵类的见系字一般读[tɕy]，浙南吴语则大多读为舌根形式[ky]。

从该层次在现代吴语的广泛分布来看，它应属于早期吴语的层次。就产生年代而言，15世纪中期叶盛的《水东日记》已明确记载："吾昆山，吴淞江南，以'归'入虞字韵。"可见明代初期的吴语已有微韵字读[y]。史皓元(Simmons 1999:77)认为"共同北部吴语"音系中应包括止摄支脂微韵合口字"龟鬼贵跪"读[*iu]的音类，然后*iu＞y。此处有两点补充意见：

1. 除了止摄，丹阳、溧阳、苏州、松江、嘉兴、宁海等北部吴语的蟹合三祭韵字"脆岁税鳜"都有读[y]的层次（温州、平阳、广丰、云和等浙南吴语也是如此）。因此在构拟共同北部吴语时，蟹摄合口字似也应一并考虑。

2. 史皓元(1999)和赵元任(1928)都将此类字的共同北部吴语读音拟作[*iu]，但其音变细节颇值得注意。《切韵》时代的合口支*iue、脂*iuei、微*iuøi 在韵图时代(《切韵指掌图》、《四声等子》)已经混列，到了《中原音韵》时代，止合三与蟹合泰一、祭三、齐四合并为齐微韵*uei

---

[①] 福建明溪的废韵合口"吠"字读 phy⁵⁴，属于少见的例外(李如龙 2001:196)，其他一些闽北方言也有类似的情形，如浦城石陂"吠"by⁶(秋谷裕幸 2008:99)。

[②] 宁海等甬江小片吴语还有部分舌根音读法，如宁海"跪"gy⁴、"龟"ky¹(傅国通等 1985:43)。

(即三等[i]介音因异化而消失),现代方言的*uei>y 音变所辖韵类几乎都不出《中原》齐微韵所含止、蟹摄七个韵。从音变过程来看,*uei>yei>yi>y(一等)、*iuei>iui>iu>y(三四等)才合情理。其中蟹合一入虞反映了 u 介音变成了 y,而止蟹合三四入虞是介音、韵尾之间的异化作用而导致韵尾脱落的结果(参看本书第五章),因此"归龟"读[y]应溯至早期吴语的[*ui]而不是[*iu]。

杭州音系和其他吴语的重要区别之一,便是蟹、止摄合口字缺少[y]的读音。原因何在?从汉语语音史来看,《中原音韵》齐微韵分作开*i、合*uei 两类。合口类所辖中古的全部七个韵类在现代汉语方言都有读[y]的迹象。《中原》蟹合三废韵读*i,与齐微韵*uei 并不同韵(北京话废韵和其他七个韵都读[uei]),这点与《中原》不尽相同:规龟归 kuei｜肺①f(u)ei｜秽 xuei｜堆兑 tuei｜岁 suei｜惠 xuei),而杭州音系中虽无"归龟"读[tɕy]的层次,但"肺废"均读 fi⁵,《中原》同归齐微韵的蟹、止摄合口七韵则读[ueɪ](对兑 tueɪ⁵｜岁 sueɪ⁵｜规归龟 kueɪ¹｜桂 kueɪ⁵),分类同其他吴语,如苏州分别为[i]、[y]_{白读}/[uE]_{文读}。杭州音系内部废韵与其他七韵不混的格局与《中原》型官话保持一致,但并没有苏州型的"龟归"读入虞韵现象。可见,北宋末年进入杭州的中原官话并未往[y]的方向变化,而且杭州的邻近吴语的[y]类韵也未能对其产生影响。

9.3 杭州方言与其他吴语的共享创新

历史语言学认为独特的共享创新是判定语言亲缘关系的最有效的标准。如根据是否经历 i－umlaut 音变,可将古英语和古德语归为原始西日耳曼语支,而原始东日耳曼语支(哥特语 Gothic)没有这种音变;古高地德语发生了"辅音变化"规则(consonant shift),古英语因没

---

① 唇音声母后的[u]介音被吞没,从语音史及现代方言中唇音声母的音韵行为来看,开、合皆有。

有这个特征而有别于前者(Fox 1995：228—230)。同样,共享创新也能用来判别汉语方言的亲疏关系。从已有的研究来看,吴语学界多认为各片吴语公有、且是其他毗邻方言所无的,即所谓吴语内部的共享创新,大概只有"打"字读德冷切一条①。以下所论几点语言事实,皆为音变细节,难以被人注意,但终究是杭州音系中与吴语区的方言一致,且其音值表现未见或少见于其他方言的读音层。

（一）知庄章组鱼虞韵字的元音舌尖化。表现为鱼虞合并层的知章组 *tɕiu、庄组 *tʃiu 在吴语中都有读作舌尖元音[ɿ ʮ]的现象。音变过程大致如下：

    知、章组声母字：*tɕiu＞tɕy＞tsy＞tsɿ ／ *tɕiu＞tɕy＞tʂy＞tʂɿ；

    庄组声母字：*tʃiu＞tʃy＞tsy＞tsɿ ／ *tʃiu＞tʃy＞tʂy＞tʂɿ

这类现象在吴、徽、粤、山西方言及江淮官话中都有反映(张琨 1992),吴语方言尤为明显。可以视作鱼虞合韵的官话层次在吴语区的后续发展。下面表 9-7 以杭州和其他四处吴语为例（声调略去）：

表 9-7 杭州与周边吴语鱼虞韵舌齿音声母字的读音

	猪	主	楚	处	住	书	树	乳
	鱼/知	虞/章	鱼/庄	鱼/昌	虞/澄	鱼/书	虞/禅	虞/日
杭州	tsɿ	tsɿ	tshɿ	tshɿ	dzɿ	sɿ	zɿ	zɿ
苏州	tsɿ	tsɿ	tshɿ	tshɿ	zɿ	sɿ	zɿ	zɿ
常熟	tʂɿ	tʂɿ	[tshɤɯ]	tʂhɿ	dʐɿ	ʂɿ	ʐɿ	dʐɿ~腐
常州 老派	tsɿ	tsɿ	tshɿ	tshɿ	dzɿ	sɿ	zɿ	zɿ
宁波	tsɿ	tsɿ	tshɿ	tshɿ	dzɿ	sɿ	zɿ	zɿ

---

  ① 以前多认为吴语塞音、塞擦音三分也属独特的共享创新,后来发现,此种现象在湖北、湖南等地的方言也存在。

各地吴语的鱼虞相混层都读舌尖元音。注意常熟话保留了卷舌声母(无锡、苏州的老派方言也是如此),因此元音为[ʮ];此外,庄组声母和知三、章组声母读音并不相同。汉语语音史上庄组的舌叶音或翘舌音性质决定了它有不同的演变方向。杭州音系中已然缺少苏州、上海等吴语的来自古江东方言的鱼虞有别层,从来源上讲,该层次属于《切韵》以后的北方官话;从音值上讲,舌齿音声母字读*y＞ʮ/ʮ的元音演变是杭州方言与其他吴语的共享创新。

(二)通摄一三等泥组字都带[i]介音。通摄一等的常用字有"农脓侬$_{我,你}$",三等有"浓"字。官话方言的一三等字多混读为 nuŋ²,三等向一等的零介音形式靠近。北部吴语的归并模式与之不同,一等韵母趋向于三等,白读音均带[i]或[y]介音。其中"脓"同"䂃",《说文》"肿血也",吴语也见使用,如常州:脓$_{化～}$ȵioŋ²｜浓䢅 ȵioŋ²。丹阳、金坛、溧阳、无锡、宜兴的"农脓",余杭、杭州的"农",平湖"侬$_{阿～}$",嵊州"䢅"也读 ȵioŋ²。鄞县"侬$_{老～;妻子}$"读 ȵyoŋ²。

《切韵》的通合三字带复合介音[iu],浙南吴语的"龙"字读-ioŋ,和北方官话有别。如:温州 lie²｜丽水 lioŋ²｜云和 liɔ̃ŋ²｜景宁 lyoŋ²｜青田 lio²｜龙泉 lioŋ²(傅国通等 1985:68)。明代沈宠绥在《度曲须知·字厘南北》说:"即平声中如'龙'、如'皮'等字,且尽反《中原》(按即《中原音韵》)之音,而一祖《洪武正韵》焉。……'龙'字《中原》驴东切,《洪武》卢容切。"我们知道,《中原》、《洪武》分别代表了当时的北音和南音,此处指出了"龙"字在北方读入一等,而南方仍然保留了三等带[i]介音的读法。通摄泥组字一等读入三等,其中的可能之一是声符相同(都从"农"声)而产生的读音感染。但作为一种其他方言少见的音韵现象,完全可以看作吴语区的一项早期共同创新。

(三)"引$_{～线}$"字读[i]韵。北部吴语的很多方言管缝衣针叫做"引线",如苏州的缝衣针有"引线"[ɦin³ si²⁵]、"延线"[ɦii² si²⁵]两种说法;

上海分别为[ɦiŋ² sie⁵]、[ɦi² sie⁵]，常州、无锡称为"ɦiŋ⁶ 线"，绍兴为"ȵi⁴ 线"，崇明为"ʔȵi³ 线"①。杭州方言把缝衣针叫做"ȵi³ 线"，和绍兴、崇明相同。

从语义上看，称针为"引线"在情理之中，而且早期吴语文献也有用例。例如：

(1) 我对㑚说，勿要像引线钉子咮革能勾开咭。(报恩缘 14)
(2) 板刷常常相会，引线弗曾离身。(山歌 9)

语音演变的问题也颇值得注意。就声母论，各地吴语有零声母(ɦ-实际只是个阳调类气化成分的标记)和[ȵ]两种读音，据此可推断其本字可能为"引"，因为杭州、崇明、绍兴话的[ȵ]所显示零声母后的 i>ȵ 的高顶出位是常见的变化。如浙南温州话"样何~"读 ȵi⁰ 和苍南蛮话"样"读 ȵia²² 细心~;小心、ȵi⁴⁵ 别~;地宿;别人地方，"衣~裳"读 ȵi³³ (朱晓农 2004：445)。常州"要~么"读 ȵiəɯ⁶ (<[iəɯ])，苏州"育养~巷;地名"(个人调查)、金华"育~婴堂"读 ȵioʔ⁸，汤溪"余"读 ȵi³³ ~仓;地名 或 ȵiəɯ³³ ~坞里;地名 (曹志耘 2002：56)。至于韵母，臻开三字在北部吴语大多读高元音[in]或[iŋ]，很少有元音鼻化甚至鼻尾脱落的迹象。有种可能是"引"字早期有脂韵*i、真韵*in 两读，前者《切韵》失载，而在现代方言得以保留。靖江、泰兴是两个邻近的方言，且分属北部吴语毗陵小片和江淮官话通泰片②，"引线"的"引"字分别读作[in²² sin⁵⁵]、[iĩ²¹³ ɕiĩ⁴⁴](史皓元等 2006：305)。值得注意的是，同为以母真韵的"寅"字，《广韵》有翼真、以脂两个反切，在现代方言里也有[in]、[i]韵两种分布，读[in]比较常见。"寅"字读[i]韵的，如梅县客话 i²、赣语、闽西客话和闽北、闽中、闽南等

---

① 张惠英(1993：12)写作"耳 ʔȵi³ 线"，此处的"耳"只是个标音字，它和耳朵的"耳"ɦni⁴ 并不同音。

② 此处不打算强调交界地带方言的归属问题，方言分区、分类的目的在于分析语言事实及其历时蕴涵本身。通泰方言本来就具有吴语的底层。

闽语次方言①。据我们的实地调查,常州"寅"字用于人名时也读 ɦi²。退一步讲,纵然吴语"引~线"并非本字,也不影响杭州与其他吴语有同样的读音形式这个事实。

9.4 小结

史皓元(Simmons 1999:25—27)从杭州作为南宋官话后裔的方言岛的主张出发,认为数百年来,由于周边吴语作为上层语言(suprastratum)不断影响着杭州方言,从而使杭州音系带有若干吴语成分。史皓元的看法很值得重视,也有可商讨的余地,比如将杭州音系中所有与周边吴语一致的层次都视为语言接触的结果,好像证据不够。目前尚未有足够的语言事实说明杭州音与早期吴语毫无继承关系。

从杭州及其周边吴语在音韵特征上的异同来看,现代吴语除了有少数来自古江东方言的南朝层次,其主要层次是晚唐—北宋以来的北方官话,只不过各自方言中的官话成分在比例上有所差别。我们认为,现代杭州方言属官话抑或吴语的问题本身并不十分重要,关键在于如何在汉语语音史的背景下,观察、离析杭州音系中官话、吴语的双重元素。因此今后工作的重点,应是如何结合汉语语音史,运用比较方法,加强吴语语音史的研究,鉴别各个读音层的来源,着重寻求方言内部及方言间各个音类的分合关系;此外,从目前的研究来看,不同时期、地域的官话具体如何影响吴语及其他汉语方言,探讨得还不够深入,也是今后需要加强的。

---

① 可参看项梦冰、曹晖(2005:184—189)的讨论。

第十章 从比较音韵论北部吴语与闽语的历史联系

10.1 引言

美国汉学家罗杰瑞(Norman 1979)是汉语方言学、汉语语音史领域的一篇重要论文。该文从分析同一个字的不同语音形式入手,结合汉语语音史、移民史,提出闽语具有秦汉、南朝、晚唐三个时间层次,由此打开了吴闽比较和吴闽方言史研究的新局面。丁邦新(1988)从语音、词汇比较的角度,提出"现在吴语的底层具有闽语的成分,可能南北朝时的吴语就是现在闽语的前身"。其后杨秀芳(1982)、梅祖麟(1994,2001)、丁邦新(1995,2006)、潘悟云(1995b)、郑张尚芳(2002a)、陈忠敏(2002)、吴瑞文(2002)等学者的研究加深了学界对吴闽关系的认识。

吴语大致上可分为南、北两片,北部吴语主要是指太湖流域周围的吴语,习惯上称作"太湖片吴语"或"北部吴语",也有的学者同意将天台、温岭、临海等台州片包括在内。南部吴语则主要分布于浙江省中南部的金华、衢州、丽水、温州等地区,以及江西省的东北角。浙南多为山区地带,与外界的交通不像苏州、杭州、绍兴、宁波等太湖流域地区的城市方便,语言面貌上也比北部吴语保守。吴闽关系的研究开始引起学界的兴趣,也主要是因为南部吴语中有些资料看起来跟邻近的闽语一致。如丁邦新(1988)利用浙南平阳、丽水方言的资料,从知组白读层读如端组的现象得出了吴闽同源的看法。

在魏晋南北朝时期汉语方言的分区中,南、北差异集中体现为江东、河北方言的不同。《经典释文·序录》:"方言差别,固自不同,河北、江南,最为巨异。"《切韵·序》:"江东取韵,与河北复殊。"《颜氏家训·音辞篇》:"共以帝王都邑,参校方俗,考核古今,为之折衷。权而量之,独金陵与洛下耳。"可见,河北音以洛阳音为主,江南音以金陵音为主。丁邦新(Ting 1975:296)指出,魏晋时代的方言中,江东、秦陇两区特征最清楚。秦陇、河北虽然都在北方,但其中想必会有些许差异,限于资料,目前无法细说。东汉郭璞(276—324)注解《方言》、《尔雅》、《山海经》时有近两百次提到江东方言,足见当时江东方言的地位重要。至于江东方言的地理区域,从东汉、魏晋时期的文献来看,大致应为建业、苏州一带吴越故地(何大安1999)。① 因此江东方言又有"江南方言""江东吴语""南朝吴语"等名异实同的叫法。建业、苏州之间及其周边还有丹阳、常州、无锡、常熟以及长江口的崇明、启东、海门等吴语,目前这些地区与官话区离得最近,所以受北方官话的影响也最大;但是,另一方面,由于处在南朝江东方言的中心地带,如果设想这些方言中至今还保留了一些南朝江东方言的音韵特征,并非毫无可能。

本章打算从方言比较的角度,讨论北部、南部吴语和闽语三者在音韵变化上的几项共同特征,并将其与南朝《切韵》、江东方言的文献记载相联系,由此说明北部吴语的材料在吴闽比较研究中的作用。

10.2 齐韵字的今读韵母

对于《切韵》五个纯四等韵(即"齐萧先添青"五韵,以平赅上去入声,下文同)的拟音,音韵学界有两种不同的看法:一派认为四等韵不带

---

① 何大安(1999)认为,三国时期江东的代表城市仍然是"吴"(苏州),而非建业(金陵/南京)。这个说的是代表方言的问题,不管是苏州还是建业,均属吴语区域是无疑的。

[i]介音,并将其主元音为前高元音[*e]或稍低的[*ɛ],如马伯乐、陆志韦、李荣、邵荣芬、李新魁等;另一派认为四等韵带[i]介音,如高本汉、李方桂、周法高、刘广和、尉迟治平、丁邦新等。我们赞同《切韵》时代四等韵无介音的看法,并认为至少在南朝金陵音中它们是不带[i]介音的。

虽然学界对《切韵》时代纯四等韵是否带介音尚有不同意见,但在《切韵》稍后的韵图时代,以及多数现代方言里,四等韵和三等韵一样都有[i]介音。南方方言中四等韵的今读有些特别的表现,如罗杰瑞(1979,1981)、李如龙(1996)、张光宇(1990)、吴瑞文(2002)都曾注意到闽方言的四等韵今读有着不同层次的叠置。以齐韵字为例,闽语共有[*əi][*e][*iei]三个历史层次(罗杰瑞 1981:38,吴瑞文 2002:137—139)。就层次 II[*e]来说,闽语次方言的今读如表 10-1 所示:(若无合适的字音可比,则用短横表示,下文同此)①

表 10-1 齐韵字的层次 II[*e]在闽方言中的今读音

	福州	宁德	厦门	揭阳	永安	莆田	建瓯	建阳
	ɛ/a	ɛ	ue	oi	e	e	ai	ai/ɔi
底	tɛ³	tɛ³	tue³	—	te³	te³	—	tɔi³
犁	lɛ²	lɛ²	lue²	loi²	le²	le²	lai²	lɔi²
齐	tsɛ²	tsɛ²	tsue²	—	tse²	tse²	tsai²	lai¹
细	sa⁵	sɛ⁵	sue⁵	soi⁵	se⁵	ɬe⁵	—	—
溪	khɛ¹	khɛ¹	khue¹	khoi¹	khe¹	khe¹	khai¹	khai¹
替	tha⁵	thɛ⁵	thue⁵	thoi⁵	—	the⁵	thai⁵	hai⁵

从今读类型来看,齐韵字普遍读作洪音韵母,不具有[i]介音。如果比较汉语语音史和闽语史两方面的研究,可以发现其中存在矛盾:一

---

① 闽方言的材料转引自吴瑞文(2002:136—137)。

方面,汉语史界将《切韵》齐韵字拟作[*e]。从音系性质来看,《切韵》代表的是金陵、洛下的书音系统;从年代来看,"可以说就是六世纪文学语言的语音系统"(周祖谟 1963:70);另一方面,闽语研究的学者(梅祖麟 1999、吴瑞文 2002)都主张闽语齐韵字的层次 III[*iei]才符合南朝特征,而层次 II[*e]来自东汉魏晋时期。本章不打算专门讨论该问题,但大体上同意《切韵》齐韵字读洪音[*e]在闽语中的表现,至少属于南朝以前的层次,与北方官话的演变模式(滋生[i]介音后变为[ie],进而主元音高化后韵母变为[i])不同。

既然闽语和吴语之间的关系密切,那么我们可以设想:①就齐韵字的今读音来说,吴语中可能仍然保留着《切韵》(或以前)的音韵特征;②就地理分布来说,北部吴语较南部吴语更容易受官话音的覆盖,因此北部吴语可能只有零星的表现。

先看南部吴语,秋谷裕幸(2002b)曾讨论过吴语处衢方言中齐韵字的今读,认为处州片的齐祭两韵读[ie],衢州片齐韵开口端组字、来母字、精组字的读音有如下特征(秋谷 2002b:101)

      端组   来母和精组

  A 层次 *əi(替题啼第递) *əi

  B 层次 *iə(剃啼弟)   *əi

下面从表 10-2 看些具体的例字:(方言材料引自秋谷 2002b:100)

表 10-2　齐韵字在吴语衢州片方言中的读音

	替	啼	剃	弟	犁	妻	齐	细
常山	thue^5	die^2	thie^1	die^{-22}~哥	lue^2	tshe^1	ze^2	se^5
玉山	thɐi^5	die^2	thie^1	die^4 弟弟	lɐi^2	—	zɐi^2	sɐi^5

就北部吴语而言,齐韵开口字也有读洪音(或主元音非[i])的现象,具体地说主要有两种情形:(1)疑问代词"底"作为特字层次,保留在西北角的吴语之中,而该片吴语正是南朝金陵的近畿;(2)齐韵字在北

部吴语中有洪音白读,呈零星分布。

赵元任(1928:100)曾列举过吴语"什么"的说法,其中毗陵小片的吴语用"底"来表示疑问:

表 10−3　毗陵小片吴语疑问代词"底"的读音

宜兴	dih(dienn)店音	金坛	di 底音
溧阳	dii 底音	靖江	digò 低告普音,diò 刁音
丹阳	digòh 底告	常州	dia 爹音(绅谈),dea 爹上音(街谈)

丹阳的"底告"实际上就是"底家","家"是毗陵小片吴语常用的代词后缀。靖江的"刁"是"底家"的合音形式。宜兴的"店"想必也是"底"的音变形式,因为很难想象如此小的区域之内会有几种不一样的疑问代词并存,何况"店音"与"底"读音如此接近。需要注意,金坛、溧阳、靖江、丹阳等"底"字读[i]韵,与多数吴语及官话型方言一致,但在宜兴、常州不是简单的[i],而是以[e]或[a]为主元音。这种读音可以和上文所举浙南吴语齐韵字的读音相比较,从时间层次来说,这种变化属于《切韵》前后的音韵特征。因为从《经典释文》和玄应《一切经音义》的反切来看,唐代前期的祭废韵已开始和齐韵去声相混,到了宋代,齐韵字与脂之支微相押韵已经非常普遍了(李新魁 1991:149)。

"底"作为疑问词,除了见于西北角的吴语,一些南部吴语(如玉山)、徽语(如屯溪)也有反映,同时在闽语中更是常见。从汉语史文献来看,"底"作为疑问代词,首先在南朝乐府及史籍中出现,来自南朝江东方言(可参看郑伟 2010)。

除了作为特字的疑问词"底",北部吴语至今仍然可以看到齐韵开口字读洪音的现象,如"梯"字萧山读 the[1](大西博子 1999:37),"洗""细"二字桐庐分别读作 se³、se⁵(浙江省桐庐县县志编纂委员会等 1992:44)。另外,"谜"字在不少北部吴语中有洪音白读,如上海 mɛ²、萧山 me²、海门 mei⁶。

10.3 咸山摄三四等有别

《切韵》仙、先(收-n尾)和盐、添(收-m尾)的分别反映的是南朝时期三四等字之间的读音差别。这种三四等的对立在今天的北方方言已经无法见到,而现代吴、闽方言中仍可觅其踪迹。吴瑞文(2002:157—159)曾经提出吴、闽方言中先、仙之别及其与南朝江东方言的关系。漳平方言在两个白读层上表现为先、仙有别,文读层则为先、仙相混。例字如:

白读层Ⅰ 先韵[ēi]:扁 pēi³ | 垫 tēi⁶ | 前 tsēi² | 先 sēi¹ | 肩 kēi¹

仙韵[ī]:便 p ī⁶ | 缠 t ī² | 煎 ts ī⁵ | 扇 s ī⁵

白读层Ⅱ 先韵[ī]:面 m ī⁶ | 天 t ī¹ | 年 n ī² | 见 k ī⁵ | 燕 ī⁵

仙韵[iā]:变 piā⁵ | 钱 tsiā³ | 线 siā⁵ | 件 kiā⁶ | 团 kiā³

其中断代的标准主要是参考了"件"字用作量词应该始于南朝,因此层次Ⅱ代表了南朝层次,层次Ⅰ则属于秦汉层次(吴瑞文 2002:157)。梅祖麟(2001)指出,陆法言《切韵》(601)、顾野王(519—581,吴郡吴人)《玉篇》和颜之推(531—591)《颜氏家训·音辞篇》中都能找到江东方言先、仙有别的线索。可见,如果吴(北部、南部)、闽方言中有这种区别,很可能是对南朝江东方言的共同保留。

金有景(1982)较早对南部吴语中咸、山摄三四等字的区别做了报道。據曹志耘(2002:79),此类现象分布于金华、衢州、温州三地区全境,以及丽水地区的丽水、缙云、青田、云和、庆元和江西广丰。其中有些地点只有个别字有别(如温州),有些是部分字有别。如庆元方言:

先韵[iā]:片 phiā⁵ | 麵 miā⁶ | 千 tɕhiā¹ | 烟 iā¹;

仙韵[iɛ̃]：便_方~ phiɛ̃⁵｜面 miɛ̃⁶｜浅 tɕhiɛ̃³｜延 iɛ̃²；

屑韵[iaʔ]：篾 miaʔ⁸｜铁 thiaʔ⁷｜捏 n̠iaʔ⁸｜切 tɕhiaʔ⁷；

薛韵[ieʔ]：灭 mieʔ⁸｜撒 tɕhieʔ⁷｜热 n̠ieʔ⁸｜杰 tɕieʔ⁸。

从咸、山摄三、四等的元音区别来看，吴、闽方言均表现为三等字的元音高于四等字。就北部吴语而言，这种三、四等的音类、音值差异也存在，其中有的已有相关的报道，只是未能引起学界的广泛注意，有些则是调查得不够深入，语言事实本身还需要提出。

北部吴语中咸、山摄的三、四等之别也需要分为个别字和部分字两种情况。咸、山摄舒、入声字的差别都在个别字上体现，其中入声字还能在部分字上体现。① 先看舒声，赵元任(1928:49)曾以"验""念"二字为例，说明吴语 33 个方言中咸开三盐韵、咸开四添韵舒声字的区别，其中有些点表现出盐、添有别，同时前者元音较高，后者较低，例如：

表 10-4 赵元任(1928)报道的咸开三、四等有别的吴语今读韵母

	验_盐	念_添		验_盐	念_添
常熟	ie	iæ_白	昆山	I	iɛ_白
上海	I	iɛ_白	松江	i	iE
吴江盛泽	iI	iE	温州	I	iE
永康	iɛ	iA			

其中有五个北部吴语保持了此种对立格局。嘉兴的"验""念"分别读作 n̠ie⁶、n̠iɛ⁶，也反映出了三、四等韵有别。

咸、山摄入声的三四等对立较舒声字明显，同时此种对立不只出现

---

① 张光宇(1993:163—164)曾指出，咸、山两摄三四等在浙南吴语中的今读韵母有别。三等韵的元音往往较高，四等韵的元音较低，并认为"浙南方言咸山两摄三四等的终极来源形式反映在闽方言里头，其区别在于三等为后响复元音(咸 *-iam/p、山 *-ian/t)，四等为前响复元音(咸 *-aim/p、山 *-ain/t)。该文注意到了咸山摄三四等韵的元音对比在吴、闽方言中的区别和联系，但并未谈及北部吴语也有类似于南部吴语和闽语的现象，只说"北部吴语(咸山摄)三四等合流，元音偏高"。

在个别字，而是以部分字的方式得以保留，其元音对比也和闽语、南部吴语的情形相同，即三等入声字今读的主元音高于四等入声字。下面举宜兴、桐庐两处吴语为例：

宜兴：（屑韵）篾 miaʔ⁸｜挅₌歪斜着₌liaʔ⁸｜捏 n̠iaʔ⁸｜铁 thiaʔ⁷｜切窃 tɕhiaʔ⁷｜屑 ɕiaʔ⁸｜截 ziaʔ⁸

（薛韵）灭 miaʔ⁸｜裂 liaʔ⁸｜热孽 n̠iəʔ⁸｜杰 dzi əʔ⁸

（帖韵）跌 tiaʔ⁷｜叠碟蝶牒堞 diaʔ⁸

（叶韵）接 tɕiəʔ⁷｜聂 n̠iəʔ⁸｜页 ɦiəʔ⁸

桐庐：（屑韵）铁 thiʌʔ⁷

（薛韵）灭 miaʔ⁸｜裂 liaʔ⁸｜热 n̠iəʔ⁸

（帖韵）跌 tiʌʔ⁸｜帖贴 thiʌʔ⁷｜叠碟蝶牒谍 diʌʔ⁸

（叶韵）猎 liəʔ⁸｜接 tɕiəʔ⁷｜聂 n̠iəʔ⁸

这两处吴语的咸、山摄三四等都有不同，其中宜兴的先、仙韵在明母、来母、泥娘母还能找到最小对立（minimal pair）。总的来说，这种三四等的区别还是比较清楚的，只不过它在北部吴语中并不普遍。而且，即便是少数能够保持三四等对立的方言，还有相混的趋势。比如宜兴的三等叶韵字"泄妾"也读[iaʔ]，和四等帖韵混同；桐庐的三等薛韵字"孽"有 n̠iʌʔ⁸、n̠iəʔ⁸ 两读。这种情形在南部吴语中也有，比如上文所举的庆元方言，其咸、摄三四等的入声薛、屑两韵韵母有[ieʔ][iaʔ]之别，但也有个别薛韵字读[iɑʔ]的，如"薛"字读 ɕiɑʔ（曹志耘 2002：251）。另外，北部吴语数十个方言中，几乎都存在"热 n̠iəʔ⁸｜捏 n̠iaʔ⁸"的不同，这是先、仙有别在个别入声字上的体现。

10.4 虞尤相混

南朝江东方言的虞、尤二韵之间的部分混同，可以从诗文押韵和日

译吴音两项资料中观察。举例如下：(Ting 1975：68、84，筑岛裕 1995：139—140、176—178)

江东地区的诗文押韵(下面画线的字属虞韵)：陆机(261—303，吴郡人)《白云赋》：浮<u>扶</u>；《皇太子宴玄圃》秀数<u>裕</u>；《功臣颂》：<u>裕</u>附树谋；陆云(262—303，吴郡人)《九愍涉江》：<u>驱</u>流畴仇求，忧愁<u>须</u>游；《答兄平原》：犹<u>扶</u>；《夏府君诔》：猷<u>符</u>流区。

日译吴音：註 chu | 注 chu, shu | 聚 shu | 数 shu | 树 shu(虞韵) / 酒 shu | 囚 shu(尤韵)；"受"(尤韵)注"澍"(虞韵)，"趣"(虞韵)注"售"(尤韵)，"主"(虞韵)注"酋"(尤韵)。

现代闽语的虞韵字有两个层次，层次 I 为白读层，和尤韵字相混，例如：(罗杰瑞 1981：40，梅祖麟 2001：211)

表 10-5 闽语中虞、尤韵字(虞尤相混层)的读音

		福州	厦门	揭阳	永安	建瓯	建阳
虞韵	柱	thieu⁶	—	—	thiau⁴	thiu⁶	hiu⁵
	树	tsieu⁵	tshiu⁶	tshiu⁶	—	tshiu⁶	tshiu⁶
	须	tshieu¹	tshiu¹	tshiu¹	—	—	—
尤韵	手	tshiu³	tshiu³	tshiu³	tɕhiau³	siu³	siu³
	秋	tsheu¹	tshiu¹	tshiu¹	tshiau¹	tshiu¹	—
	酒	tsiu³	tsiu³	tsiu³	tsiau³	tsiu³	—

南部吴语中虞韵的白读与尤韵字同韵，如常山、汤溪两处吴语为例：(曹志耘 2002：66—68)

常山：取 tɕhiɯ³ | 树 dziɯ⁶ | 须 ɕiɯ¹(虞韵)；修搜收休 ɕiɯ¹(尤韵)

汤溪：取索还 tɕhiəɯ³ | 树 zi⁶ / dziəɯ⁶(虞韵)；丑 tɕhiəɯ³ | 旧 dziəɯ⁶(尤韵)

至于北部吴语中的虞尤相混，已不同于南部吴语的部分字相混，而是个

10.4 虞尤相混

别字相混。目前我们只知道常熟方言中胡须叫做"牙鬚"[ŋa² siɤɯ¹]，其中"鬚"的读音和尤韵字"修"相同。

除了常熟，苏州、无锡、上海、宁波、吴江、海门等吴语的"鬚"字读音也不符合各自方言内其他虞韵字的演变规律。这些吴语都有 səu¹、su¹ 之类的白读，音类上则反映虞模合流，这种表现既不同于邻近的常熟，也不同于南部吴语和闽语。郭必之(2004)讨论粤方言中虞韵字的特字表现，注意到了虞韵字有两类白读，一类和尤韵字合并，一类和模韵字合并，并将后一类与苏州型吴语"须"字白读算作同类，认为它们和南部吴语、闽语中反映虞尤相混的虞韵字同样都来自南朝江东方言。

在地理上邻近且音类分合大多一致的几个北部吴语中，我们假设它们的特字层次也是同源的，这样在逻辑上比较容易解释。常熟、苏州两个紧挨着的吴语，具有特殊读音的常用字"鬚"反映了不同的音类关系，让人费解。如果常熟反映了南朝江东地区的虞尤相混，那么苏州型的虞模相混也应该与之相关，亦即苏州原本也是虞尤相混，只不过由于受到其他因素的影响，于是出现了另一种演变的方向（可参看第四章）。

唐末李涪《刊误》曾指摘《切韵》的分韵"多用吴音"，比如他认为《切韵》区分东冬、虞尤、鱼虞、支脂都是不对的。实际上，《切韵》将这些韵类分开，是有实际的语音系统作为根据的（周祖谟 1963），从《切韵》到唐末，汉语语音有了发展，李涪缺乏音变观念，其批评是不可靠的。对于《切韵》区分虞、尤一条，平田昌司(1995b:136—137)曾引用现代方言，说明许多南方方言仍然保持着虞、尤韵唇音声母字的对立。例如（声调略去）：

表 10-6　部分南方方言中"浮""扶"二字的读音

		苏州	温州	长沙	南昌	梅县	广州	福州
浮（尤韵）		vʏ	vɛ文	xeu文	fɛu文	fɛu文	fɐu文	phɛu文
			vøy白	pau白	phau白	phau白	phou白	phu白

续表

扶（虞韵）	vu	vu文	fu	fu	fu文	fu	xu文
		vøy白			phu白		xou白

我们认为，表10-6所列方言中"浮""扶"二字的读音对比能否作为《切韵》分韵的证据，还需要具体分析。首先，其读音涉及声母、韵母两个层面。温州的"浮""扶"白读都是[vøy]，文读韵母有别，白读往往代表早期的读音，即便白读代表《切韵》，也只能说明文读音之间的差异是《切韵》以后才形成的。文读音不能与《切韵》建立关系，而只能比较白读，但是长沙、南昌、梅县、广州的"浮"字和梅县的"扶"字，其声母白读为[ph-][p-]，与文读[f-]不同。声母不同，没有最小对立，很难否认"浮"读[au]、"扶"读[u]跟声母的性质一定无关。李荣（1985:9）已经指出，《切韵》尤虞两韵唇音字之间本来就有又读。如《唐韵》遇韵"仆，偃仆，"方遇反。又宥韵："仆，前倒，"敷救反。又如《切三》虞韵"殕"字孚武反，宋跋本《王韵》"缶殕"同为方久反。上文也提到江东诗文押韵中也有"浮扶"相押的例子。

10.5 寒韵字的南朝与晚唐层次

《韵图》时代的山摄包括了一等寒韵，二等山、删韵①。《切韵》的寒和山删无疑是独立的，寒韵字不论声母（总的来说，可分作唇牙喉音、舌齿音两类）②，韵母可拟作[*ɑn]；山、删韵可分别分别拟作[*æn][*an]。从王仁昫《刊谬补缺切韵》韵目的小注来看，时代稍早的"五家韵书"关

---

① 本节讨论的寒韵字不包括入声韵字。
② 从现代音系学来说，唇牙喉音声母可称作"钝音"（grave），舌齿音声母可称为"锐音"（acute）。

于这三个韵的分合各有不同。从地域上说,吕静《韵集》代表魏晋北方的押韵传统,夏侯该《韵略》则大致代表稍晚一些南方地区的读音。其中就平声字来说,吕静、夏侯该两家将删韵和寒韵分开;上声字,吕静不做区分,夏侯该分;去声字,吕静未将其分开,夏侯该则有别。因此,《切韵》区分寒、删两韵,很明显更多是照顾了南方的传统。

从日译吴音、《玉篇》反切两种资料也能看出当时的吴语里寒韵字的表现。吴音中不论声母类别,其山摄一等寒韵字读音不分化,一律读作[an],而山摄二等韵读[en],例如:干 kan｜寒 gan｜旦 tan｜难 nan（寒韵）;艰谏 ken｜眼颜 gen｜山删 sen｜栈 zen。当然,译音材料本身具有一定的局限性,比如不一定能准确反映音值,但是对音类的分合还是能够把握的。南朝时期顾野王《玉篇》的寒韵字也是独立的,也未见有因声母锐钝不同的读音分化,比如"单"丁安切、"兰"力干切、"韩"胡丹切,"寒"何丹切。被切字为钝音声母,反切下字则锐、钝皆用。

10.5.1　寒韵字的南朝层次

寒韵独立并且寒、山删有别,这对于《切韵》时代的汉语来说并不奇怪,但是现代方言中能够保持如此格局的却很少。北方方言的寒、山删韵舒声字已经完全合并,也没有以声母为条件的读音分化,入声字还能保留一些锐、钝的区别,如北京话:达 da^2｜割 $kɤ^1$。据我们所见,寒韵字的读音与南朝《切韵》相一致的方言,大概只有个别吴语、闽语和湘西乡话(可参看本书第七章)。

现代吴语中寒韵字有南朝、晚唐两个层次,前者和《切韵》相吻合,后者则对应于晚唐以后的北方官话。先看表 10-7 中几处吴语中寒、山删韵字的读音:

表 10-7 代表南朝层次的吴语寒韵的读音及其与山删韵字的比较

		海门	崇明	四甲	江山	常山	开化	玉山
寒韵	单端	tø¹ 单	tø¹ 单	tm̩³ 掸	tɔ̄¹	tō¹ ~数	tō¹ 单	tō̄¹
		tæ⁵ 旦	tæ⁵ 旦	tæ̃¹ 单		tā¹ 简~	tā⁵ 旦	
	摊透	thø¹	thø¹ ~派	thm̩¹	thɔ̄¹	thō³	thoŋ³ 摆~	thō̄¹
		thæ¹	thæ¹ ~生	thæ̃¹				
	伞心	sø³	sø³	sæ̃³	sɔ̄³	sō³ 雨~	soŋ³	sō̄³
						sā³ 降落~		
山删韵	盏庄	tsæ³	tsæ³	tsæ̃³	tsā³	tsā³	tsā³	tsā³
	山生	sæ¹	sæ¹	sæ̃¹	sā¹	sā¹	sā¹	sā¹
	产生	tshæ³	tshæ³	tshæ̃³	sā⁻⁴³ ~母	tshā³	sā³ ~母	tshā³
寒韵	干见	kø¹	kø¹	km̩¹	kɔ̄¹	kō¹	koŋ¹	kō̄¹
	安影	ø¹	ø¹	m̩¹	ɔ̄¹	ō¹	ā¹	ō̄¹
	汗匣	ɦø⁶	ɦø⁶	ɣm̩⁶	gɔ̄⁶	gō⁶	goŋ⁶	ɦō̄⁶
山删韵	办并	bæ⁶	bæ⁶	bæ̃⁶	bā⁶	bā⁶	bā⁶	bā⁶
	限匣	xɣæ⁶	ɦɦæ⁶	ɣæ̃⁶	ā⁶	ɦā⁶	ā⁶	ɦā⁶
	颜疑	ŋæ²	ɦŋæ²	ŋæ̃²	ŋā⁻³³ ~色	ŋā²	ŋā²	ŋā²

表 10-7 所列七个吴语，其寒韵字声母无论锐/钝，均读合口韵母，同时有别于二等山删韵，与《切韵》寒韵字的特征相合。从文白异读来看，白读音具有该特征，文读音则不然，与晚唐以后官话的格局相同。例如常山的"单""伞"二字，白读为合口的[ō]，文读为开口的[ā]。一般来说，白读音代表汉语语音史的较早阶段，文读音则相对较晚，寒韵字的文白对比也符合这一特点。

闽语中的寒韵字也有类似的表现：寒韵的白读音为合口韵母，同时与二等山删韵有别，请看表 10-8[①]：

---

① 下文所引闽语材料来源：厦门、潮州、建瓯、福州：北京大学中文系语言学教研室(2003)；建阳：李如龙(2001)；永安：周长楫、林宝卿(1992)；漳平：张振兴(1992)；苍南：秋谷裕幸(2005b)；邵武：陈章太、李如龙(1991)。

表 10-8 代表南朝层次的闽语寒韵的读音及其与山删韵字的比较

		厦门	潮州	漳平	建瓯	建阳	永安
寒韵	单端	tūā¹ 白	tūā¹ 白	tuā¹ 被~	tuiŋ¹	tueiŋ¹	tum¹
	散心	sūā⁵ 白	sūā⁵	suā³ 零~	suiŋ⁵	sueiŋ⁵	sum⁵
	肝见	kūā¹ 白	kūā¹	kuā¹	xuiŋ¹	xueiŋ¹	hum¹
	寒匣	kūā² 白	kūā² 白	kuā²	kuiŋ² 白	xueiŋ²	kum²
山删韵	办帮	—	phōi⁶		paiŋ⁶	paiŋ⁶	pī⁵
	间见	kıŋ¹ 白	kōi¹	kēi¹ ~里;房间	kaiŋ¹	kaiŋ¹	kī¹
	山生	sūā¹ 白	sūā¹	suā¹	suiŋ¹	sueiŋ¹	sum¹
	斑帮	pōi¹ 白	—		paiŋ¹	paiŋ¹	pī¹

从表 10-8 来看,闽南、闽北、闽中方言的寒韵字读法都有与《切韵》类似的南朝层次,即带合口介音或主元音,锐/钝声母字都是如此,同时这类读音属于白读层。

10.5.2 寒韵字的晚唐层次

从地理分布来看,现代吴语中寒韵字今读与《切韵》分韵格局相符合的很少,除了上文提到的属北部吴语的崇启海方言,以及浙南的几个方言,这个层次基本已经消失。目前寒韵字在吴语中的主体层表现为锐音声母字的今读和山删韵相同,且读开口韵,钝音声母字读合口韵,多数与桓韵字同韵。下面从表 10-9 看些具体的例字:

表 10-9 代表晚唐层次的吴语寒韵的读音及其与山删韵字的比较

		常熟	苏州	海盐	绍兴	宁波	黄岩	金华	庆元	温州
寒韵	单端	tɛ¹	tɛ¹	tɛ¹	tæ¹	tɛ¹	tɛ¹	ta¹	ʔdā¹	ta¹
	拦来	lɐ²~牢;拦住 lɛ² 阻~	lɛ²	lɛ²	læ²	lɛ²	lɛ²	la²	lā²	la²
	餐清	tshɐ¹ tshɛ¹	tshɵ¹ tshɛ¹	tshɵ³	tshæ¹	tshɛ¹	tshɛ¹	tsha¹	tshā¹	tsha¹

续表

山删韵	盏庄	tsɛ³	tsE³	tsɛ³	tsæ³	tsE³	tsɛ³	tsɑ³	tsɑ̄³	tsa³
	山生	sɛ¹	sE¹	sɛ¹	sæ¹	sE¹	sɛ¹	sɑ¹	sɑ̄¹	sa¹
	产生	tshɛ³	tshE³	tshɛ³	tshæ³	tshE³	tshɛ³	suɑ³	sɑ̄³	sa³
寒韵	干见	kə¹	kø¹	kə¹	kē¹	ki¹	kɛ¹	kɤ¹	kuā¹	ky¹
	岸疑	ŋə⁶	ŋø⁶	ɦə⁶	ŋē⁶	ŋē⁶, ŋE⁶	ɦie⁶	ɤ⁶	ŋā⁶	jy⁶
	寒匣	ɦə²	ɦø²	ɦə²	ɦē²	ɦEi²	ɦie²	ɤ²	kuā²	jy²
山删韵	办并	bɛ⁶	bE⁶	bɛ⁶	bæ⁶	bE⁶	bɛ⁶	bɑ⁶	pā⁶	ba⁶
	限匣	ɦiɛ⁶	ɦiE⁶	—	ɦiæ⁶	ɦiE⁶	ɛ³	a⁶	xā⁶	ɦia⁴
	奸见	kɛ¹	kE¹	kɛ¹	kæ¹	kE¹	kɛ¹	kɑ¹	kā¹	ka¹

表 10-9 将寒韵、山删韵字按声母的锐/钝性质分作两类,其中寒韵锐音字和钝音字读音不同,前者为[ɛ E æ a]之类的开口读法,有些吴语从表现上看好像是读合口性质(或接近合口性质)的韵母,如金华[ɑ]、庆元[ɑ̄],但从音类分合来看,仍然属于晚起的寒韵字锐/钝分韵的层次。

寒韵的《切韵》读法虽然已在吴语中消失殆尽,但仍有零星白读体现出了保守的南朝层次。如常熟:掸 tə³(～帚)| 拦 le²(～牢:拦住)/ lɛ²(阻～)| 瘫 thə¹(～子:瘫痪者)/ thɛ¹(～痪)。嘉定:掸 tə¹| 摊滩 thə¹(许家～:地名)| 蛋 de⁶| 餐 tshə¹| 散 sə³(～装)| 伞 se⁵。可见,这是由于寒韵字的较晚读音层对较早读音层覆盖的结果。

现代闽语中寒韵字的白读属于南朝层次,下面从表 10-10 看其文读层的具体表现:

表 10-10 代表晚唐层次的闽语寒韵的读音及其与山删韵字的比较

		厦门	潮州	漳平	福州	苍南	邵武
寒韵	单端	tan¹文	taŋ¹文	tan¹	taŋ¹	tē¹	tan¹丹
	散心	san³	tshaŋ²残	san³胃气～	saŋ³	sē³伞	san³
	干见	kan¹文	kaŋ¹	kan¹杆	kaŋ¹	kē¹	xon¹肝
	安影	an¹文	aŋ¹文	an¹平	aŋ¹	ē¹	on¹

续表

山删韵							
	办帮	pan⁶	paŋ⁵扮	pan⁶	—	bai⁶	phan⁶
	山生	san¹文	—	san¹人名	saŋ¹	sē¹	san³产
	板帮	pan³	paŋ³文	pan³	paŋ³	pāi³	pan³
	删生	san¹	saŋ¹	san¹	saŋ¹	dzē栈	san⁶疝

张光宇(1989)曾经指出,"山摄二等删、山韵与一等寒、桓韵在闽方言白读有别;在文读,删、山、寒一致而与桓区别。"比较闽语和吴语中寒韵字的该类读法,可以看出两者的异同,相同点在于:(1)音类关系上,吴、闽语都属寒、山相混;(2)音值表现上,吴、闽语的寒韵锐音字都读开口。不同点在于,闽语大部分方言的寒韵钝、锐音声母字都读作开口;而吴语大部分方言的寒韵钝音字读合口,锐音字读开口。福建邵武话与赣方言关系密切,其寒韵字的锐、钝声母与其他闽语不同,相信是来自赣方言的读法。

之所以将吴、闽语中寒韵字的此类读法定为晚唐以后北方官话的影响所致,主要是基于以下四点的考虑。

(一)《集韵》编定于北宋初,该书在某种程度上反映了当时的实际语音,较之《广韵》有明显的时音观念。在寒韵字的问题上,《集韵》的处理有些值得注意的变化:该书将《广韵》寒韵的上声旱韵、去声翰韵部分小韵的锐音声母(端、精组)字移到了桓韵上声缓韵、去声换韵里头去了,因此寒韵字的上、去声剩下的只有钝音声母字了。这就说明,当时的北方官话的寒韵字出现的锐、钝分韵的现象,同时钝音字读成了和桓韵一样的合口韵母。

(二)邵雍《皇极经世·声音唱和图》反映了唐末宋初的中原官话的语音面貌,该书将寒韵钝音字"安"和寒韵锐音字"丹"、山韵字"山"分在两行,也是锐、钝分韵。

(三)上文说闽语的寒韵字文读层不分锐钝,同时和山删合流,杭

州话也是如此(单 tE¹ | 看 khE⁵ | 山删 sE¹),这和其他大部分吴语有所区别。看来,杭州话的这种表现和北宋末年南渡的汴洛官话不无关系。汉越音也是如此,例如:单 đan | 餐山删 san | 间奸 gian | 寒翰 hàn | 旱限 hạn | 颜 nhan | 斑 ban | 办伴 bạn。

(四) 游汝杰(2000:105—109)指出,粤、赣、客方言与晚唐以来的北方方言有着直接的渊源关系,这些方言中的寒韵字按锐、钝声母的不同有读音的分化。

10.6 通摄字的非圆唇读音

周祖谟(1997)是一篇专门讨论齐梁陈隋时期的方音的重要论文,该文谈到的四种特殊押韵:(1)真侵合韵,(2)庚蒸合韵,(3)东登合韵,(4)江阳合韵,都是在扬州、南徐州一些诗文作家的作品所反映出来的现象。就第(3)种东登合韵来说,有以下两例(下面加横线的是登韵字):

齐·张融《海赋》:穷攻丛笼凤崩 (《齐文》15/3 上)

隋·释僧灿《信心铭》:能空 (严可均辑《全隋文》34/1 下)

张融为扬州吴郡人(今江苏吴县),僧灿为南徐州彭城郡人(今江苏武进),恰好都在今天的北部吴语区域之内。

《切韵》曾开一登韵字在闽方言中多有文白异读,通合一东、冬韵也是如此。下面表10-11列出厦门、潮州、福州、建瓯方言的相关例字,以见一斑:(其中上栏为白读,下栏为文读)

表10-11 部分闽方言中登、东、冬诸韵字的读音

	灯登韵	等登韵	棱登韵	赠登韵	冻东韵	同东韵	聋东韵	农冬韵
厦门	tıŋ¹	tan³	lıŋ²	tsan⁶	taŋ⁵	taŋ²	laŋ²	laŋ²
		tıŋ³		tsıŋ⁶	toŋ⁵	toŋ²	loŋ²	loŋ²

续表

潮州	teŋ¹	taŋ³	leŋ²	tsaŋ⁶	toŋ⁵	taŋ²	laŋ²	naŋ²
		teŋ³				thoŋ²		loŋ²
福州	tiŋ¹	tiŋ³	liŋ²	tsaiŋ⁶	tœyŋ⁵	tøyŋ²	løyŋ²	nøyŋ²
	teiŋ¹	teiŋ³	leiŋ²		touŋ⁵	tuŋ²	luŋ²	nuŋ²
建瓯	taiŋ¹	taiŋ³	leiŋ²	tsaiŋ⁶	tɔŋ⁵	tɔŋ²	sɔŋ⁵	nɔŋ²
							lɔŋ⁵	

学界一般认为,《切韵》时代的东、冬韵分别读作圆唇的[*oŋ][*uŋ]。从音类关系上看,潮州的登韵已和东、冬韵合并作[aŋ](东登合韵),厦门的两类韵主元音都是[a],鼻韵尾有前、后部位的差别。总体而言,厦门、潮州、福州的通摄字白读已不读圆唇韵母,这显然是一种比《切韵》稍早的变化,很可能跟南朝时期江东方言东韵字的非圆唇化有关系。

潘悟云(1995b)曾讨论过通摄韵母在吴、闽方言中的这类变化,并且指出,通摄的非圆唇化也在吴语中发生。这种音变分成以特字体现的扩散式音变和音类分合体现的连续式音变两种情形来看会更加清楚。

个别字所体现的东冬和登蒸混并,以南部吴语表示人的"侬"字和"能"字同音最为重要,而它在金华、丽水、温州等地区的分布非常广泛。除了"侬"字,还有丽水"松"(~毛)读 ɕziŋ²,"种"(~粪:施粪)读 tɕiŋ⁵,这两个字读如蒸韵(潘悟云 1995b:117、119)。

北部吴语区的苏州市郊(陆墓、太平、长桥、胥口、郭巷、金山等)及吴江、昆山的农村有东韵读入登韵的现象。即便是已经官话化的丹阳地区,有些乡镇也有东登合韵的痕迹。据蔡国璐(1995:引论 4—5),按照各地方言的特点,可将丹阳话分为四片,其中第三片以河阳话为代表,包括行宫、全州、司徒、河阳、胡桥等乡镇和练湖农场的大部分地区和大泊镇的小部分地区。该片方言读[eŋ]韵的字包括:侵韵(针森枕)、痕魂韵(吞恩门本)、真谆韵(陈尘诊轮)、登蒸韵(灯能乘绳)、庚清韵(更埂郑)等。其中东登合韵也属于此处所讨论的通摄字非圆唇化。丹阳是南朝江东的腹地,南渡的中原大族不少侨居于此,而这些士族出于施政之方便,大多既能熟悉其所携的"洛生咏",同时也能说地道的吴语(陈寅恪 1936)。更加值得注意的是,此种丹阳话至今仍用"侬"字做人称代词复数后缀,与现代闽语正相一致(郑伟 2010)。

10.7 小结

周祖谟(1963:66)说:"《切韵》分韵绝不是主观的、人为的,其中所分多与齐、梁、陈之间江东音相合。"上文的讨论也能表明,《切韵》的音韵特征不少能和各种文献所记载的江东方言相合。

上文讨论南朝江东方言与现代吴(包括北吴、南吴)、闽方言之间的源流关系,立论基于文献、方言两方面证据。文献方面,某个音韵特征至少应该能在《切韵》(包括《切韵》所承袭地较多反映南方押韵习惯的韵书)、《玉篇》、《经典释文》等文献中得到体现,或者是能在江东地区诗文押韵、日译吴音中找到可靠的纪录。方言方面,我们希望某个特征能够同时出现于北部吴语、南部吴语、闽语,以及一些可能和江东方言有联系的其他南方方言(比如北部赣语)。不同的音韵特征也可能以不同的方式表现出现,可能是个别特字,可能是部分字,也可能是整个历史音类。总之,严格区分以不同性质的层次,对于我们考察它们的历史来源,无疑是有积极作用的。

探讨北部吴语和闽语之间的历史联系,以往已有一些值得注意的成果,比如鱼虞有别、覃谈有别等,最近梅祖麟(2010)提到一些重纽三等字在南、北吴语有些特别的表现,或许也跟江东方言有些关系。当然,也可以从词汇史的角度进行探讨(郑伟 2010)。本章主要是通过提出几条音韵特征,观察它们在北、南吴语和闽语的相同或者不同的表现,说明这些特征与南朝江东方言之间的关系,从而为今后全面地考察江东方言提供一些参考。

第十一章 研究理论与方法的回顾

众所周知,汉语语音史(确切地说是"通语/共同语"语音史)的研究,主要依赖于历史文献。比如上古音的研究主要依靠谐声字、《诗经》押韵,旁及通假、转注、异文、词族等零星材料,再加上清代学者所提出的"离析唐韵"的方法;中古音研究主要围绕《切韵》、《韵镜》等文献资料展开,并参考各种反切、域外译音(日本吴音、汉音及汉越音、朝鲜汉字音)材料来探讨魏晋以后到元代以前汉语的语音变化;近代音研究则以《中原音韵》、《蒙古字韵》及其他各类韵书为基本材料,探讨元代以后汉语语音的面貌及其与现代方言的源流关系。

作为整个汉语语音史的一部分,汉语方言语音史在研究条件、理论、素材、思路、方法等方面都有别于共同语语音史的研究。赵元任的《现代吴语研究》(1928)调查了吴语33个方言点,是用现代语言学的方法研究汉语方言学的起点。在此之前,瑞典学者高本汉(1889—1978)陆续完成了博士学位论文 *Edudes sur la Phonologie Chinoise*(《中国音韵学研究》,1915—1926)。该书是汉语语音史方面的里程碑式的著作,并用很大的篇幅,列出了二十六处方言(其中四种是域外汉字音)三千多个字音,以此反映古今音的演变,方言之间的异同。显然,高本汉已经意识到了现代方言的材料对古音拟测的重要性。

20世纪50年代以后,全国各地开始了汉语方言的普查工作,一方面为推广普通话积累了不少有用的参考资料,另一方面,也为接下来各大方言区各种调查报告的问世创造了有利条件。1979年创刊的《方言》杂志,更是有力地推动了汉语方言学的发展。随着方言共时描写材

料的日益丰富,方音史研究也开始引起国内外学界的兴趣,也涌现出了一些重要的专著和论文,例如:

吴方言:秋谷裕幸《吴语处衢方言(西北片)古音构拟》(日本好文出版,2003年);

闽方言:张光宇《闽客方言史稿》(台北:南天书局,1996年);

江淮方言:鲁国尧《泰州方音史与通泰方言史研究》(日本亚非语言文化研究所《アシア・アフリカ語の計数研究》1988年第30号);

晋方言:乔全生《晋方言语音史研究》(中华书局,2008年);

皖南方言:高永安《明清皖南方音研究》(商务印书馆,2005年);

赣方言:古屋昭弘《〈正字通〉和十七世纪的赣方言》(《中国语文》1992年第5期);万波《论宋代以来邵武方言的演变》(《山高水长:丁邦新先生七秩寿庆论文集》,语言学研究所专刊,2006年)、《赣语声母的历史层次研究》(商务印书馆,2009年);

客家方言:邓晓华《论客方音史研究中的几个问题》(《语言研究》1996年增刊);古屋昭弘《魏际瑞と17世纪の江西客家方音》(《桥本万太郎纪念中国语学论集》,东京:内山书店,1997年);

西南官话:何大安《规律和方向——变迁中的音韵结构》(历史语言研究所专刊1988年);

粤方言:郭必之《从虞支两韵"特字"看粤方言跟江东方言的联系》(《语言暨语言学》2004年第3期)、《一段微观的粤语史——珠江三角洲八种粤语方言的分群》(《山高水长:丁邦新先生七秩寿庆论文集》,语言学研究所专刊,2006年)。

以吴、闽方音史研究而言,其焦点包括以下两个方面:

(一)《切韵》与吴音的关系。作为中古音研究最重要的文献,《切韵》既包含了和历史语音有关的丰富信息,同时也和南朝的金陵吴音脱不了关系。《颜氏家训·音辞篇》曰:"共以帝王都邑参校方俗,考核古今,为之折衷。権而量之,独金陵与洛下耳。"尽管目前还无法准确说明《切韵》的哪些分韵体现了金陵(南)、洛下(北)的方音异同,但正如周祖谟(1963:66)指出的:"《切韵》分韵绝不是主观的、人为的,其中所分多与齐、梁、陈之间江东音相合。"所谓江东音,就是指金陵地区及其周边一带的吴音。从王仁昫《刊谬补缺切韵》四声韵目小注中提到的"五家韵书"(吕静《韵集》、夏侯该《韵略》、阳休之《韵略》、李季节《音谱》、杜台卿《韵略》)的分韵情形来看,南、北之间的语音差别是明显存在的。比如夏侯所代表的是江东音,同时也跟梁代诗文押韵相一致。丁邦新(Ting 1975:296)认为,魏晋时期有江东方言、秦陇方言两区是特征最清楚的。更重要的是,《切韵・序》所谓"支脂鱼虞,共为不韵,先仙尤侯,俱论是切"所揭示的南朝江东方言,完全可以在现代吴语中找到这些音类分合的踪迹(金有景 1982,梅祖麟 2001)。正是历史文献、现代方言两方面的材料,为吴语语音史的研究提供了有利条件。

(二)吴语与闽语的关系。现代汉语各大方言间的源流关系,也是汉语方言学、汉语史关心的问题。游汝杰(2000:110)曾指出:"汉语南方各大方言中吴语、湘语、粤语、赣语、平话的直接源头应是北方汉语,可以说是直接从古汉语分化的;闽语和徽语则是从吴语分化的,客方言是从赣语分化的,可以说是次生的。"丁邦新(1988)较早提出"南北朝时的吴语就是现在闽语的前身",准确地说明了吴、闽方言间的历史联系。其后潘悟云(1995b)、张光宇(1996)、秋谷裕幸(1999)、梅祖麟(2001)、郑张尚芳(2002a)、陈忠敏(2003)、丁邦新(2006)等又有诸多新的研究。

我们认为,目前的吴语语音史研究还存在一些局限:

第一,已有的研究往往把眼光聚焦在南部吴语,因为它们和闽语在地理上更近,同时受官话的影响没有北部吴语那么大。本书的相关章节已经说明,仅仅关注南部吴语是不够的,只有把北部吴语也列入方言比较的视野,我们才能更加全面、准确地把握吴、闽关系(例如本书第四、七章对"鱼虞韵""寒韵"等问题的讨论)。

第二，已有的研究多偏重于具体问题，理论性的总结较少。能将理论寓于事实的研究固然重要，但是汉语方音史的研究者有不同的学科背景(历史音韵学、现代音系学、方言学等)，研究方法(文献考证、方言比较、层次分析等)也各有倚重，那么对方音史进行一番理论性的探索也就显得颇有必要了。

本书以专题研究的方式，对吴方言的韵母进行了比较分析，其中除了涉及吴语本身近百个方言点的材料，也兼及汉语其他各大方言。本章拟在前辈和时贤相关研究的基础上，结合本书的相关论题，对汉语方音史研究涉及的理论与方法做一番总结。

11.1 语言层次理论

考古学的"地层"学说认为，由于长期的风化作用会产生沉积岩，它以层累的方式展示着年代的更替。语言史研究中的层次与之颇相类似，但又有重要的区别：相同之处在于，两者都必须历经时间的推移才得以形成，否则层次无从谈起；相异之处在于，地层的辨认简单，因为其分布于上下不同的平面，但语言层却不然，语言是个以语音为物质外壳的符号系统，没有其他同等地位的能指形式，语音系统包含辅音、元音等次系统，与所指(内容和意义)结合之后才得以存在，它的基本单位是语素，无法从空间的维度上做剥离层次的工作。

语言史的层次(stratum)和以往所说的"底层"(substratum)也不一样，语言底层的产生必须以语言转换为既有的前提。语言使用者及其语言转换过程可以表达为：(沈钟伟 2007:108)

语言转换	时间1	时间2	
地域1	语言1	语言1	
地域2	语言2	语言1'	语言2＞语言1'

具体地说，就是在时间1阶段，1、2不同地域的民族分别说着不同的语言1和语言2，到了时间2的阶段，地域1的人群依然说语言1，但是地域2的人群学会了分布于地域1的语言1，同时放弃自己的语言2，实现了语言转换。语言2转成语言1'之后，前者的一些特征可能会继续存在于语言1'中，那么这些便是所谓"底层"了。长江中下游的广大南方地区以前是百越民族的分布区域，其先民所说的侗台语中有不少词汇还遗留在现代南方方言中。"藻(浮萍)""马蹄(荸荠)"在温州、厦门等的对应形式其实就是早期少数民族语在汉语方言里的"底层词"(游汝杰2000:133—134)。广泛分布于南方汉语方言和民族语的内爆音(implosive)，不少也是来自早期非汉语的语音底层的沉积。

从20世纪70年代初开始，开始有学者注意到闽方言(如厦门)的文白异读所体现出的层次性(Yan 1973)。罗杰瑞(Norman 1979)从"一字多音"来推断闽语有来自秦汉、六朝、晚唐汉语的三个层次。下文不准备详细介绍学界对方言层次研究的各项成就[①]，只想结合具体事实，对一些基本问题做些理论性的阐述。

11.1.1 核心问题：文白异读

汉语方言的层次问题与文、白异读密不可分，文、白问题则与汉民族长期以来的"雅言中心观"直接相关。《论语·述而》："子所雅言，诗、书、执礼，皆雅言也。"雅言是汉民族不同地区的交际工具，也就是共同语(至于口语和书面语层面的共同语之间有多大的差异，似乎也很难考查了)。共同语出现的重要原因，是汉民族语言有着不同的地域变体(方言)。也就是《礼记·王制》所说的"五方之民，言语不同"。东周以

---

① 有关层次研究的学术史回顾，可参看谢留文(2005)和最近出版的侍建国(2011)的第七章"历史层次的划分"。

降,直到元明,河南洛阳一带的方言几乎一直是汉族共同语的标准,所谓"凡中原音切,莫过东都"(唐·李涪《刊误》),"北方声音端正,谓之中原雅音,今汴、洛、中山等处是也"(元·孔齐《至正直记》)。可见,虽然其间偶有更替,但中原地区作为政治、文化中心的地位是延续未变的。另一方面,由于不同时期南、北方的不同民族之间的广泛接触,加上汉语数千年的历史演变,方言差异的事实从未改变。这就是文白异读产生的历史原因。

(一) 文白异读的定义

简单地说,就是某个字在某种方言里有两种以上的读音。一般说来,文读音多用于正式场合,或者是作为书面文字的口头表达(读书、读报),所以也叫文言音。梨园戏曲的念白、唱词也多用文读音。白读音则多用于日常口语,有些无法用文字表达(至少当地人对某些口语化的说法不知道如何写下来),也叫白话音。文、白读往往有着不同的载体,文读以单字为基本单位,白读则一般以词汇为基本单位。因此,在做方言的实地调查时,如果仅仅依靠"字"调查,很难获取到该方言的白话音系统(罗杰瑞 2007)。

(二) 文白异读的判定标准

如何认定文读或白读,包括以下几个可能的标准。

1. 读音来源。学界一般认为,白读是本地的,文读是外来的。"龟亏跪"在吴语中一般白读是[tɕy tɕhy dʑy],文读是[kuei khuei guei]。可以看出,文读接近北方官话,白读则否。因此,[tɕy]来自早期吴语[*ky]的自身演变,并非借自官话,台州片吴语(如天台方言)的微韵见组字至今仍然读[ky khy gy](参看第五章"支微入虞"部分)。北部吴语中梗开二(耕、庚二)的一些舒声、入声字还保持着低元音的白读[aŋ][aʔ],如苏州:硬 ŋā⁶ | 生 sā¹ | 棚 bā² | 梗 kā¹ | 樱 ā¹ | 百 pɑʔ⁷ | 客 khɑʔ⁷ | 麦 mɑʔ⁸ | 拆 tshɑʔ⁷。文读音是央、高元音[əŋ iŋ əʔ]的读法,如萧山:硬

iŋ⁵｜耕 kəŋ¹｜樱 iŋ¹｜拆 tshə?⁷。[aŋ a?]来自本地方言的自身音变,和《切韵》的格局更近;文读和以《中原音韵》为代表的近代官话一致,较晚才借进吴语(参看本书第八章"曾梗摄")。北京话见系开口二等字读舌面音[tɕ],"尴尬芥"却读[k],显然舌根音读法是从南方方言借来的。但我们无法仅凭此点就认定北京话的读书音是本地的,口语音是外来的,因为这些字和现代北京话宕江曾梗通的入声字具有文白异读的情况不同,"尴尬"只是与北京话的音变规律不合的方言借字,实际上是以"方言词"的形式进入北京话的,而不仅仅是字音的方式。

2. 辖字数量。假设某个字有 P1、P2 两种读音,如果该字所在古音类的大部分辖字都读 P1,少数读 P2,那么一般认为 P2 为白读音,P1 为文读音,也就是说以辖字数量的多寡来决定孰文孰白。中古奉母字在北部吴语多数读[v],但上海话老派"凤"(～仙花)读 boŋ²,常州话"缝"(牙齿～)读 boŋ²。读[b]的奉母字占少数,可定为白读音。浙江桐庐方言的梗开四青韵入声锡韵字"笛狄"读 diʌʔ⁸,同韵类的其他字读[iəʔ]:的甾～滴嫡 tiəʔ⁷｜踢剔 thiəʔ⁷｜敌籴 diəʔ⁸,可见读[iʌʔ]的字少,读[iəʔ]的字多。因此[iʌʔ]定为白读音,[iəʔ]定为文读音。不过,有时这一标准未必可靠。中古寒韵字在现代吴、闽方言中的读音有两类,A 类为锐、钝声母字同韵,且与山删韵读音有别,同时韵母读圆唇主元音;B 类为锐、钝声母字不同韵,且与寒韵锐音声母字与山删韵同韵,同时韵母读展唇主元音,而寒韵钝音声母字读圆唇主元音,表 11-1 能够更清楚地反映两类的差异:(其中[on]代表圆唇读法,[an]代表展唇读法)

表 11-1　吴、闽语寒韵字的两类读音比较

	寒韵		山删韵
	钝音声母字	锐音声母字	
A 类	*on		*an
B 类	*on	*an	

其中 A 类读法与《切韵》的格局一致,B 类读法与晚唐以后的北方官话

相对应。前者为白读,后者为文读。从辖字数量上看,大多数的吴语基本上只有读 A 类的寒韵字,读 B 类的字只有零星几个,如常熟:拦(～牢;拦住)le² | 瘫(～子)the¹,不少方言甚至没有 B 类读音。但是,崇明、海门、江山、常山、开化、玉山这几个方言(前两个属北部吴语,其他为南部吴语)中 A 类白读音大大超过了 B 类文读音。如常山方言"单$_1$ 弹～$_{棉花}$摊难拦丹滩炭檀栏烂散"读[ō],"单$_2$弹$_{子}$～旦蛋但"读[ā],大部分字的读法属于白读音,少数字为文读音。

3. 古今音比较。文、白读的鉴别必须参考汉语语音史。汉语方言在地域上的发展不平衡,南方音比北方音的面貌更加古老。大体上说,北方的音韵特征集中于《中原音韵》(1324)之后,而吴、闽等南方方言的音韵特征不少能和《切韵》(601)相合,有些方言(如南部吴语、闽语)甚至还保留着秦汉时期中原汉语的痕迹。下面以吴语的白读音为例,列举如下[①]:

(1) 非、帮母不分,读作清塞音[p],如遂昌方言"痱反$_{翻动}$粪腹"等字。

(2) 奉、并母不分,读作浊塞音[b],如庆元方言"扶缚冯"等字。

(3) 微、明母不分,读作鼻音[m],如苏州方言"问闻味尾"等字。

(4) 知、端母不分,读作舌尖塞音[t],如常山方言"猪昼转～$_{身}$张$_{量词}$着～$_{衣}$桩桌中～$_{秋}$竹"等字。"摘"字在大多数南、北吴语里也读[t]。

(5) 匣母字读舌根浊塞音[g],北部吴语如常州方言"厚"读 gei⁶,"环～$_{保}$"读 guɛ²。南部吴语更为丰富,"糊$_{面}$～怀$_{名词}$厚含寒汗挟～$_{菜}$滑降$_{投}$～"都有读[g]或[k]的。

(6) 歌韵字读低元音[ɑ],如上海方言"拖～$_{鼻涕}$"读 thɑ¹,"多～$_{年}$"读

---

① 南部吴语的例字大多参考了曹志耘(2002)的第二章"声母""韵母"部分,不再一一注明。

tɑ^1；苏州（西山）方言"哥"读 kɑ^1。

（7）鱼韵字读[i][ʮ][ei][ɯ]之类非圆唇韵母，与虞韵不同，如龙游方言：龃 tɕhi^5｜絮 ɕi^5｜鼠 tshɿ^3｜薯 zʅ^0｜锯 kəɯ^5｜鱼 ŋəɯ^2｜许 xəɯ^3｜余 i^2（鱼韵）；趣 tɕhy^5｜厨 dʑy^2｜输 ɕy^1｜句 tɕy^5｜瞿 dʑy^2｜愚 ŋy^2｜榆 y^2（虞韵）。

（8）泰韵字读低元音，与哈韵不同，如上海方言：胎 thᴇ^1｜待 dᴇ^6｜盖 kᴇ^5｜哀 ᴇ^1（哈韵）；太 thᴀ^5｜赖癞 lᴀ^6｜蔡 tshᴀ^5（泰韵）。

（9）祭韵字和读[i]的支脂之微韵字不同，如武义方言：制 tɕie^5｜世势 ɕie^5（祭韵）；枝 tɕi^1｜止指幾 tɕi^3｜志既 tɕi^5｜治 dʑi^6｜时 zi^2｜视 zi^6（支脂之微韵）。

（10）齐韵字读洪音（或主元音低于[i]），与止开三支脂之微韵字不同韵，如"梯"字：磐安、遂昌、云和、文成、温州 thei^1，金华、汤溪 thɛ^1，常山 thɐ^1，广丰 thuɐi^1。

（11）支与脂之不同韵，如开化方言：枝 tɕie^1｜纸 tɕie^3（支韵）；指 tsui^3｜师 sui^1｜痣 tsui^5｜时 zui^2（脂之韵）。

（12）豪、肴不同韵，如泰顺（新山）方言：报 pa^5｜毛 ma^2｜刀 ta^1｜老 la^3｜灶 tsa^5｜嫂 sa^3｜稿 ka^3｜号 a^6（豪韵）；豹 pɑɯ^5｜卯 mɑɯ^3｜闹 nɑɯ^6｜吵 tshɑɯ^3｜巢 sɑɯ^2｜交 kɑɯ^1（肴韵）。

（13）寒、山不同韵，如玉山方言：单 tō^1｜摊 thō^1｜弹 dō^2｜蛋 dā^6｜拦 lō^2｜赞 tsā^5｜餐 tshā^1｜伞 sō^3（寒韵）；盏 tsā^3｜山 sā^1｜产 tshā^3｜栈 dzā^6（山删韵）。

（14）仙、先不同韵，如庆元方言：面 miɛ̃^{6}｜连 liɛ̃^{2}｜延 iɛ̃^{2}｜舌 tɕieʔ^8｜折 ɕieʔ^8（仙韵）；麵 miã^6｜莲 liã^2｜烟 iã^1｜节 tɕiaʔ^7｜屑 ɕiaʔ^7（先韵）。

（15）覃、谈不同韵，如文成方言：潭 dᴇe^2｜南 nᴇe^2｜蚕 zᴇe^2｜暗 ᴇe^5｜盒 ɦᴇe^8（覃韵）；淡 da^4｜篮 la^2｜三 sa^1｜甘 kø^1｜塔 tha^7（谈韵）。

(16) 登与耕、庚二不同韵,如汤溪方言:猛 ma⁴ | 打 na⁷ | 撑 tsha¹ | 生 sa¹ | 梗 kua³ | 硬 a⁶ | 行(～为)a² | 白 ba⁴ | 拆 tsha⁷ | 格 ka⁷ | 额 a⁴ (庚二);争 tsa¹·| 耕 ka¹ | 麦 ma⁴ | 册 tsha⁷ | 隔 ka⁷(耕韵);朋 pai⁻³³ | 灯 tai¹ | 能 nai² | 层 zai² | 肯 khai³ | 北 pɛ⁷ | 特 dɛ⁴ | 贼 zɛ⁴(登韵)。

(17) 东三与钟韵不同,如温州方言:隆 loŋ² | 铳 tɕhyoŋ⁵ | 雄 jyoŋ² | 六 ləu⁸ | 麯 tɕhiəu⁷(东三韵);龙 liɛ² | 重ₓ dzyɔ⁶ | 用 jyɔ⁶ | 绿 lo⁸ | 曲 tɕhyo⁷(钟韵)。

(18) 四声分阴阳,全浊上、去调不合并。如常熟方言(右上角的数字表示调值):东 toŋ⁵² | 同 doŋ³⁴ | 董 toŋ⁴⁴ | 动 doŋ³¹ | 冻 toŋ³³⁴ | 洞 doŋ³¹⁴ | 督 toʔ⁵ | 读 doʔ²³。

以上所列吴语的音韵特征,都和以《切韵》为代表的中古音保持一致,其中声母部分的帮、非组不分和端、知组不分通常被视作上古音的孑遗,但实际上从文献资料来看,《切韵》时代非、知组还没有从帮、端组完全分化出来,因此吴、闽方言中的此类现象,不妨看成是中古特征。上面提及的这些音类字,如果在某个方言里出现了一字二音的情形,那么比照上述十几条音韵条目,便可知道与之对应的属于白读音。

11.1.2 核心概念:语音层次

如果同一古音来源的字(一个或一组字)在方言共时语音系统中有两个或两个以上不同语音形式,这些读音便构成了层次(王福堂 2003:1)。如果暂不考虑各家对层次的定义,不同的读音可以大致相当于不同的层次;不同的读音,也和文读、白读相联系。当然,层次和文白无法形成一一对应的关系(侍建国 2011:238—241)。下面拟对与层次有关的概念做一番梳理,并结合具体的例子,说明本书所使用的一些和层次有关的概念。

(一)历时概念:"时间层次"

学界最早使用的层次,完整的名称应是"时间层次"。如厦门方言"石"字有tsioʔ⁸(～头)、siaʔ⁸(～砚)、sik⁸ 三个读音,分别对应于罗杰瑞(Norman 1979:274)所说的秦汉、南朝、晚唐三个时间层次,"最早的可疑推测是汉代移民所说的汉语方言的遗迹;还有些是从南朝的雅言借来的;较新的就是唐朝中叶以后借的。"很明显,此种层次的界定是和汉语语音史直接联系的。梅祖麟(2001)用比较方法,将吴语的支韵字剖析成三个层次:层次Ⅰ *ɑi(蚁)、层次Ⅱ *ie(枝纸)、层次Ⅲ *i(技妓)。支韵字"蚁骑"在南部吴语里和歌韵字同韵,如:

蚁(支韵 *ɑi):开化 ŋɛ⁶、常山 ŋɛ⁴、玉山 ŋai⁴;箩(歌韵 *ɑi):开化 lɛ²、常山 lɛ²、玉山 lai²

骑(支韵 *ɑi):开化 guɛ²、常山 guɛ²;饿(歌韵 *ɑi):开化 ŋuɛ⁶、常山 ŋuɛ⁶、玉山 uai⁶

"蚁骑箩饿"都属上古歌部,可见支韵的这类读音代表了上古汉语,于是被称作秦汉层次;至于支韵的层次Ⅱ,其表现是与脂之韵有别(例字见上文),和《切韵》的分韵格局一致,为南朝层次;层次Ⅲ的表现是支韵和脂之韵等同读为[i],汉语史上晚唐以后《切韵指掌图》等资料已显示出这种特征,因此可定为晚唐层次。

本书并不反对使用"秦汉""晚唐"之类冠以朝代名称的时间层次概念,而且在具体讨论的过程中,汉语语音史的观念是贯彻始终的。例如第三章讨论麻佳韵字的演变时,提出以特字体现的麻佳合韵,其实反映了南朝吴语的音韵特点,陆德明(吴郡人)《经典释文》、《切韵》收录的字一些有麻、佳韵的异读,域外汉字音(日译吴音、古汉越语)和现代闽语的白读都反映出两个韵类之间的关系,因此个别麻韵字的读音代表了南朝层次。

(二)共时概念:"读音层次"

北京话来自中古铎、药、觉、德、陌、麦、屋韵的字往往有两读,例如:

薄 po²/pau²｜削 ɕye¹/ɕiau¹｜觉 tɕye²/tɕiau⁵｜北 pei³/pai³｜择 tsə²/tʂai²｜册 tshə⁵/tʂhai⁵｜色 sə⁵/ʂai³。这种共时平面上的一字二音也被称为"层次"或"读音层次"。与上述"时间层次"不同的是，此处的层次观念并无意将共时读音和汉语史上不同历史阶段的音韵特征联系起来，而只强调某个字的不同读音的来源，比如上面所举北京话"择"tsai²、"册"tʂhai⁵ 的读音是本地固有的，读 tsə²、tshə⁵ 则是从南京话借来的(王福堂 2006:5)。有个读音是从其他方言借来的。当然，这种借用是以音类为单位的。

从动态的角度看这种"层次"(layer)，便产生了"叠置"(layering)的观念。王洪君(1986/2007:46)如此解释："文白异读的实质是来源不同、进入当地时间不同的两个(或几个)音韵层次在共时音系中的叠置。各音韵层次间有成系统的对应，但它们不是直接的继承发展关系，而是反映某一历史层面上土语音系与权威方言音系的接触与竞争"。与强调时间先后的历时概念的"层次"相比，共时概念的"层次"强调不同地域的系统在同一地区并存。并存/叠的过程表现为"文白竞争"，结果往往是白读音逐渐被文读音覆盖，有白话音读法的字会慢慢减少，以至于最后该音类的字完全被文读势力所替代。见系开口二等字在吴语中的舌根音白读由北向南，数量递增，也就是受官话影响较大的北部吴语，不容易保留[k]，浙南地区地理上相对偏僻，能够较少地受中原官话的影响。

以洛阳一带方言为基础的权威方言以中央高层语言(政治层面)的姿态影响各地方言，其传播方式不外乎科举、私塾、戏曲等方式。另外，地方的权威方言也可能会渗入周边的土语音系中。据曹志耘(2002:196—199)，浙江金华、兰溪、浦江、龙游、衢州方言的文读音丰富。金华方言的文读音系统应是南宋以来在北方汉语、北部吴语、杭州方言的影响下形成的，它跟北部吴语、跟浙江各地流行的所谓"浙江官话"很接近。

除了来自外方言的系统与本地方言系统的叠置,本地方言中不同社会阶层的系统之间也会形成叠置和竞争。何大安(1993)提出六朝吴语的四种层次:(1)非汉语层;(2)江东庶民层;(3)江东文读层;(4)北方士庶层。何文认为,江东庶、士的语言有层次的不同,而北方士、庶则无所谓层次差异。此种观念的形成,可以从《颜氏家训·音辞篇》中索解:"然冠冕君子,南方为优,闾里小人,北方为愈。易服而与之谈,南方士庶,数言可辨。隔垣而听其语,北方朝野,终日难分。"陈寅恪(1936)对此做了解释:永嘉之乱以后南渡的中原士族,仍操洛阳近傍之方言,而且没有士、庶差异;另一方面,士族"欲笼络江东之人心,作吴语者,乃其开济政策之一段也",因此,若接待江东庶民,也能操吴语而应之。可见,"双语制"在江东士族中较为流行。于是,南朝江东地区的不同阶层使用不同的汉语方言,江东庶民使用的是土著吴语。至于江东文读层,大概可以理解为融进共同语元素后的、官话化了的吴语。

现代吴语中因阶层不同而造成的层次差异,可以苏州方言翘舌音[tʂ tʂʰ ʂ dʐ ʐ]的分布为例。知三章组字读翘舌音来自评弹界和苏州的城内具有郊县来源的居民(王洪君 2006:74)[①]。王洪君(2006)据此分析这种读音差异,认为这导致了一种"社会方言"的形成,[tʂ]组、[ts]组的层次对立不是方言学一般意义上的文白异读,两者只以不同社会阶层的方式对立,和一字两读的层次对比不是一回事。

(三)演化和接触:自源、外源层次

区分自源、外源层次的前提是确认自源音系和外源音系。自源音系是本地方言的音系,外源音系叠加在本地音系之上,两者构成层次关系。麻韵二等在吴语中的基本读音是舌位偏后的[ɑ][o][u],或者是

---

① 石汝杰教授在本书的评审意见中指出,"苏州城里其实早就根本没有这种发音了,是叶祥苓先生主观地想象还有如此的'老派',赵元任(1928:81)已经说那是'老派','年轻人只有少数能辨'了。所以说'社会方言'的说法欠妥。"

[u]阶段后破裂化为[ou][uɣ][ua][uɑ]等。这是中古麻二[*a]在吴语中的自身演化的结果,属于自源音系,共同吴语阶段麻二的读音应拟作[*o]。同时,吴语中麻二的有些字又有[a]的文读,这属于来自权威方言的外源音系。

　　自源/外源音系的判定标准是个非常值得考虑的问题,总的来说,有文白差异、汉语语音史两项标准。方言共时平面上 A、B 两个音系,无法单从辖字数量上决定自源或外源,但可以根据当地人对文白异读(口语音/读书音)的语感来定,白读音代表自源音系,文读音代表外源音系。例如桐庐方言的麻二开口字白读韵母为[uo](唇牙喉声母后)、[yo](舌齿音声母后),来自本地方言的演变;文读 [ia](舌面音、零声母后)、[a](其他声母后),借自官话。

　　汉语语音史也是行之有效的判定标准之一。上文所列的近二十条音韵特征,代表中古汉语的音韵,若作为音系 A 在某个吴语方言中出现,很显然应属于自源层;再参考汉语语音史,会发现音系 B 的特征晚于《切韵》,那么可以肯定其属于外源层。例如梗摄二三等韵在吴语中普遍读低元音[aŋ aʔ],反映中古音,它的另一类读法是和曾摄一等韵同读为[əŋ əʔ],后者反映北宋以后的中原汉语,同时按照土人感,A 为白读,B 为白读,为自源层和外源层的区别。

　　但是,又必须强调,利用语音史上演变阶段的早晚来判断不同的共时音系的来源,有时并不奏效,而且可能会适得其反。例外的情形主要有两类:

　　1. 共时系统因扩散式音变而形成的两个音系的并存。以词汇扩散为方式的音变,造成某个历史音类中的个别辖字未变或变得较慢,于是脱离了大多数成员参与的主体音变,造成了和主体层不同的层次。苏州方言的歌韵字绝大多数读[əu],如:驼 dəu² | 搓 tshəu¹ | 歌 kəu¹ | 多₁ təu¹ | 拖₁ thəu¹ | 左₁ tsəu³ | 大₁ dəu⁶。少数字读[ɒ],如:多₂ tɒ¹ | 拖₂

thɒ¹｜大₂dɒ⁶．其中"大"字读 dɒ⁶ 为文读，借自官话；"多拖"读[ɒ]为白读。从语音史的早晚阶段来看，歌韵白读[ɒ]与其《切韵》时代的读音[*ɑ]相近，而[əu]则是[*ɑ]在苏州方言里后续音变的结果。因此，[əu]为主体层，[ɒ]为滞留层，前者是主体音变，也就是徐通锵(1991)指出的连续式(或称"新语法学派式""规则式""条件式")音变形成的层次，后者是扩散音变形成的层次，两者有共同的来源[*ɑ]，因此我们不能说两个层次中哪个是自源，哪个是外源。

2．一般来说，白读音代表汉语史上较早的语音面貌，在本地方言早已存在，因此显得保守，文读音则往往是北方方言在近代以后的创新音变，作为外来音系，进入本地方言的时间也不是很久远。寒韵字锐/钝声母字读音不分化，和二等山删韵有别，这是《切韵》的格局，在吴语中属白读，寒韵锐音声母字和山删韵同韵，这在北宋邵雍《声音唱和图》中才见。所以说，前者保守，后者创新。但是，白读音有时会变得更加剧烈，反而文读音倒是更接近《切韵》。下面以闽方言为例，略举五条声母白读层的"语音"(phonetic)、"音位"(phonemic)两类创新音变：

(1) 明、泥、疑、日母白读为喉擦音[h]。如厦门：茅 hm̩²⁴｜燃 hiã²⁴｜肉 hik⁴｜耳 hĩ³³｜瓦 hia³³｜蚁 hia³³｜岸 huã³³；潮阳：年 hĩ⁵⁵。

(2) 明、泥、来、疑母在闽南方言里经常变为鼻冠塞音。如厦门方言的"米""你""鹿""五"四字的实际读音分别是[ᵐbi][ⁿdi][ⁿdɔk]、[ᵑgɔ]。

(3) 来母读[s][ʃ]等擦音。如建阳：露 su⁴³｜蓝 saŋ³³｜雷 sui³³｜聋 suŋ³³｜卵 syŋ³²。

(4) 云、以母字读擦音[s][ʃ][h][ɕ]等形式，该特征也见于浙南吴语。如"蝇"，福州、潮州 siŋ²｜建瓯 saiŋ²｜永安 sã²｜泉州 sin²；"翼"，福州 siʔ⁸｜建瓯 siɛ⁶｜永安 ʃiɒ⁴｜泉州 sit⁸｜潮州 sik⁸。

(5)《切韵》知[*t]、庄[*tʂ]、章[*tɕ]的对立格局改变。就音值表现而言，闽方言音系的舌齿音声母只有[ts][t]两组，声母数量减少，因此通常被称为"十五音"。

11.2 词汇扩散理论

"词汇扩散"理论最早于 1969 年由王士元教授在"Competing sound changes as a cause of residue"(竞争性音变是造成残留的原因)一文中提出。该理论是对 19 世纪的新语法学派所提出的"音变规则性假设"的挑战,至少可以说一种补充。新语法学派认为:(1)语音变化是连续的、渐变的,只要符合语音条件,音变在所有的成员身上都会发生,即"音变无例外";(2)音变的结果容易把握,但音变的过程是不可以直接观察的。破坏音变的规则性的因素,早期的研究曾经找到语际借用、方言混合、类推、同音避免、避忌讳、语音象征、功能负荷等。考虑某种音变如何在个人词汇中进行的可能性有四种:

1.语音上突变,并且词汇上突变;

2.语音上突变,而在词汇上渐变;

3.语音上渐变,而在词汇上突变;

4.语音上渐变,并且词汇上渐变。

其中第 3 种是新语法学派的观点,第 2、4 种是词汇扩散理论的假设。"在初期,适合条件的单词中只有一小部分发生变化。发生变化的词有些可能是直接变为 y 的发音,有些可能一开始还有 x 和 y 两种发音,这种动摇不定的情况或许是随机的,或者是因为有语速或风格的因素"。"一字二音"是词汇扩散过程中非常有可能出现的现象。(王士元 2002:95)

(一)扩散式音变和词汇扩散理论

扩散式(或称离散式)音变,是汉语方言中经常出现的音变方式之一。某些方言中出现的两个音系的叠置,来自"词汇扩散"式的音变。

王福堂(2003:7)曾以北京话零声母[uei]韵母阳平字向阴平字的演变为例，说明该音变是以一部分字一部分字、一个阶段一个阶段的方式进行。(1)围为桅、(2)唯惟维违、(3)危微薇巍这三组字中，其中(1)未变阳平，(2)已经开始变化，有阴平、阳平两读，(3)已经变化，只读阴平调。

从音变的速度来看，扩散式音变指的是音变过程中，某个历史音类的成员大部分变得较快，少数成员变得较慢，变化较快的是主体音变，会形成共时平面的主体层（或叫基本读音层）；变化较慢的，属于脱队分子，会形成共时平面的"滞后层"，也就是扩散式音变的结果。从逻辑上说，音变方式不应该排除如下可能：少数成员的音变速度加快，于是和主体层划清了界限，成为"超前层"，这种理应也属于扩散式音变，只是汉语方言中这种类型的层次比较少见。根据我们的调查，前高元音[i]在常州方言中发生舌尖化，"鸡欺西骑齐医"的实际读音可写作[tɕji tɕhji ɕji dʑji zji ji]，这属于系统性的主体音变（连续式），但是个别字的舌尖化更加超前变成[ɿ]，"衣裳"一词中读作[ɿ zaŋ]。

从汉语语音史来看，扩散式音变往往使个别字停留在汉语史的早期阶段，相对于主体层所代表的音变阶段来说，它是一种保守性的体现。北京话的歌韵字"大他那"读[a]，而其他大多数字读[ɣ]或[uo]，读[a]的层次是扩散式音变的结果。

从音变来源来看，上文已经强调了区分自源音系、外源音系的必要性。扩散式音变造成的层次辖字很少，只有零星几个，它们构成了本地方言的自源音系。

从文白色彩来看，参与扩散式音变的成员都属于白读。这些字往往活跃在口语中，并且以词的方式出现。如果只用调查字表进行调查，发音人往往无法提供这类读音。例如崇明话"多"字在"多年"一词中念 tʊ¹，"拖"在"拖鼻涕"一词中念 thʊ¹。

（二）扩散式音变和叠置式音变

叠置式音变指的是以文、白竞争的形式所体现的自源音系和外源音系之间的消长变化。同个古音来源的两个音系不管其来源如何,都可能在共同平面上形成叠置,但是不一定就是叠置式音变。也就是说,这种音变只指自源音系和外源音系的叠置。扩散式、叠置式音变表面上有相似之处,比如:(1)辖字数量较少,(2)共时读音相同,(3)虽然和连续式音变造成的读音层次表现不一致,但"扩散式－连续式""叠置式－连续式"之间都可以建立逻辑演变关系。仍以苏州方言为例,读[ɒ]的歌韵字实际有两种不同的来源,一是"多拖"类,来自扩散式音变(滞后音变),二是"大那"类,来自叠置式音变(官话渗透)。王洪君(2010)近来专门讨论区分叠置式、扩散式两种音变,并提出以下四条标准:(1)异读字音的文白风格和语词的时间层次;(2)音系中有平行关系的其他韵摄的变化;(3)异读在不同来源音类的辖字数量对比;(4)音变规则和权威方言的相关变化。

11.3 比较方法

历史比较法是历史语言学的核心方法,比较法是历史语言学的核心。通过对相关语言进行比较,目的在于尽可能重建(重构/构拟 reconstruct)原始语言,观察从原始语言到后世语言的各种变化。重建工作至少应包含以下步骤(Campbell 2004:125—146):(1)寻找同源成分;(2)建立语音对应;(3)构拟原始形式;(4)检视共时语音对应的历时内涵;(5)检验构拟形式是否自然;(6)从类型学的角度检验构拟形式是否合理。其中步骤(5)、(6)关系密切,也颇具关键性。

清代学者在汉语音韵学领域有瞩目的成就,就在于能对古音类做出了细致的划分,如顾炎武《音学五书》分出上古音的十个韵部、陈澧《切韵考》分出中古音的四十个声类。而高本汉《中国音韵学研究》(1915—

1926)之所以有更大的贡献,是因为他能在此基础上,利用西方现代语言学的比较方法和实验语音学等工具,拟测中古音系的音值。拟测的证据,主要是汉语方言(包括域外汉字音)的材料。例如按照主元音的舌位高低,可将中古汉语的一等韵字分作两系:[ɑ]系和[ə]系①。如表11-2(方言材料引自北京大学中文系语言学教研室2003;若有文白异读,只取白读):

表 11-2 《切韵》一等韵在现代方言中的主元音格局

	[ɑ]系					[ə]系				
	歌韵	豪韵	谈韵	寒韵	唐韵	哈韵	侯韵	覃韵	痕韵	登韵
切韵	*ɑi	*ɑu	*ɑm	*ɑn	*ɑŋ	*əi	*əu	*əm	*ən	*əŋ
北京	uo	au	an	an	aŋ	ai	ou	an	ən	əŋ
济南	uɤ	ɔ	æ	æ	aŋ	ɛ	ou	æ	ē	əŋ
太原	ɤ	au	æ	æ	ɒ̃	ai	əu	æ	əŋ	əŋ
武汉	o	au	an	an	aŋ	ai	ou	an	ən	ən
扬州	o	ɔ	iæ	iæ	aŋ	ɛ	ɤɯ	iæ	ən	ən
苏州	ɒ	æ	E	E	ɒŋ	E	Y	E	ən	ən
温州	əu	ɜ	a	a	uɔ	a	ua	a	aŋ	aŋ
长沙	o	au	an	an	an	ai	əu	an	ən	ən
双峰	ʊ	ɤ	æ	æ	ɒŋ	ue	e	æ	æ	æ
南昌	ɔ	au	an	an	ɔŋ	ai	ɛu	an	iɛn	ɛn
梅县	ɔ	au	am	an	ɔŋ	ic	ɛu	am	ɯn	ɛn
广州	ɔ	ou	am	an	ɔŋ	ɔi	ɐu	am	ɐn	ɐŋ
厦门	o	o	ã	ũã	aŋ	e	au	am	un	ɪŋ
福州	ɔ	ɔ	aŋ	aŋ	ouŋ	øy	ɛu	aŋ	yŋ	eiŋ

将各韵的中古音值分成两系,主要是根据这些不同的韵类在现代

---

① [ɑ]也可以写作[ɒ],这两个后腔元音虽然有圆唇-展唇的不同,但其音色差异很小。

方言中的具体表现,必要时也需参考日译吴音、汉越音、朝鲜汉字音等代表汉语史不同阶段的材料。尤其是具有相同韵尾的各韵(歌咍｜豪侯｜谈覃｜寒痕｜唐登),需要比较两者在各大方言中读音异同,[ə]系的读音在现代方言中舌位相对偏高,痕、登韵的主元音一般都是[ə],咍韵虽然很少有方言读[əi],但广州话等的[ɔi]说明其中古形式应具有较高的舌位。另外,从上古到中古的演变规律来看,咍韵字来自上古之部,研究上古音的学者一般将之部拟作[*ə][*ɨ]或[*ɯ],可以建立*ɯ>əɯ>əɨ>əi 演变规律(潘悟云 2000:212),故而将咍韵中古音拟作[*əi]。覃、谈二韵构成重韵关系,大多数现代方言已无法区别,但是吴语、通泰片江淮官话(主要是在舌齿音声母后)还能保持其对立,如"覃""谈"二字常州、南通分别读作 dǝ²、dɛ² 和 thȳ²、thɑ̄²。比较之后可见,覃韵比谈韵的元音舌位略高,因此其《切韵》音可分别拟作[*əm][*ɑm],这样才容易揭示现代方言中的各种音值差异。

历史比较法强调音变的规则性和条件性,汉语方言的历史研究需要借助比较法,其基本原则是方言的空间差异能反映时间上的演变序列。徐通锵(1991:297—303)提出的"连续式音变"指的也就是青年语法学派所说的规则性音变。从层次分析的角度来说,这种音变方式汉语方言中会产生主体层次,即某个历史音类中绝大多数成员所经历的音变。如果某个历史音类在共时层面出现 P1、P2 两类音值,同时能够找到分化条件,那么 P1、P2 便具有共同的来源 P0。例如蟹开二皆韵字"拜"字北京 pæe⁵、太原 pæE⁵、西安 pæ⁵、济南 pɛ⁵、合肥 pE⁵,通过比较五个方言里的不同表现,便可推测其元音高化的阶段性:æe→æE→æ→ɛ→E(王福堂 2005:2)。

11.4 结构分析

继青年语法学派倡导的历史比较语言学研究之后,20 世纪语言学的研究重点从历时转向共时。布拉格学派、哥本哈根学派(语符学)、美国描写主义构成了结构主义语言学的三大流派。青年语法学派研究语言的历时变化,而结构语言学派集中研究语言的共时结构。尽管如此,结构主义有些观点与语言的历时演变研究还是有些关系的。例如:

1. 瑞士语言学家索绪尔首先强调了语言的系统性和符号性,并提倡区分共时语言学和历时语言学。布拉格学派进一步指出,语言的共时、历时研究的意义相同,"共时描写不能完全排除进化概念,因为甚至在语言的共时研究部分,也总是觉察到,现阶段正被一种形成中的另一阶段代替"(康德拉绍夫 1985:148)。

2. 描写主义学派提出了分布分析法、直接成分分析法、句法转换等结构分析方法。其中对立、互补等分析语言成分之间的关系的方法,也为语言的历时研究所借鉴。

3. 观察封闭的对称系统中的不对称现象("空格"slot),可以成为观察音变的一个有价值的窗口。"空格"是内部拟测法的关注对象之一,也是语言史研究中的结构分析法之一。

4. "新语法学派"强调音变无例外,"结构主义学派"则强调语言共时结构的系统性。规律实际上也是一种历时的结构,而系统则是一种共时的规律。从这个意义上,两个学派有共同之处。

从先秦到近代,汉语史的文献资料一直延绵不绝,印欧语历史的研究虽然也有不少文献可资利用,但是,汉语史与之相比,还有特别之处,即汉语各个时期的音韵文献中不同音类之间的界限分明。《诗经》31韵部、《切韵》193 韵、《韵镜》43 图、《中原音韵》19 韵等,无不体现了"类"的观念。先秦、两汉、魏晋、南北朝时期没有现成的韵书可查,但从不同时代的诗歌押韵材料中,也能归纳出各自的韵类系统,中古《切韵》以后韵书便不绝如缕,通过考察不同历史阶段文献中同一音类中成分的分布差异,也就能够比较清晰地把握语音的发展脉络。例如从先秦到魏晋,韵部重组出现,先秦同属一个韵部的字,到了魏晋出现分化,进入其他韵部,先秦不同韵部的字,到了魏晋可能归并在一起。其中阴声韵部的字有以下的变化:(何大安 2006:39)

表 11－3　魏晋时期的 9 个阴声韵部

1.(之、幽→)之哈	2.(鱼侯→)鱼	3.(歌、鱼侯、脂微→)歌
4.(宵、幽→)宵豪	5.(幽、之、侯→)幽	6.(祭→)祭泰
7.(脂微、之、幽→)脂	8.(脂微→)皆	9.(佳、歌、脂微→)支

(一)音类分合:历史音变的共时表现

本书探讨吴语的韵母演变,也充分运用了结构分析的方法,从共时的音类差异探讨历史的音位变化。通过观察不同历史音类在共时层面某个(些)方言的分合关系,便可以了解不同的分合反映了哪一个历史时期的语音面貌。以本书所涉及的现代吴语中八项韵类的发展为例:

1. 果开一歌韵字和假开二麻韵字的合并("歌家"同音)至晚已出现于宋元时期的吴语资料(如南戏押韵),目前分布于绍兴、萧山、临海、黄岩、缙云、庆元、乐清等现代吴语。

2. 遇合三鱼韵字和止开三支脂之微韵字合并至晚已出现南宋的临安方言,当时读作开口[i](或变体[ɿ]),目前不少北部吴语的类似表现渊源于此。

3. 遇合三虞韵字和流开三尤韵字的合并("鬚修"同音)在南朝江东地区的诗文押韵中已露端倪,当时的读音大概为[iu],目前仍见于少数北部吴语(如常熟)和大部分南部吴语、闽语的次方言。

4. 遇合三虞韵字和止合三微韵字的合并("拘归"同音)至晚于 15 世纪前期已在吴语中出现,目前几乎在所有的吴语中都有分布。

5. 佳开二麻韵字和蟹开二佳韵字的合并("家街"同音)在南朝江东方言中已经出现,从日译吴音、《经典释文》与《切韵》的同字异切、现代方言等材料均可看出,该类读音目前在吴语中仍以扩散式音变的方式存在。

6. 山开一寒韵字和山开二山删韵字的合并("单干扮"同韵)出现于晚唐北宋以后,相关的现象可以参看邵雍《声音唱和图》、《集韵》、汉越音等资料,目前大部分吴语中寒(主要是锐音声母字)、山韵的关系也属于此类情形。

7. 曾开一三等字和梗开二三等字的合并("升生"同音)出现于北宋的北方汉语,后来以文读势力的形式影响包括吴语在内的南方方言;梗摄字白读的音值表现上为低元音,音类表现上为梗、宕两摄的合流("耕刚"同音)。

8. 曾梗合流后的帮组字读圆唇韵母,与《中原音韵》"庚青""东钟"两韵并收不无关系,后来广泛分布于吴语、江淮官话等方言,想必也跟明清以来的南系官话有关。

(二)分布分析:建立某音类的早期形式

结构主义的音位分析法认为:①处于对立中的两个音位变体不能归并为一个音位;②反之,处于互补或互补分布中的音位变体,各个变体之间同时也满足语音相似的条件,那么便可以给不同的变体确立同一个音位。例如英语起首的[pʰ]和收尾的[p]满足上述两项条件,可以归并为同个音位/p/。就本书讨论的内容范围来说,可以举出吴语中以下五种音变,说明因声母条件的不同而产生的韵母分化现象。

1. 歌韵字在宜兴方言根据声母条件的不同,有两类今读韵母:帮组字读[au],其他声母字读[ɔ](叶祥苓等 1991:91、93)。其中帮组字的复元音读音表明其演变速度快于其他声母字,因为从音变规则来说,[au]应该视作高元音[u]阶段以后高顶出位而裂化的表现(u>əu/ou>au)①。

---

① 可参看朱晓农(2004:447),该文只说明 u>əu/ou,并未提到之后的低裂化。潘悟云先生主张将其称作"高位出链",以凸显这种链式音变的特点。

2. 麻韵二等在桐庐方言中的今读音有两类,唇牙喉音声母[p][k]组后读[uo],舌齿音声母[tɕ]组后读[yo](浙江省桐庐县县志编纂委员会员等1992:53—54)。麻二字在吴语中普遍的读法是后高元音[o][u]等。桐庐的这两类读音也符合音变规则,它们是[o]裂化的结果(唇牙喉字 o>ᵘo>uo)。

3. 麻韵三等在兰溪方言中的今读韵母有[i u yu ia ya]好几种(秋谷裕幸等2002:7)。其中[u][yu]均可分布于舌齿音声母之后,分化条件是[u]韵与[ts]组声母相配,[yu]与[tɕ]组声母相配。

4. 鱼韵庄组字在不少吴方言中有个鱼虞有别的层次,比如"锄(～头)"、"梳(～头)"在常熟方言分别有 $zɿ^2$、$sɿ^1$ 的白读,[ɿ]只出现在[ts]组声母之后。另外,鱼韵庄组字由于受早期读舌叶[tʃ]组或翘舌[tʂ]组声母色彩的影响,很早就出现了韵母读圆唇元音的影响,其表现往往与非庄组字不同。这点不仅可以从现代吴语中看到,宋元以后反映吴地方言的日本汉字音材料中也有明确的反映(平田直子2008)。

5. 侯尤韵字在嘉定方言有两类读音,明母字读开口的[iɯ],其他声母字读[ø](汤珍珠等1993:46—47),我们相信这是条件音变的结果,而非来源不同的层次。侯尤韵唇音字在吴语及其他一些方言中确实有来自北方官话的层次,不过那类读音为圆唇元音。通过与嘉定方言寒桓韵字的读音比较,可以发现相类似的情形。

(三)参考项:音类分合的数量

从逻辑上说,音类的分化与合并需要一定的历史过程,合并的数量越多,大概需要的越长的时间;反之,如果共时层面中参与合并的音类越少,说明时间并不久远。当然,这点只能作为辅助,用于文献资料不足以分清细节时参考。比如本书第五章在讨论"支微入虞"在现代方言中的分布时曾经提出,相对于只有蟹止合三四等韵字入虞的方言(如客、吴、老湘)来说,除了以上诸韵之外,蟹合一灰泰韵也入虞的方言(如赣、通泰），其支微入虞的音韵格局会稍晚形成，因为语音演变需要一定的时间。

11.5 类型学方法

形式、功能和类型是当代语言学的主要研究方法与流派。类型学希望通过从跨语言（跨方言）的角度研究语言，追求语言共性，从而揭示具体语言的特点，归纳语言的类型。语言类型学除了关注句法问题，语音（音系）层面的共性研究也非常重要。

一般来说，语音类型学可以包含两个层面：共时类型和历时类型。

共时类型，可称作音型研究，主要从类型学的角度，研究人类语言的音系共性，而共性又可以分为绝对共性和蕴涵共性两种。比如：（1）元音格局的共性，如基本元音的数量及在元音空间中分布，如三元音 i-a-u、四元音 i-ə-a-u、六元音 i-e-ə-a-o-u 是人类语言最常见的元音系统；（2）辅音或元音音素的类型，如人类语言都有口腔元音和清塞音。（3）以上两条是绝对共性，所谓蕴涵共性，用文字表达就是：如果 A，那么 B；反之不必然。例如，如果一种语言中具有浊辅音有送气、不送气的对立，那么该语言中的清塞音也一定具有送气、不送气的对立。

所谓历时类型，主要是指语音在演变类型上的共性和规律。音变共性是能够在不同语言（方言）中反复出现，也能在不同时代的文献材料反复出现的音变，同时共同的生理、声学、感知等语音学动因来解释，因此也叫"自然音变"（nature process）。比如阻塞音在词末位置清化（devoicing）是常见的，但相反的浊化却很少见。Labov（1994：31）总结了元音演变的三条共性：（1）长元音高化，（2）短元音低化，（3）后元音前化。

从类型学、语言共性的眼光探讨汉语语音史和方言语音史，可以让我们更加明确不同历史阶段的语音演变的方向，建立合理的音变规则。比如 i、u 是人类语言最常见的元音，因此在重建先秦汉语的元音系统时，应该将有关韵部拟为高元音 i、u。《切韵》的声母系统中有全清、次清、全浊、次浊的辅音对立，因为浊送气辅音的出现一般都伴以浊不送气辅音，既然中古汉语的浊辅音只有一套，那么还是将並、定、群、禅、崇母拟为不送气的[b][d][g][dʑ][dʒ]为宜。

考察方言的语音演变、建立音变过程时，需要充分考虑音变的规则和共性。比如本书第二章讨论果摄韵母的演变类型时，将音变共性作为考虑果摄歌韵与假、遇、流、效诸摄不同分合关系时的依据，为其建立了 ɑ→ɔ→o→u(后高化)、u→əu→au(破裂化、低化)、u→uo→uɤ→uɑ (破裂化、低化)不同的演变规则。另外，引入蕴涵共性的概念可以帮助我们考察汉语语音史(方音史)某些音变形成的阶段性。比如"支微入虞"在汉语史、现代方言中的形成在辖字韵类层面会呈现出"止合三→蟹合三四→蟹合一"的次序。亦即如果某个方言蟹合三四等字入虞，那必然蕴涵止合三字也已入虞；如果蟹合一字入虞，那止合三、蟹合三四等字必然也入虞。辖字声母类型上，支微入虞呈现的次序是"喉音(O)、舌尖前/舌面前/舌面中/翘舌/舌叶音(C)→舌尖中音(T)→舌根音(K)→唇音(P)"。亦即如果舌尖中音入虞，则舌尖前音、喉音声母字必有入虞的现象；如果舌根音声母字入虞，那么舌尖前音、喉音声母和舌尖中音声母字必然入虞；如果唇音声母字已入虞，则其他四类声母字必定都已经入虞(参看本书第五章)。

11.6　文献的价值与局限

文献资料在语言的历史研究中价值是不容置疑的。语文学(philology)作为历史语言学的分支，研究内容即是语言发展的早期阶段在书面材料上的表征。Campbell(2004:362—367)曾以下四例说明语文学方法的价值:(1)原始玛雅语擦音[*x]和[*h]的对立;(2)Huastec玛雅语唇化软腭音[kʷ]的晚近创新;(3)Poqomam、Pogomchi'和Q'equchi'三种玛雅语里 *ts>s 的音变性质;(4)如何用 Cholan 玛雅语的音变 *k>č 来辨别词源。

另一方面,新语法学派更加重视现代活的语言,Delbrück(1882:61)说:"语言的自然规则的建立并不是靠那些有教养的人的口才来显现的,而是民众的语言。语言研究的指导性原则不应该从已过时的书面语材料中寻绎,而应该主要诉诸于当下活着的流行方言。"[1]Campbell(2004:369)也表达了对文献资料的信心不足:"我们对于南岛语、班图语、玛雅语和许多其他语系语言的历史已经有了真正的了解,但书面材料所起的作用确实不算显著。古代的文献记载可能很有帮助,但没有它们,我们也能获得对语言历史的丰富认识。"[2]Bloomfield(1933/2002:309—310)更是道出了文献材料本身的局限性:"从所有上述例子看来,显然文献材料只能提供历史语言一个不完整、常被扭曲的画面。这个画面必须经过解析,其工序常旷日费时。"[3]

汉语语音史之所以得以完整的建立,完全仰赖于文献资料的连续性和丰富性。虽然汉语各大方言本身缺乏完整而丰富的文献,但多少

---

[1] 转引自 Campbell(2004:369),原文如下:"This natural constitution of languages is not manifested in the cultivated tongues, but in the dialects of the people. The guiding principles for linguistic research should accordingly be deduced not from obsolete written languages of antiquity, but chiefly from the living popular dialects of the present day."

[2] Campbell(2004):"The detailed knowledge we have of the histories of language families such as Austronesian, Bantu, Mayan and many others is impressive indeed, but writing has played no significant role in working out these histories. Old written records can be very helpful, but much can be achieved also without them."(p. 369)

[3] 此处的中文译文转引自张光宇(2010:321)。原文如下:"It is evident, from all this, that written records give us only an imperfect and often distorted picture of past speech, which has to be deciphered and interpreted, often at the cost of great labor."

还可以从汉语史历代文献中爬梳搜罗出来一些。就吴语语音史而言，首先应在汉语语音史的背景下展开讨论，同时必须有效地利用各类文献资料，比如南朝江东地区的诗文押韵、域外译音（日译吴音、汉音及朝鲜汉字音、汉越音等）、历代笔记小说的相关记录等。结合我们近来的研究，下面举例说明文献材料对于吴语语音史研究的价值。

1. 确立音变的绝对年代。有了文献记录，可以此得知现代方言中相关音变出现的下限年代。例如：

（1）从南宋费衮《碧溪漫志》所记吴中地区下霜叫做"护霜"来看，吴语麻二字后高化与模韵相混的历史已有约八百年。

（2）从明代叶盛《水东日记》所记昆山、吴淞江南地区"归"字读入虞韵来看，"支微入虞"在吴语中存在时间也有约六百年了。

（3）鱼虞有别的时代则更早，日本"推古朝遗文"和"万叶假名"显示公元 6 世纪左右的汉语鱼韵字读[ə]，古汉越语的鱼韵字读开口的 -u'ɑ[ɨə]，比如（声调略去）：锯 cu'ɑ｜许 hu'ɑ｜序 tu'ɑ｜贮 chu'ɑ。（梅祖麟 2001：12，14）而鱼虞有别是南朝时期太湖流域吴地方言的典型特征之一。所以《颜氏家训·音辞篇》说："北人以庶为戍，以如为儒。"意思是北方方言不分鱼虞。

（4）虞尤相混在南朝江东地区的诗文押韵里有明显的表现，公元 5—6 世纪的日本吴音也用直音的方式反映了类似的现象，充分说明目前仍普遍见于浙南吴语和闽语的虞尤相混渊源有自。

（5）寒韵字在《切韵》时代声母无论锐钝，自成一类，现代吴语和闽语的白读层也是如此。追溯至日本吴音，寒韵字的韵母为[an]，不出现分化。

2. 帮助建立音变的相对次序。历史语言学家研究音变，非常关注如何建立不同音变之间的关系及其相对年代（relative chronology，或叫"相对次序"）。探讨印欧语史中音变相对次序的基本方法是内部拟测(Campbell 2004:229—237)。汉语语音史的研究也很必要认识到不同音变的发生也是有相对次序的。比如汉语史上有"浊音清化"、"入派四声"两条著名的音变规则。具体地说：(1)浊音清化是指中古的全浊平声字在现代北京话中变作送气清音，全浊仄声字则变成不送气清音；(2)入派四声是指中古全浊入声字在现代北京话中舒化后进入了阴平、阳平、上、去四个调类之中，其中全浊入声字归入阳平调。

规则(1)：声母演变 a. 全浊平 → 清送气(ex."盘团才迟")

b. 全浊仄 → 清不送气(ex."拌断在读")

规则(2)：声调演变 全浊入 → 阳平(ex."白独贼浊")

观察规则(1)(2)，会发现音变的输入条件都有"全浊"一条，同时规则(2)的"全浊入"实际上包括在规则(1b)的"全浊仄"之内。再看输出形式，规则(2)产生的阳平字都是不送气的，而(1b)产生都是送气的阳平字。如果规则(2)在规则(1)之前发生，那么来自入声的阳平字将发生规则(1a)，则产生送气清音，但事实并非如此，因为"白独贼浊"都读不送气声母。因此实际的情形是规则(1)先于规则(2)发生。汉语史上这两条音变的相对次序并非依靠文献资料，而是通过内部拟测法得到的。

当然，汉语方言语音史也可以设法观察某些音变的相对次序，但众所周知，可用于方音史研究的文献资料往往阙如，即便在历代文献中有零星的记载，也需要研究者披沙拣金，细心寻觅。更重要的是，由内部拟测建立的音变次序，其条件是自足的，结论是基于逻辑过程得出的；单靠文献材料建立的音变次序，则具有不确定性，因为文献只是对历史事实的片段甚至是片面的记录，既然条件不充足，由此得出的结论也就值得怀疑。

那应该如何利用文献建立音变次序呢？以"支微入虞"的问题为例，我们看到，唐五代西北方音的资料，如《开蒙要训》中可见止摄三等合口字支脂微韵与遇合三虞韵同韵的例字,同时从现代各大方言来看,蟹摄三四等合口字和一等合口字也有入虞韵的情形。如果单凭唐五代西北方音的文献证据,就断定当时的支微入虞没有蟹合一三四等韵字参与,似乎过于武断,因为我们并不能否认当时的西北方音也有这些韵类字入虞,只是文献未载的可能性。在这种情况下,就必须借重于其他研究方法。于是类型学的蕴涵共性分析便有了用武之地,通过对现代方言的综合考察,可以发现,凡是有支微入虞音变的方言,必有止合三字入虞,如有蟹合三四等字入虞,比有止合三字入虞,如有蟹合一字入虞,必有蟹合三四和止合三字入虞。支微入虞所辖韵类的蕴涵关系如此明确,那么我们可以断定,唐五代西北方音未见止合三字以外的韵类字入虞,很可能表明当时的实际情形就是如此。再看吴语史上的支微入虞,明代中叶《水东日记》只提到昆山、吴淞一带方言微韵字"归"入虞韵,虽然未明说支脂韵合口字是否也入虞,但却能印证我们提到的蕴涵共性,即止合三字先行入虞。明末《山歌》说早期苏州方言"亏区""归居""蕊女"同音,说明支微两韵合口字入虞,虽然文献记载未必全面,但和支微入虞韵类层面的蕴涵共性若合符节,从而也表明不同韵类读入虞韵的相对次序(详见本书第五章)。

11.7 结语

本章全面回顾本书探讨吴语音韵演变时所用的各种理论和方法。比较研究贯彻了本书所讨论的所有专题。我们认为,建立吴语语音的历史演变关系,必须运用比较方法,包括本方言各个历史音类的共时形式的比较,本方言与邻近吴语之间的比较,北部吴语与南部吴语的比较,吴语与中原官话的比较,吴语与其他南方方言的比较,早期吴语和现代吴语之间的比较,等等。通过比较寻求共时差异,进而探讨差异背后的演变规律。

层次分析和文白异读相伴相生,但又不是完全等同的概念。汉语方言长久以来的文白差异,既反映了汉民族共同语在文化传承、社会交往等方面的重要作用,同时在一定程度上也使整个汉语方言的口语音、读书音两个系统处于长期的对立状态。总之,建立方言内部与方言之间的历史关系,首先必须结合文白异读,厘清各种层次;否则,比较方法也没有用武之地。

语音演变除了有来自结构系统内部的动力,也经常受到其他因素的影响,比如文读势力的干扰、与邻近语言(方言)的接触、语词的使用频率、社会习俗等。由此,在音变进程中,有些成员可能会脱离主体,发生滞后音变,亦即词汇扩散的音变方式。

汉语历史语言学的研究除了需要文献资料作为参考,还经常借助结构主义的分析方法,如内部拟测、空格分析等,上文也以具体的实例来说明分布分析法,着重考察音类的分布差异及其蕴涵的历史演变关系;同时也考虑到了类型学所强调的演变共性。文献资料的价值在探讨方言的语音演变时的价值不言而喻,但其运用必须慎重。正如Bloomfield(1933/2002:313)所说:"通常我们不能过分相信过去的文本材料。拉丁语语法学家对我们的语音研究几乎没有帮助;近代早期的英语语音学家同样混淆了语音的拼写,对当时实际发音的正确指示也少得可怜。"

参考文献

鲍明炜主编　1998　《江苏省志·方言志》,南京:南京大学出版社。
鲍明炜、王　均主编　2002　《南通地区方言研究》,南京:江苏教育出版社。
鲍士杰　1988　杭州方言与北方话,复旦大学中国语言文学研究所吴语研究室编《吴语论丛》,282—288页,上海:上海教育出版社。
———　1998　《杭州方言词典》,南京:江苏教育出版社。
北京大学中文系语言学教研室　2003　《汉语方音字汇》(第二版重排本),北京:语文出版社。
蔡　嵘　1999　浙江乐清方言音系,《方言》4:266—276。
曹晓燕　2003　《无锡方言研究》,苏州:苏州大学硕士论文。
曹志耘　1996a　《金华方言词典》,南京:江苏教育出版社。
———　1996b　《严州方言研究》,东京:好文出版。
———　2002　《南部吴语语音研究》,北京:商务印书馆。
曹志耘、秋谷裕幸、太田斋、赵日新　2000　《吴语处衢方言研究》,东京:好文出版。
陈昌仪　1991　《赣方言概要》,南昌:江西教育出版社。
陈承融　1979　平阳方言记略,《方言》1:47—74。
陈　晖　2006　《湘方言语音研究》,长沙:湖南师范大学出版社。
陈立中　2004　《湘语与吴语音韵比较研究》,北京:中国社会科学出版社。
———　2005　论湘语、吴语及周边方言蟹假果遇摄字主要元音的连

　　　　　　　锁变化现象,《方言》1:20—35。
陈寅恪　　1936　东晋南朝之吴语,《历史语言研究所集刊》7.1:1—4。
陈章太、李如龙　1991　《闽语研究》,北京:语文出版社。
陈忠敏　　1987　《南汇音系》,上海:复旦大学硕士论文。
―――　　1990　鄞县方言同音字汇,《方言》1:32—41。
―――　　2002　方言间的层次对应——以吴闽语虞韵读音为例,丁邦新、张双庆主编《闽语及其与周边方言的关系》,73—84页,香港:香港中文大学出版社。
―――　　2003　吴语及邻近方言鱼韵的读音层次——兼论"金陵切韵"鱼韵的音值,《语言学论丛》第二十七辑,11—55页,北京:商务印书馆。
大西博子　1999　《萧山方言研究》,东京:好文出版。
戴黎刚　　2005　《闽语的历史层次及其演变》,上海:复旦大学博士论文。
戴昭铭　　2006　《天台方言研究》,北京:中华书局。
丁邦新　　1982　汉语方言分区的条件,《清华学报》(新)14.1—2:257—273。
―――　　1988　吴语中的闽语成分,《历史语言研究所集刊》59.1:13—24。
―――　　1995　重建汉语中古音系的一些想法,《中国语文》6:414—419。
―――　　1998　《丁邦新语言学论文集》,北京:商务印书馆。
―――　　2003a　《一百年前的苏州话》,上海:上海教育出版社。
―――　　2003b　汉语音韵史上有待解决的问题,何大安编《古今通塞:汉语的历史与发展》(第三届国际汉学会议论文集语言组),1—21页,台北:"中研院"语言研究所(筹备处)。

―――― 2006 从历史层次论吴闽关系,《方言》1:1—5。

方松熹 1993 《舟山方言研究》,北京:社科文献出版社。

―――― 2000 《义乌方言研究》,杭州:浙江省新闻出版局。

冯　蒸 1989/1997 中古果假二摄合流性质考略,《汉语音韵学论文集》,267—282页,北京:首都师范大学出版社。

傅国通 1990/2010 武义话的同音字汇,《方言丛稿》,215—237页,北京:中华书局。

傅国通等 1985 《浙江吴语分区》,杭州:浙江省语言学会编委会、浙江省教育厅方言研究室。

―――― 1986 吴语的分区(稿),《方言》1:1—7。

高本汉 1915—1926/1940 《中国音韵学研究》(赵元任、李方桂、罗常培译),北京:商务印书馆。

耿振生 1993 十八世纪的荆溪方音——介绍《荆音韵汇》,《语言学论丛》第十八辑,195—221页,北京:商务印书馆。

顾　黔 2001 《通泰方言音韵研究》,南京:南京大学出版社。

郭必之 2004 从虞支两韵"特字"看粤方言跟江东方言的联系,《语言暨语言学》5.3:583—614。

―――― 2007 邵武话语音在过去一百年间的演变:以《邵武腔罗马字》为参照对象,《中国语言学集刊》2.1:17—46。

何大安 1988 《规律与方向:变迁中的音韵结构》,台北:"中研院"历史语言研究所专刊之九十。

―――― 1993 六朝吴语的层次,《历史语言研究所集刊》64.4:867—875。

―――― 1999 论郭璞江东语的名义,Alain Peyraube(贝罗贝) and Chaofen Sun (eds.) *Linguistic Essays in Honor of Mei Tsu-lin: Studies on Chinese Historical Syntax and Morphology*. Paris:

Ecole des Hautes Etudes en Sciences Sociles,49—56

—— 2006 从上古到中古音韵演变的大要,《中国语言学集刊》1. 1:33—41。

侯精一主编 2002 《现代汉语方言概论》,上海:上海教育出版社。

侯精一、温端政主编 1993 《山西方言调查报告》,太原:山西高校联合出版社。

胡明扬 1992 《海盐方言志》,杭州:浙江人民出版社。

黄晓东 2007 浙江临海方言音系,《方言》1:35—51。

黄耀堃 2002/2004 唐代近体诗首句用邻韵研究——文学批评与语言学的空间,《黄耀堃语言学论文集》,243—268页,南京:凤凰出版社。

江苏省和上海市方言调查指导组 1960 《江苏省和上海市方言概况》,南京:江苏人民出版社。

蒋冰冰 2003 《吴语宣州片方言音韵研究》,华东师范大学出版社。

将邑剑平、平山久雄 1999 《宾退录》射字诗的音韵分析,《中国语文》4:295—303。

金有景 1982 关于江浙方言中咸山两摄三四等字的分别,《语言研究》1:148—162。

康德拉绍夫 H. A. 1985 《语言学说史》(杨余森译),武汉:武汉大学出版社。

蓝小玲 1999 《闽西客家方言》,厦门:厦门大学出版社。

黎新第 1995 南方系官话方言的提出及其在宋元时期的语音特点,《重庆师范学院学报》(哲社版)1:115—123、87。

李 荣 1956 《切韵音系》,北京:科学出版社。

—— 1966 温岭方言语音分析,《中国语文》1:1—9。

—— 1980 吴语本字举例,《方言》2:137—140。

―――― 1985a 论李涪对《切韵》的批评及其相关问题,《中国语文》1:1—9。

―――― 1985b 官话方言的分区,《方言》1:2—5。

―――― 1996 我国东南各省方言梗摄字的元音,《方言》1:1—11。

―――― 1997 汉语方言里当"你"讲的"尔"(上),《方言》2:81—87。

李如龙 1991 邵武市内的方言,《闽语研究》,341—391页,北京:语文出版社。

―――― 1996 《音韵与方言论集》,香港:香港中文大学中国文化研究所。

―――― 2001 《福建县市方言志12种》,福州:福建教育出版社。

李如龙、张双庆主编 1992 《客赣方言调查报告》,厦门:厦门大学出版社。

李新魁 1991 《中古音》,北京:商务印书馆。

林清书 2004 《武平方言研究》,福州:海峡文艺出版社。

刘纶鑫主编 1999 《客赣方言比较研究》,北京:中国社会科学出版社。

刘晓南 1999 《宋代闽音考》,长沙:岳麓书社。

刘勋宁 2005 一个中原官话中曾经存在过的语音层次,《语文研究》1:49—52。

刘镇发 1997/2001 粤客方言文白异读的比较,《香港客粤方言比较研究》,134—147页,广州:暨南大学出版社。

卢今元 2007 《吕四方言研究》,上海:上海辞书出版社。

鲁国尧 1992/1994 客、赣、通泰方言源于南朝通语说,《鲁国尧自选集》,66—80页,郑州:河南教育出版社。

罗常培 1933 《唐五代西北方音》,中央研究院历史语言研究所专刊甲种之十二(北平)。

罗杰瑞 1990 江山方言中类似闽语的成分,《方言》4:245—248。
—— 1997 Some Thoughts on the Early Development of Mandarin,余霭芹、远藤光晓编《桥本万太郎纪念中国语学论集》,东京:内山书店;《关于官话方言早期发展的一些想法》(梅祖麟译),21—28页,《方言》2004.4:295—300。
—— 2007 汉语方言田野调查与音韵学,《北京大学学报》(哲社版)2:93—96。
吕叔湘 1985 《近代汉语指代词》(江蓝生补),上海:学林出版社。
麦 耘 1995 《切韵》元音系统试拟,《音韵与方言研究》,96—118页,广州:广东人民出版社。
梅祖麟 1995 方言本字研究的两种方法,《吴语与闽语的比较研究》(中国东南方言比较研究丛书第一辑),1—12页,上海:上海教育出版社。
—— 1999 闽语、吴语和南朝江东方言的关系,第六届闽方言国际研讨会论文。
—— 2001 现代吴语和"支脂鱼虞,共为不韵",《中国语文》1:3—15。
—— 2010 重纽在汉语方言的反映——兼论《颜氏家训》中的"奇"、"祇"之别,国际中国语言学会第18届年会论文。
孟庆惠 2005 《徽州方言》,合肥:安徽人民出版社。
潘悟云 1995a/2002 "囡"所反映的吴语历史层次,《著名中年语言学家自选集——潘悟云卷》,111—126页,合肥:安徽教育出版社。
—— 1995b 温、处方言和闽语,《吴语与闽语的比较研究》(中国东南方言比较研究丛书第一辑),100—121页,上海:上海教育出版社。
—— 2000 《汉语历史音韵学》,上海:上海教育出版社。

—— 2002 吴语中麻韵与鱼韵的历史层次,丁邦新、张双庆主编《闽语及其与周边方言的关系》,47—64页,香港:香港中文大学出版社。

潘悟云、陈忠敏 1995 释"侬",*Journal of Chinese Linguistics* 23.2:129—147。

潘耀武 1990 《清徐方言志》,太原:山西高校联合出版社。

平山久雄 1995 中古汉语鱼韵的音值——兼论人称代词"你"的来源,《中国语文》5:336—344。

平田昌司 1995a 日本吴音梗摄三四等字的读音,《吴语和闽语的比较研究》(中国东南方言比较研究丛书,第一辑),122—133页,上海:上海教育出版社。

—— 1995b 唐宋科举制度转变的方言背景,《吴语与闽语的比较研究》(中国东南方言比较研究丛书,第一辑),134—151页,上海:上海教育出版社。

—— 2005 《事林广记》音谱类《辨字差殊》条试释,《汉语史学报》第五辑,159—183页,上海:上海教育出版社。

平田昌司主编 1998 《徽州方言研究》,东京:好文出版。

平田直子 2003 北部吴语假摄开口三等章组字的语音演变,《吴语研究——第三届国际吴方言学术研讨会论文集》,74—79页,上海:上海教育出版社。

—— 2008 北部吴语遇摄的语音演变,《吴语研究——第四届国际吴方言学术研讨会论文集》,26—34页,上海:上海教育出版社。

钱乃荣 1992a 《当代吴语研究》,上海:上海教育出版社。

—— 1992b 《杭州方言志》,东京:好文出版。

钱曾怡 2003 长乐话音系,《方言》4:299—313。

乔全生 2008 《晋方言语音史研究》,北京:中华书局。

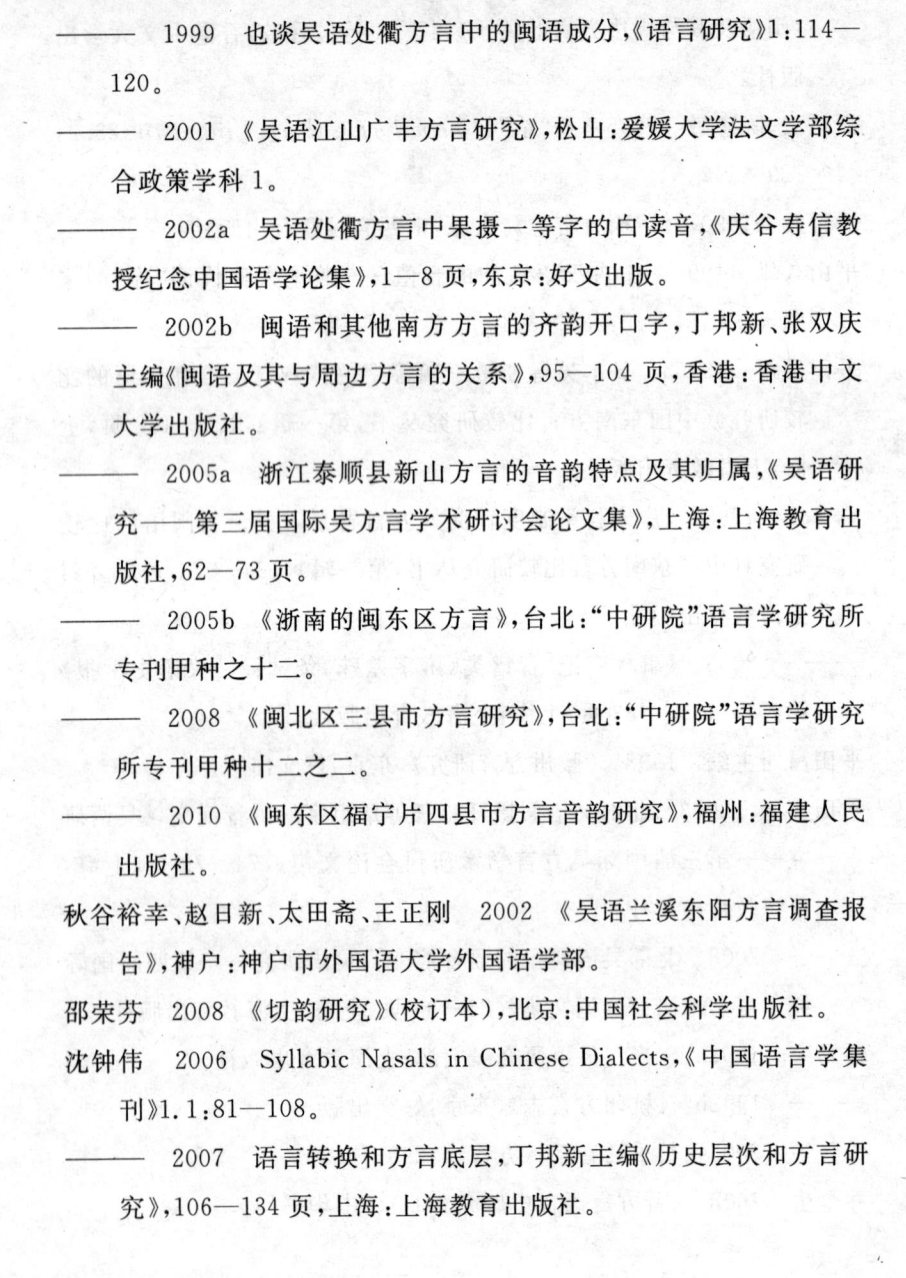

秋谷裕幸　1993　闽北语松溪方言同音字表,《开篇》11:51—67。

―――　1999　也谈吴语处衢方言中的闽语成分,《语言研究》1:114—120。

―――　2001　《吴语江山广丰方言研究》,松山:爱媛大学法文学部综合政策学科1。

―――　2002a　吴语处衢方言中果摄一等字的白读音,《庆谷寿信教授纪念中国语学论集》,1—8页,东京:好文出版。

―――　2002b　闽语和其他南方方言的齐韵开口字,丁邦新、张双庆主编《闽语及其与周边方言的关系》,95—104页,香港:香港中文大学出版社。

―――　2005a　浙江泰顺县新山方言的音韵特点及其归属,《吴语研究——第三届国际吴方言学术研讨会论文集》,上海:上海教育出版社,62—73页。

―――　2005b　《浙南的闽东区方言》,台北:"中研院"语言学研究所专刊甲种之十二。

―――　2008　《闽北区三县市方言研究》,台北:"中研院"语言学研究所专刊甲种十二之二。

―――　2010　《闽东区福宁片四县市方言音韵研究》,福州:福建人民出版社。

秋谷裕幸、赵日新、太田斋、王正刚　2002　《吴语兰溪东阳方言调查报告》,神户:神户市外国语大学外国语学部。

邵荣芬　2008　《切韵研究》(校订本),北京:中国社会科学出版社。

沈钟伟　2006　Syllabic Nasals in Chinese Dialects,《中国语言学集刊》1.1:81—108。

―――　2007　语言转换和方言底层,丁邦新主编《历史层次和方言研究》,106—134页,上海:上海教育出版社。

—— 2008 探索历史材料所反映的正在发生的音变,潘悟云、沈钟伟编《研究之乐:庆祝王士元先生七十五寿辰学术论文集》,304—320页,上海:上海教育出版社。

石汝杰 1985 《川沙音系》,上海:复旦大学硕士论文。

史皓元(Simmons R. V.)、石汝杰、顾黔 2006 《江淮官话与吴语边界的方言地理学研究》,上海:上海教育出版社。

侍建国 2011 《历史语言学:方音比较与层次》,北京:中国社会科学出版社。

水谷真诚 1960/2005 表示梵语"翘舌"元音的汉字——二等重韵和三四等重纽,朱庆之编《中古汉语研究》(二),138—150页,北京:商务印书馆。

孙宜志 2006 《安徽江淮官话语音研究》,合肥:黄山书社。

—— 2007 《江西赣方言语音研究》,北京:语文出版社。

汤珍珠、陈忠敏 1993 《嘉定方言研究》,北京:社科文献出版社。

唐作藩 1991 晚唐尤韵唇音字转入虞韵补正,《纪念王力先生九十诞辰文集》,180—187页,济南:山东教育出版社。

太田斋 2004 缙云方言音系,《外国学研究》(日本)58:95—132。

陶寰 2003 吴语一等韵带介音研究——以侯韵为例,《吴语研究——第三届国际吴方言学术研讨会论文集》,15—21页,上海:上海教育出版社。

汪平 1996 《苏州方言语音研究》,武汉:华中理工大学出版社。

—— 2005 北部吴语三小片的重新画分,《方言》2:149—156。

王福堂 2003 汉语方言语音中的层次,《语言学论丛》第二十七辑,1—10页,北京:商务印书馆。

—— 2005 《汉语方言语音的演变和层次》(增订本),北京:语文出版社。

―――― 2006 文白异读中读书音的几个问题,《语言学论丛》第三十二辑,1—13页,北京:商务印书馆。

―――― 2008 绍兴方言同音字汇,《方言》1:1—17。

王洪君 1986/2007 文白异读与叠置式音变,《语言学论丛》第十七辑,122—154页,北京:商务印书馆;修订本收入丁邦新主编《历史层次与方言研究》,36—80页,上海:上海教育出版社。

―――― 2006 层次与演变阶段——苏州话文白异读析层拟测三例,《语言暨语言学》7.1:63—86。

―――― 2010a 演变的阶与叠置的层——再论单系统纵向演变与异系统横向接触的本质区别与彼此交叉,中国语言学会第十五届学术年会论文(内蒙古大学)。

―――― 2010b 层次与断阶——叠置式音变与扩散式音变的交叉与区别,《中国语文》4:314—320。

王军虎 2004 晋陕甘方言的"支微入鱼"现象和唐五代西北方音,《中国语文》3:267—271。

王 力 1985 《汉语语音史》,北京:中国社会科学出版社。

王士元(Wang W. S-Y) 1969/2002 Competing change as a cause of residue. *Language* 45:9—25;竞争性演变是残留的原因(石锋译),《王士元语言学论文集》,88—115页,北京:商务印书馆。

王为民 2011 "支微入鱼"的演变模式及其在晋方言中的表现,《语言科学》6:640—650。

吴连生 1998 《吴方言词考》,上海:汉语大辞典出版社。

吴瑞文 2002 论闽方言四等韵的三个层次,《语言暨语言学》3.1:133—162。

伍 巍 1988 徽州方言和现代"吴语成分",复旦大学中国语言文学研究所吴语研究室编《吴语论丛》,329—337页,上海:上海教育出版社。

项梦冰 2007 汉语方言的分组和官话方言的界定,《语言学论丛》第三十五辑,155—199 页,北京:商务印书馆。

项梦冰、曹　晖 2005 《汉语方言地理学》,北京:中国文史出版社。

谢留文 2003 《客家方言语音研究》,北京:中国社会科学出版社。

—— 2005 历史层次分析法与汉语方言研究,刘丹青主编《语言学前沿与汉语研究》,332—345 页,上海:上海教育出版社。

谢云飞 1989 丽水西乡方言的音位,《中华学苑》38:1—68。

—— 1991 丽水方言与闽南方言的声韵比较研究,《声韵论丛》3:333—380。

—— 1994 松阳方言的音位,《政治大学学报》67:1—39。

熊正辉 1995 《南昌方言词典》,南京:江苏教育出版社。

徐通锵 1980 《宁波方言调查字表》(未刊)。

—— 1991 《历史语言学》,北京:商务印书馆。

—— 1991/1993 百年来宁波音系的演变,《语言学论丛》第十六辑,1—46 页,北京:商务印书馆;又收入《徐通锵自选集》,22—69 页,郑州:河南教育出版社。

徐　越 2005 嘉善方言音系,《吴语研究——第三届国际吴方言学术研讨会论文集》,104—115 页,上海:上海教育出版社。

—— 2007 《浙北杭嘉湖方言语音研究》,北京:中国社会科学出版社。

许宝华 1995 吴语研究六十年,徐云扬编《吴语研究》,3—10 页,香港:香港中文大学新亚书院。

—— 2002 吴语,侯精一主编《现代汉语方言概论》,67—87 页,上海:上海教育出版社。

许宝华、汤珍珠主编 1988 《上海市区方言志》,上海:上海教育出版社。

雅洪托夫　1980/1986　十一世纪的北京音,《汉语史论集》,187—196页,北京:北京大学出版社。

颜　森　1993　《黎川方言研究》,北京:社科文献出版社。

颜逸明　1994　《吴语概说》,上海:华东师范大学出版社。

———　2000　《浙南瓯语》,上海:华东师范大学出版社。

杨耐思　1981　《中原音韵音系》,北京:中国社会科学出版社。

———　1990　《中原音韵》两韵并收字读音考,《王力先生纪念论文集》,114—129页,北京:商务印书馆。

杨　蔚　1999　《沅陵乡话研究》,长沙:湖南教育出版社。

杨秀芳　1982　《闽南语文白系统的研究》,台北:台湾大学中国文学研究所博士论文。

———　1993/2007　论文白异读,《王叔岷先八十寿庆论文集》,823—849页,台北:大安出版社;又收入丁邦新主编《历史层次与方言研究》,81—105页,上海:上海教育出版社。

叶祥苓　1988a　《苏州方言志》,南京:江苏教育出版社。

———　1988b　苏州方言中的文白异读,复旦大学中国语言文学研究所吴语研究室编《吴语论丛》,18—26页,上海:上海教育出版社。

叶祥苓、郭宗俊　1991　宜兴方言同音字表,《方言》2:88—98。

游汝杰　1995　吴语里的人称代词,《吴语和闽语的比较研究》(中国东南方言比较研究丛书第一辑),32—49页,上海:上海教育出版社。

———　1997　古文献所见吴语的鼻音韵尾和塞音韵尾,余霭芹、远藤光晓编《桥本万太郎纪念中国语学论集》,247—264页,东京:内山书店。

———　2000　《汉语方言学导论》(修订本),上海:上海教育出版社。

俞福海主编　1995　《宁波市志·方言》,北京:中华书局。

俞光中　1988　嘉兴方言同音字汇,《方言》3:195—208。

俞允海、苏向红　2001　《浙北吴语声韵调研究》,合肥:黄山书社。

袁　丹　2010　江苏常熟梅李方言同音字汇,《方言》4:325—337。

袁家骅等　1989　《汉语方言概要》(第二版),北京:语文出版社。

张光宇　1989　从闽方言看切韵一二等韵的分合,《语言研究》2:60—76。

——　1990　梗摄三四等字在南方方言的发展,《切韵与方言》,103—116页,台北:商务印书馆。

——　1993a　吴闽方言关系试论,《中国语文》3:161—170。

——　1993b　汉语方言见系二等文白读的几种类型,《语文研究》2:26—36。

——　1996　《闽客方言史稿》,台北:南天书局。

——　1999　东南方言关系综论,《方言》1:33—44。

——　2004　汉语语音史中的双线发展,《中国语文》6:545—557。

——　2006a　论汉语方言的层次分析,《语言学论丛》第三十三辑,124—165页,北京:商务印书馆。

——　2006b　汉语方言合口介音消失的阶段性,《中国语文》4:346—358。

——　2010　汉语语音史中的比较方法,《中国语文》4:321—330。

张惠英　1980　吴语札记,《中国语文》6:420—426。

——　1993　《崇明方言词典》,南京:江苏教育出版社。

——　2009　《崇明方言研究》,北京:中华书局。

张家茂、石汝杰　1987　《苏州市方言志》,苏州:苏州市地方志编纂委员会办公室。

张　洁　1997　萧山方言同音字汇,《方言》2:138—150。

张　琨　1979/1987　The composite nature of the Ch'ieh-yün(切韵

的综合性质),*Bulletin of the Institute of History and Philology* 50.2:241—255;又收入张琨《汉语音韵史论文集》,25—34页,台北:联经事业出版公司。

—— 1984 论比较闽方言,《历史语言研究所集刊》55.3:415—458。

—— 1985a 论吴语方言,《历史语言研究所集刊》56.2:215—260。

—— 1985b/1993 切韵的前*a 和后*ɑ 在现代方言中的演变,《历史语言研究所集刊》56.1:43—104;又收入张琨《汉语方音》,65—126页,台北:学生书局。

—— 1986 谈徽州方言的语音现象,《历史语言研究所集刊》57.1:1—36。

—— 1991 再论比较闽方言,《语言研究》1:93—115。

—— 1992 汉语方言中的几种音韵现象,《中国语文》4:253—259。

—— 1995 《切韵》侯韵明母字在现代汉语方言中的演变,《中国语文》5:353—356。

张源潜 2003 《松江方言志》,上海:上海辞书出版社。

张振兴 1992 《漳平方言研究》,北京:社科文献出版社。

—— 1996/2002 再论汉语的双方言现象与方言研究,《著名中年语言学家自选集——张振兴卷》,257—266页,合肥:安徽教育出版社。

赵元任 1928 《现代吴语的研究》,北平:清华学校研究院丛书第四种。

—— 1967/2002 吴语对比的若干方面,《赵元任语言学论文集》,847—858页,北京:商务印书馆。

浙江省桐庐县县志编纂委员会、北京师范学院中文系方言调查组 1992 《桐庐方言志》,北京:语文出版社。

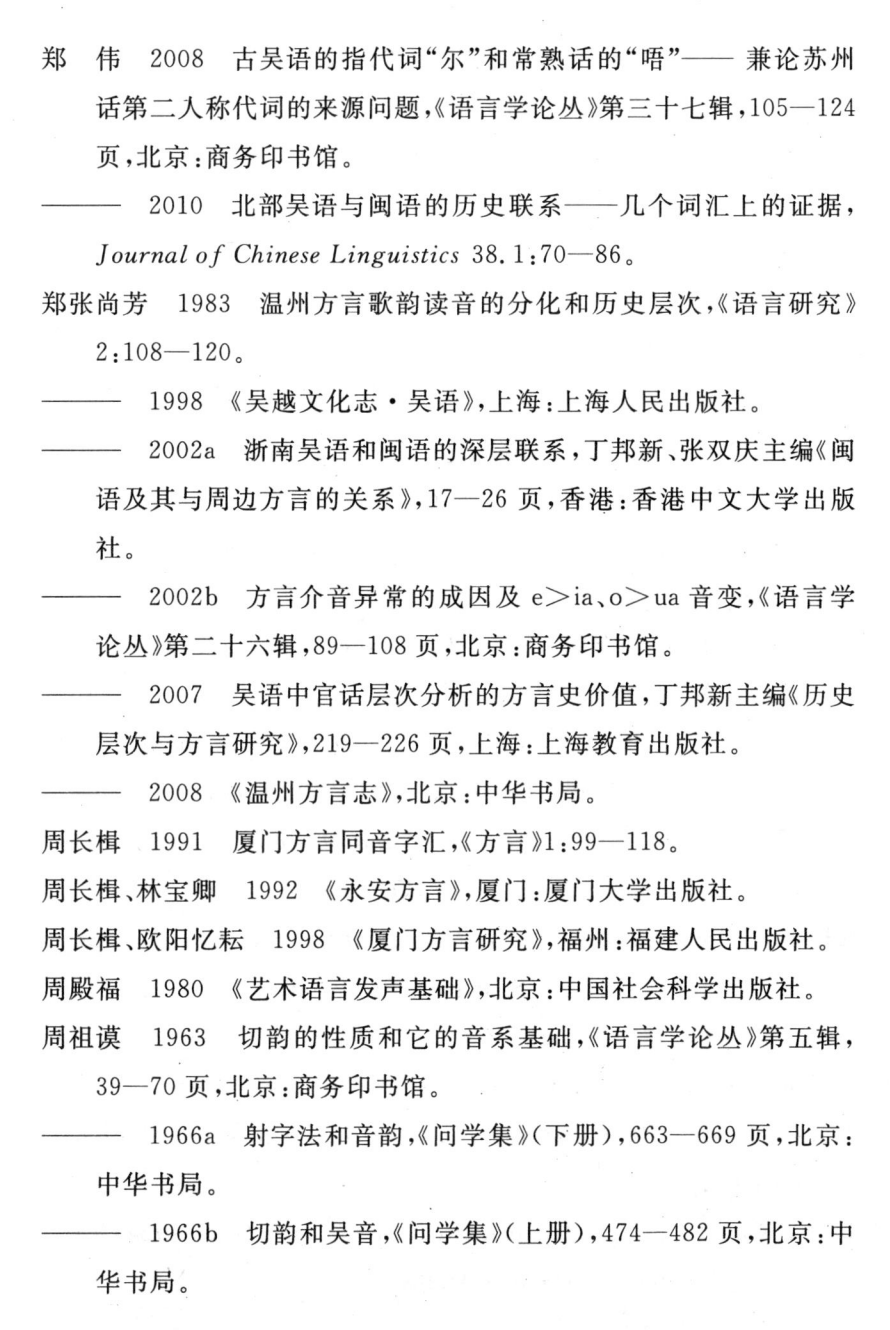

郑 伟 2008 古吴语的指代词"尔"和常熟话的"唔"——兼论苏州话第二人称代词的来源问题,《语言学论丛》第三十七辑,105—124页,北京:商务印书馆。

——— 2010 北部吴语与闽语的历史联系——几个词汇上的证据,Journal of Chinese Linguistics 38.1:70—86。

郑张尚芳 1983 温州方言歌韵读音的分化和历史层次,《语言研究》2:108—120。

——— 1998 《吴越文化志·吴语》,上海:上海人民出版社。

——— 2002a 浙南吴语和闽语的深层联系,丁邦新、张双庆主编《闽语及其与周边方言的关系》,17—26页,香港:香港中文大学出版社。

——— 2002b 方言介音异常的成因及 e＞ia、o＞ua 音变,《语言学论丛》第二十六辑,89—108页,北京:商务印书馆。

——— 2007 吴语中官话层次分析的方言史价值,丁邦新主编《历史层次与方言研究》,219—226页,上海:上海教育出版社。

——— 2008 《温州方言志》,北京:中华书局。

周长楫 1991 厦门方言同音字汇,《方言》1:99—118。

周长楫、林宝卿 1992 《永安方言》,厦门:厦门大学出版社。

周长楫、欧阳忆耘 1998 《厦门方言研究》,福州:福建人民出版社。

周殿福 1980 《艺术语言发声基础》,北京:中国社会科学出版社。

周祖谟 1963 切韵的性质和它的音系基础,《语言学论丛》第五辑,39—70页,北京:商务印书馆。

——— 1966a 射字法和音韵,《问学集》(下册),663—669页,北京:中华书局。

——— 1966b 切韵和吴音,《问学集》(上册),474—482页,北京:中华书局。

——　　1966c　篆隶万象名义中之原本玉篇音系,《问学集》(上册),270—404 页,北京:中华书局。

——　　1966d　宋代汴洛语音考,《问学集》(下册),581—655 页,北京:中华书局。

——　　1993　敦煌变文与唐代语音,《周祖谟学术论著自选集》,328—355 页,北京:北京师范学院出版社。

——　　1997　齐梁陈隋时期的方音,《语言学论丛》第十七辑,1—6 页,北京:商务印书馆。

朱晓农　2004　汉语元音的高顶出位,《中国语文》5:440—451。

——　　2010　《语音学》,北京:商务印书馆。

Blevins, Juliette. 2004. *Evolutionary Phonology*. Cambridge: Cambridge University Press.

Bloomfield, Leonard. 1933/2002. *Language*. New York: Holt;北京:外语教学与研究出版社。

Campbell, Lyle. 2004. *Historical Linguistics: An Introduction* (2nd Edition). Edinburgh: Edinburgh University Press.

Collinge, N. E. 1985. *The Laws of Indo-European*. Amsterdam/Philadelphia: John Benjamins Publishing Company.

Edkins, J. 1868. *A Grammar of Colloquial Chinese: as Exhibited in the Shanghai Dialect*. Shanghai: Presbyterian Misson Press.

Fox, Anthony. 1995. *Linguistics Reconstruction: an introduction to theory and method*. Oxford: Oxford University Press.

Hock, H. H. 1986. *Principles of Historical Linguistics*. Mouton de Gruyter.

King, Robert D. 1969. *Historical Linguistics and Generative Grammar*. New Jersey: Prentice Hall.

Labov, William. 1994. *Principles of Linguistic Change. Volume 1：Internal Factors*. Oxford：Blackwell Publishing Ltd.

Ladefoged, Peter and Keith Johnson. 2011. *A Course in Phonetics* (6th edition). Boston：Thomas Wadsworth.

Mei, Tsu-lin.（梅祖麟）1994. More on the aspect marker tsɨ in Wu dialects, in Chen, Matthew Y. and Ovid Tzeng eds., *In Honor of William S-Y Wang：Interdisciplinary Studies on Language and Language Change*. 323—332. Taipei：Pyramid Press.

Montgomery, P. H. S. 1893. *Introduction to the Wenchow Dialect*, Shanghai：Kelly & Walsh。

Morrison, W. T. 1876. *An Anglo Chinese Vocabulary of the Ningbo Dialect*. Shanghai：American Presbyterian Misson Press.

Norman, Jerry. 1979. Chronological strata in Min dialects, *Fāngyán* 4：268—274.

——— 1981. The Proto-Min Finals,《"中研院"国际汉学会议论文集·语言文字组》(台北),35—73。

Pulleyblank, E. G. 1984. *Middle Chinese：A Study in Historical Phonology*. Vancouver：University of British Columbia Press.

Sherard, Michael. 1979. Wu dialects studies in western literature, *Fāngyán* 3：183—195.

Simmons, R. V.（史皓元）1992. Northern and southern forms in Hangzhou grammar. Taipei：*Chinese Languages and Linguistics I：Chinese Dialects*, 539—561.

——— 1999. *Chinese Dialect Classification：a Comparative Approach to Harngjou, Old Jintarn, and Common Northern Wu*. Amsterdam/Philadephia：John Benjamins Publishing Company.

Song, Margaret M. Y. (严棉) 1973. A study of literary and colloquial Amoy Chinese, *Journal of Chinese Linguistics* 1.3: 414—436.

Thiêu-Chửu 1991. *Hán-Việt Tự-Diện*（汉越字典），Nhà Xuất Bân Thành Phố Hồ Chí Minh.

Ting, Pang-hsin. （丁邦新）1975. *Chinese Phonology of the Wei-Chin Period: Reconstruction of the Finals as Reflected in Poetry.* Taipei: Institute of Historical and Philology Academia Sinica.

古屋昭弘　1982　『度曲須知』に見る明末の呉方音,《東京都立大学人文学報》156:65—82。

樋口靖　1991　福建浦城方言の概略,《筑波中國文化論丛》11:1—85。

沼本克明　1995　呉音、漢音分韻表,筑岛裕编《日本漢字音史論辑》,东京:汲古书院,121—243页。

后　　记

　　本书是我近年来在吴语的比较音韵和历史音韵方面所做探索的总结,其主要内容来自我的博士学位论文(复旦大学中文系,2008年6月)和博士后出站报告(中国社会科学院语言研究所,2011年7月)。部分内容曾在专业刊物上公开发表过,按照惯例,已在书稿的相应位置标明了出处,收入本书时又做了不同程度的修改或重写。

　　首先要感谢本书参考文献部分所列前辈时贤在相关领域所做出的杰出研究,尤其要感谢为本书提供准确、可靠的田野调查报告的专家学者。我在吴语区的田野调查,目前还只涉及太湖片和宣州片方言(希望今后能够尽快将南部吴语纳入调查的范围),因此南部吴语及其他汉语方言的材料完全仰赖于学界提供的第一手资料。

　　本书的撰写曾先后获得中国博士后科学基金(编号:20090460479)、纪念李方桂先生中国语言学研究学会2010年度"李方桂博士论文奖"、上海市汉语言文字学重点学科建设项目、上海高校比较语言学E-研究院、上海市教委科研创新项目(编号:11YS101)等资助。

　　衷心感谢我的博士生导师潘悟云教授和博士后导师麦耘教授一直以来对我的关怀和鼓励,也要感谢论文指导委员会的游汝杰、杨剑桥和陶寰诸位老师的热心指导。在博士论文和博士后出站报告答辩会上,郑张尚芳、刘丹青、周磊、钱乃荣、冯蒸、薛才德等先生对本书的初稿提出了诸多宝贵意见,在此谨表诚挚的谢意!

　　本书在写作与修改过程中,我有幸得到了学界多位前辈学者的赐教，他们是（音序）：何大安、李壬癸、梅祖麟、沈钟伟、石汝杰、王福堂、王洪君、颜逸明、余霭芹、张惠英、朱晓农。尤其要感谢王福堂、王洪君两位老师在方言层次理论和实践研究方面对本书的启发。

多年来与林巽培、沈瑞清、董建交、王双成等同门好友既有在学问上的切磋交流，也增添了许多生活上的乐趣。日本学者古屋昭弘、秋谷裕幸教授和野原将挥学兄曾为本书的撰写提供了不少吴语方面的调查、研究资料。在此一并致以谢意！

非常感谢许宝华教授、张惠英教授的热情推荐，使我有机会申请商务印书馆语言学出版基金的资助，并最终入选"中国语言学文库"的出版计划。还要感谢出版基金评审委员会各位先生对书稿的肯定，尤其要感谢王福堂教授、石汝杰教授为本书提供了中肯的评价意见。石老师不但对书稿做了整体性的评价，还在细致地阅读全书之后，提供了详细的校改意见。商务印书馆的叶军、朱俊玄先生为本书的出版付出了不少心力，责任编辑王丽艳老师更是花费了大量的时间和精力，谨此一并道谢！

多年来父母和亲人的陪伴，是我求学、工作的动力。感谢我的妻子袁丹一直以来在学业上的支持和生活上的帮助，以及不时地跟我讨论吴语语音学、音韵学方面的问题。希望本书的出版能够成为我学术道路上新的起点，今后能够以更好的成绩来回报那些给予我关怀的老师、家人和朋友。

郑　伟

2012年8月

补后记：

书稿交出版社后，我根据评审专家王福堂教授的建议，将原稿中讨论吴语常熟话近指代词[ŋ]和苏州话第二人称代词[nE]语源的一章抽出(该章的大部分内容曾在《语言学论丛》2008年第三十七辑发表,后收入拙著《汉语音韵与方言研究》,上海三联书店,2012年,请参看),补入了"从比较音韵论北部吴语与闽语的历史联系"一章(即本书第十章),以便更加切合书稿的题旨。

书稿在校改过程中得到了上海高校一流学科B类建设计划规划项目(中国语言文学)、上海师范大学文科创新学术团队(比较语言学)的支持,谨此致谢。

我对吴方言的韵母比较研究始终抱有浓厚的学术兴趣,也做了一些初步的探索,但限于自身的学力,本书讨论的内容或许还有不少值得继续深入的地方;全书所涉及的材料繁杂,各种音标、符号又多,虽经细心校改,挂一漏万,难免会有不妥之处,衷心地盼望学界各位师友给予批评、指教!

由于我对有些论题的思考目前还不够成熟,加之受到汉语音韵史、方言历史语法、吴语田野调查等其他研究工作的影响,所以本书所做的吴语比较研究还不是很全面,希望今后能够继续进行这方面的工作。此外,也希望本书的出版,能够引起学界对吴语共时/比较/历史/实验音韵的更多关注和研究兴趣。最近袁丹的博士论文《基于实验分析的吴语语音变异研究》(复旦大学中文系,2013年6月)专注于从实验音系学、社会语言学的角度观察吴语辅音声母的变化,读者可以参阅。

汉语方言的比较研究是中国语言学不可或缺的一部分,研究这门学问既要具备中国传统语文学重视文献考证的朴学观念,更离不开现代语言学依靠田野调查获取第一手材料、从共时比较中获取历史信息等研究方法,同时还应该用层次的观念审视汉语方言的实际发展。

考古学家张光直先生(1931－2001)虽然一生以中国考古学为业,但他的一番话同样适用于中国语言学的研究。兹引如下,以为自勉——"讲中国学问没有中国训练讲不深入,但讲中国学问没有世界眼

光也如坐井观天,永远讲不开敞,也就讲不彻底。"(《中国青铜时代·前言》,生活·读书·新知三联书店,1982年)

郑 伟
2013年6月补记于上海

索　引

（包括名词术语、历史文献的名称所在的章节，"11.5"表示第十一章第五节，"4.0"表示第四章的引言部分，依次类推。）

B

保守层次 7.2.1，7.4，9.0
北方官话 1.2，1.5，2.1，2.2.0，2.2.3，2.3，3.0，3.1.1，3.2.1，3.3.1，3.3.3，3.5，4.2，5.1.8，5.2.1，5.3.1，5.3.2，6.2，7.2.1，7.2.2，7.3，7.4，8.1.1，9.0，9.1，9.2，9.3，9.4，10.1，10.2，10.5.1，10.5.2，11.1.1，11.4

C

层次匹配 1.5
超前层 11.2
重纽 6，0，7.2.2，10.7
重韵 4.0，4.1，9.2，11.3
创新音变 4.5，5.4，11.1.2
词汇化 4.3
词汇扩散 1.2，1.5，2.2.1，2.2.2，4.3，4.5，5.3.1，11.1.2，11.2，11.7

D

叠置式音变/层次 1.2，3.0，3.5，4.3，7.1.2，11.2
侗台语 1.1，2.2.1，11.1.0
钝音 4.3，5.1.1，5.1.6，7.1.2，7.2.1，7.3，7.4，10.5.2，11.1.1

G

高顶出位 2.1，9.3，11.4
歌麻同韵/合流 2.1，3.1.1，3.2.1
歌模合流 3.1.1
共同保留 1.5，3.4，4.2，7.4，10.3
共同/共享创新 1.5，3.4，4.2，5.3.3，5.4，9.3
共同闽语 3.4，5.3.3
共同吴语 1.4，1.5，3.1.3，3.2.1，3.3.1，3.3.2，3.3.3，3.4，3.5，9.0，9.1，9.2，11.1.2
古汉越语 3.2.1，3.4，11.1.2，11.6
广韵 2.2.1，3.0，3.2.1，5.1.1，7.1.1，7.1.2，7.2.2，8.1.1，8.1.3，9.3，10.5.2，

H

汉越音 1.2，3.1.1，3.2.1，5.3.2，7.2.2，10.5，11.0，11.3，11.4，

11.6
洪武正韵 3.2.2, 8.2, 9.3

J

集韵 7.2.2, 10.5.2, 11.4
佳泰合流 3.1.1
江东方言 1.1, 4.1, 4.2, 4.5, 7.3, 9.1, 9.3, 9.4, 10.1, 10.2, 10.3, 10.4, 10.6, 10.7, 11.4
经典释文 1.5, 3.0, 3.2.1, 9.1, 9.3, 10.1, 10.2, 10.7, 11.1.2, 11.4
绝对共性 11.5

K

刊谬补缺切韵 1.5, 3.2.1, 10.5, 11.0
扩散式/离散式音变 1.2, 2.1, 2.2.1, 2.3, 3.0, 3.2.2, 3.5, 7.1.2, 8.3, 10.6, 11.1.2, 11.2, 11.4

L

老文读 1.5, 3.2.2, 3.3.1, 3.5, 8.1.1, 8.2
例外音变 1.5, 4.2, 4.5, 8.0, 8.3.1, 8, 4
连续式音变/层次 1.2, 2.3, 3.0, 3.1.1, 3.5, 4.3, 4.5, 7.1.2, 10.6, 11.1.2, 11.2, 11.3
梁溪漫志 3.1.1
六朝/南朝吴语 1.1, 1.2, 3.2.1, 4.1, 4.2, 4.5, 9.1, 10.1, 11.1.2

M

麻佳合韵 1.5, 3.1.1, 3.2.2, 3.4, 3.5, 11.1.2

N

南戏 3.1.1, 11.4
南系官话 1.5, 8.0, 8.2, 8.3, 8.4, 9.2, 11.4
内爆音 1.1, 11.1

P

普林斯顿学派 1.1, 1.2

Q

权威方言 1.2, 2.2.0, 3.1.2, 3.3.1, 4.3, 4.5, 5.1.7, 5.2.1, 5.3.1, 5.4, 7.3, 8.3.2, 11.1.2, 11.2
权威官话 7.4

R

日本/日译汉音 1.2, 3.1.1, 4.0, 5.3.2, 7.1.1, 11.0, 11.6
日本/日译吴音 1.2, 3.2.1, 3.4, 4.0, 4.2, 4.5, 5.3.2, 7.1.1, 9.1, 10.4, 10.5.0, 10.7, 11.0, 11.1.2, 11.3, 11.4, 11.6
锐音 4.3, 5.1.1, 5.1.6, 7.1.2, 7.2.1, 7.2.2, 7.3, 7.4, 10.5.2, 11.1.1, 11.1.2, 11.4

S

声音唱和图 2.2.0, 3.1.1, 4.3, 7.2.2, 11.1.2
时间层次 2.1, 2.2.1, 4.2, 5.1.7, 10.1, 10.2, 11.1.2, 11.2

索 引

事林广记 3.2.2, 8.2, 9.2
双线演变 1.5, 8.3.2, 8.4

T

覃谈有别 4.2, 7.4, 10.7
特字 1.5, 3.0, 3.2.1, 3.2.2, 3.4, 3.5, 4.1, 4.2, 4.5, 8.0, 8.1.1, 8.1.3, 10.2, 10.4, 10.6, 10.7, 11.0, 11.1.2
条件音变 1.2, 1.5, 2.1, 2.2.2, 3.3.1, 4.1, 5.1.5, 5.1.7, 5.3.1, 11.4

W

外源音系/层次 1.2, 3.3.2, 3.5, 6.3, 7.1.2, 7.2.1, 7.2.2, 8.2, 11.1.2, 11.2
文白杂配 3.3.1

X

相对次序 5.1.7, 11.6
相对年代 3.3.2, 5.3.3, 11.6
新白读 1.5, 3.5
虚词史 7.4

Y

雅言 4.2, 7.1.1, 11.1.1, 11.1.2
音变阶段 1.2, 2.3, 5.3.2, 11.2
音变类型 4.3, 4.5, 5.3.2
音类分合 1.5, 2.2, 3.0, 3.1.1, 3.1.3, 3.5, 4.5, 5.3.1, 6.1, 6.3, 7.2.1, 7.2.2, 7.3, 7.4, 8.1.1, 10.4, 10.5.2, 10.6, 11.0, 11.4

音系折合 3.3.1, 3.4, 3.5
鱼虞有别 1.5, 4.1, 4.3, 4.4, 4.5, 5.0, 7.1.1, 9.3, 10.7, 11.4, 11.6
虞尤合韵 4.2, 4.5, 10.4, 11.6
玉篇 7.1.1, 7.2.1, 9.1, 9.2, 10.3, 10.5, 10.7
元音后高化 1.5, 2.1, 3.1.1, 3.1.2, 3.1.3, 3.4, 3.5, 11.5, 11.6
元音裂化/破裂化 2.1, 2.2, 3.1.1, 3.4, 3.5, 4.1, 4.2, 4.3, 4.4, 6.3, 9.2, 11.1.2, 11.4, 11.5
韵部 8.2, 10.5, 11.4, 11.5
韵镜 4.0, 11.0, 11.4
蕴涵共性 11.5

Z

早期吴语 1.1, 1.5, 3.1.1, 4.2, 4.4, 6.2, 6.3, 7.2.2, 8.1.1, 8.2, 9.1, 9.2, 9.4, 11.1.1, 11.7
支微入鱼 5.0
支微入虞 1.2, 1.5, 5.0, 5.1, 5.3, 5.4, 9.2, 11.1.1, 11.4, 11.5, 11.6
滞后音变/层次 2.2.1, 3.5, 6.3, 11.2, 11.7
中原官话 1.5, 3.0, 4.5, 5.1.8, 5.3.1, 5.4, 7.2.2, 8.0, 8.2, 8.4, 9.2, 10.5, 11.1.2, 11.7
中原音韵 2.2.0, 3.0, 5.2.1, 5.3.1, 5.3.2, 7.2.2, 8.2, 9.2, 9.3, 11.0, 11.1.1, 11.4
主体音变/层次 1.2, 1.5, 2.1, 2.2.0, 2.2.1, 2.2.2, 2.3, 4.5, 6.1, 6.3, 7.2.2, 7.3, 8.1.1, 10.5.2,

11.1.2, 11.2, 11.3

自源音系/层次 1.2, 3.1.2, 3.1.3, 3.3.2, 3.5, 7.1.2, 7.2.1, 11.1.2,

11.2

祖语 1.1, 5.1.5, 5.2.1

最小对立 10.3, 10.4

专家评审意见

石汝杰

《吴方言比较韵母研究》一书,以吴方言区近百个地点的韵母的音韵特征为对象,做了综合性的比较研究。论文具体考察了果摄、麻佳、鱼虞、侯尤、寒、曾梗摄等韵母,以及支微入虞的现象。最后,讨论了杭州音系的特征,并以吴语的指示代词等为对象,探讨本字的问题。论文采用的基本方法是比较方法、层次分析法、文献考证法,关注焦点为:演变、层次。

总体来说,论文实现了预定的目标,做得比较成功。论文选择的研究对象都是值得关注的典型问题,研究方法科学,分析过程细致,使用资料丰富,结论有说服力。可以说是吴方言研究的一个重要成果。

但是,论文疏漏、笔误等比预料的要多,不能以白璧微瑕来掩饰,要认真检查修改。具体意见请看所附清单,这里择要说几点:

1. 书名改为"吴方言韵母比较研究",也许更合理一些。

2. 在讨论各类韵母时,作者常常把不同地点的某些读音加以归并分类,这是必要的,但是如何做是个问题,需要有个具体的原则和操作规程(论文中似乎没有说明),否则过于随意,不能让人信服。如说"[ɤuo]是同一语音形式的条件变体"(送审稿第 6 页,下同)、"韵母[o]的变体[u ɵ uo ua]"(34 页),把松江[ɯ]和上海的[ɤ]分别归入不同的类型(78 页)(实际上很可能只是不同的记录者采用的音标不同,没有类型上的意义)。所以,以什么标准来判断这些音之间是变体的关系,是根据语音上的相似度?还是另外有什么基准?

3. 论文在讨论鱼虞时,用"去"为例来说明,似需斟酌,因为全国各地"去"的读音有例外的很多,能否成为可类推的证据?此外,从现代的各地方言现实来看,讨论[y/i]的关系问题时,是否需要考虑:(1)声母对韵母的影响如何,如"徐"类字,在很多方言里都有[y>i/ts_]的过程;(2)有的方言可能在某个时代失去了[y](也可能本来就没有),然后又引进了。

4. 论文的中心是讨论层次,引用的例子以当代各地的方言为主,这是正确的,也是唯一可靠的手段。但是具体到一些现象的时代确认,有很多困难,这是这类研究共同的。一个例子:作者指出,苏州方言侯尤韵明母和豪韵同韵(茂牡 mæ⁶)(84 页),还把这些与上古幽部联系起来。其实从文献来看,这两类读音并存的现象一直保持到很晚的时期。如北方话,在民国时期的《国语辞典》里还保存着很多侯、豪两读(例子可见商务的《汉语辞典》98 页)。同样地,作者说官话"'颈'字 gěng、jǐng 两读以外,几乎已不见文白异读了"(106 页),民国时期词典里同样保留着多个类似的两读。现在看不到这些读音是因后来的规范化工作把它们从词典里驱赶出去的,口语里还应该有遗留。这些都是极近时期的现象,应该容易查到,但是作者似乎对此认识不足。所以,依据这样的判断做出层次的分析,就有危险了。

5. 论文专题讨论苏州"倷"的来源,似乎与此前的各家考察有一个共同点,就是无论如何一定要直接与"尔""汝"联系起来,进而证明鱼韵如何如何。我的想法是,从发音来看,更好解释的是来自"尔",从那里发展出来跟北方话类似的"你",当时两者应该有近似的演变过程,但是后来发展的方向不同,吴语很多地方都向鼻辅音自成音节的[n̩]演变,而苏州可能是走了-i>-ei>-ᴇ 的路线,郊区有[nei]形式(与蟹合一对应)就是一个证据(可以算作中间阶段,因为苏州城区两者合并不分了,只有[ᴇ]了)。当然,还有很多要考察的地方,因为从文献来看,苏州以前也有鼻辅音自成音节的读法[n̩],所以,怎么解释"倷"的产生时期和原因,还是一个大问题。此外,苏州郊区常见形式是[nei],更利于本文的解释,因为和[ɛ]是两类不同的韵母,但是,还存在其他形式,如[nen],则难以和鱼韵联系起来,就无法做出这样的解释了。

石汝杰

2011 年 12 月

专家评审意见

王 福 堂

书稿《吴方言比较韵母研究》是一部研究吴方言韵母演变和层次的著作。书稿一开始就在绪论中提出研究的原则和方法,说明主要运用的是比较方法,结合层次分析法,并辅之以文献信息,还具体说明音变应区分连续式、离散式和叠置式,自源的音变和异源的层次也有必要区分,等等。在这一基础上,书稿分章论述了吴方言研究中一直为人们所注意的韵母问题,如果摄韵母、麻佳韵、鱼虞韵、支微入虞、侯尤韵、寒韵、曾梗摄韵母、梗臻深韵母、杭州方言音系等,以及某些虚词的本字,最后再从理论和方法的高度上加以总结。书稿在论述中指出吴方言韵母演变的种种细节,并说明方言土语间相互影响的具体内容,为吴方言韵母的演变和层次提供了一个有说服力的解释方案。

书稿是第一次系统运用比较方法和层次理论探讨吴方言的音韵问题的。所述内容囊括了吴方言研究中韵母方面的重要问题。书稿依据大量的语言材料,论述韵类分合的各种类型,方言层次构成的方式,内容精练而丰富。因为视角新,方法和处理新,所以有创见,有独到的发现。书稿并对学界在有关支微入虞、寒韵字分化和吴方言南北区分的看法有所补正,还指出鱼韵白读的复杂表现在层次理论和词汇扩散理论的运用中应当作为需要注意的现象。可以说,在目前汉语方言研究和汉语音韵研究的领域中,书稿的工作展示了一种新的面貌。相信书稿依据的原则方法和具体论述将对有关研究起到积极推动作用,做出自己的贡献。

书稿所用语言材料包括已发表和自行调查两个部分,准确丰富,论述因而能做到充分自如。书稿文字朴素简练,章节安排大致得当,符合学术著作的有关要求。

根据以上情况,我谨推荐书稿《吴方言比较韵母研究》成为贵馆语言学出版基金的资助项目,并希望尽早出版。

在肯定书稿质量的同时,我也想对书稿的某些不足之处提一点意见,希望出版前能做一些修改。

一是第十章有关考证吴方言单数第二人称代词"尔"的本字部分,虽说是从比较音韵的角度进行论述的,与其他章节所遵循的比较法和层次分析法也有关系,但目的还是在于考证本字,不是探讨韵类的演变和层次。为使书稿内容更为集中,建议将该章删除,移作他用。这样改动以后,书稿的内容和书名将可以做到完全切合。

二是书稿的文字和语言材料讹误颇多,有一些还影响到阅读和理解。(这可能部分是打印的问题。)请书稿作者对行文和表格仔细校阅一过,补正错漏。

王福堂

2011年12月11日